红色经典课堂
RED CLASSIC CLASSROOM 课堂

孙贞锴　钟宪涛　姜琳　编著

中国言实出版社

图书在版编目（CIP）数据

红色经典课堂 / 孙贞锴，钟宪涛，姜琳编著 .-- 北京：
中国言实出版社 ,2021.12
ISBN 978-7-5171-3937-9

Ⅰ . ①红… Ⅱ . ①孙… ②钟… ③姜… Ⅲ . ①中学语
文课—教学研究—初中 Ⅳ . ① G633.302

中国版本图书馆 CIP 数据核字 (2022) 第 000805 号

红色经典课堂

总　监　制：朱艳华
责任编辑：郭江妮
责任校对：王建玲

出版发行：中国言实出版社
　　　　地　　址：北京市朝阳区北苑路 180 号加利大厦 5 号楼 105 室
　　　　邮　　编：100101
　　　　编辑部：北京市海淀区花园路 6 号院 B 座 6 层
　　　　邮　　编：100088
　　　　电　　话：64924853（总编室）　　64924716（发行部）
　　　　网　　址：www.zgyscbs.cn E-mail：zgyscbs@263.net

经　　销：新华书店
印　　刷：天津兴湘印务有限公司
版　　次：2022 年 3 月第 1 版　2022 年 3 月第 1 次印刷
规　　格：710 毫米 ×1000 毫米　1/16　20.5 印张
字　　数：340 千字

定　　价：68.00 元
书　　号：ISBN 978-7-5171-3937-9

本书编委会名录

主　编　孙贞锴　钟宪涛　姜　琳
副主编　扈　航　卢桂华　张　青　刘　娟
编　委（按姓氏笔画排序）
王　燕　王晓磊　石卫坚　刘丽萍
刘宇杰　张　鹏　张传青　李亚利
吴庆林　郑丽丽　法洪雪　林英波
赵宗芝　赵月辉　段岩霞　秦　涛
崔丽梅　梁冬生　曹忠原　曹　静
商宗伟　黄大通　董丽丽　满在莉

建设新时代的"红色经典课堂"

刘国栋

文化是一个国家、一个民族的灵魂。中华文明史最具革命斗争精神，红色文化作为共产党人价值理念的集中体现，已然成为民族文化的重要组成，具有强大的精神伟力。习近平总书记一再强调要用好红色资源、做好红色基因的传承与传播，新疆是一片充满红色记忆的土地，承载着中国共产党伟大的革命历史和革命精神，充分利用好红色文化资源、传承红色基因、接受红色精神洗礼、发挥红色文化滋养润泽作用，是实施文化润疆工程、铸牢中华民族共同体意识主线、建设新时代中国特色社会主义新疆的精神支撑和不竭动力。

新疆生产建设兵团具有光荣的历史，在中国共产党领导下，兵团本身也积淀了丰厚的红色文化资源。一代代兵团儿女用青春、汗水、热血乃至生命凝结成了"热爱祖国、无私奉献、艰苦创业、开拓进取"的兵团精神，兵团精神俨然成为中国共产党人红色基因的组成部分，成为激励新疆各族人民奋勇向前的强大精神力量。

进入新时代，对口支援新疆是党中央的重大战略决策。习近平总书记在第三次中央新疆工作座谈会上强调，要坚持"依法治疆、团结稳疆、文化润疆、富民兴疆、长期建疆"，为对口援疆工作指明了方向。教育援疆以来，新疆生产建设兵团十二师教育发展迅速，教师专业素质、教研能力、管理水平等均得到稳步提升。在山东省委省政府大力支持下，自新一轮援疆工作启动以来，我们十二师的教学教研工作得到了更有力的支援，也陆续推出了一批优秀的教研成果。其中，由齐鲁语文名师策划执讲、兵团语文教师互动参与的《红色经典课堂》就是其中具有代表性的重要成果。

《红色经典课堂》以"赓续红色基因，弘扬民族精神"为主题，聚焦"初中语文红色经典课文教学研究"，是在教学教研领域自觉贯彻、积极落实习近平总书记"用好红色资源、做好红色基因的传承与传播"重要指示的生动写照，也体现了两地语文教师集体教研的智慧碰撞。

《红色经典课堂》聚焦语文红色经典课文教学研究，其主要目的在于在初中语文教学领域切实落实义务教育有关课程精神，同时结合新的形势与动态，深入挖掘红色经典课文核心教学价值，把立德树人、"继承和发扬中华优秀文化和革命传统，体现社会主义核心价值体系的引领作用"的课程建设目标努力落到实处，在坚持红色经典课文主导价值取向的前提和基础之上，依据统编教材教学意图以及红色课文本身赋予和承载的价值实施精准教学，做到"老课翻新""老课深耕"，追寻红色经典课文教学的最优化。

19 篇红色经典课例的执教者都是齐鲁名师，他们都有丰富的教学经验和独到深刻的文本解读能力，对红色经典课文的理解、分析都很深入，与之相对的课堂呈现既尊重了红色经典课文的本原内涵，又结合时代动态进行了深度挖掘并有所拓展，可谓新时代基础教育领域的"红色经典课堂"。新疆生产建设兵团十二师的语文骨干教师在研评课例的基础之上，和执教者一同进行反思评议，把对红色课文及其课堂的理解又推向了一个新的高度。本书作为一项专题研究的范本，为广大语文教师提供了有益参考，值得借鉴。

借此成果出版之际，我们也将努力把弘扬革命传统、传承红色基因深刻融入学校教育中去，书写红色兵团的崭新篇章。

巍巍天山舒长卷，壮美昆仑谱新篇。回首既往，我们十二师的教育发展得到了齐鲁之邦的大力支援。展望未来，我们将齐心聚力、砥砺前行，永葆闯的精神、创的劲头、干的作风，努力建设高质量教育体系，为培养爱国爱疆、担当奉献的社会主义建设者和接班人再立新功、再谱华章。

2021 年 11 月

（序作者系新疆生产建设兵团第十二师教育局党委书记、局长）

序言二

遥望那一颗颗闪闪的红星

张伟忠

孙贞锴、钟宪涛等老师策划、编辑了一本书《红色经典课堂》，嘱我写序，我很痛快地答应了，因为他们实现了我的一个愿望。2020年4月，山东省教育科学研究院在潍坊市坊子区组织了一次初中课文语文"红色经典"教学研讨活动，有红色经典课文、名著教学展示以及承办学校组织的红色经典朗读和表演，师生投入，观者动容。参加者中有一些和我一起参加基层党建的其他行业人员，都很感动，并表示红色经典教育就应当从娃娃抓起。当时我就产生了一个想法，能否以后扩大规模并编辑成书，没想到孙老师他们已经悄悄地做成了这件事，看来这一届齐鲁名师很"行"。

对于红色经典课文，我很早就开始关注了，并写过一些文章，如《又见白杨》（2009年）《〈谁是最可爱的人〉应不应该撤出课文》（2008年）等，呼吁恢复被删去的一些红色经典课文，并说："像那些富有文学价值、教育价值和历史价值且产生了广泛、深刻影响的革命历史题材作品，还是应该按一定的比例保留才好。血与火的时代暂时过去了，但历史需要留存，传统仍要发扬。"因为这篇文章的作者魏巍于2008年去世，这些话也是有感而发。现在欣喜地看到，不光这些文章，还有《驿路梨花》《老山界》《回忆我的母亲》《周总理，你在哪里》等红色经典课文，也已重现于统编本教材。这些红色经典课文，承载了几代人的回忆，它们共同构建了我们头脑中民族国家共同体的形象，促进价值认同和精神成长，提供思想平台和话语资源。换一句话说，假如没有这些课文，没有这些共同的红色记忆，甚至刻意地去淡忘它甚或抹掉它，那么后果将是严重的。

红色经典课文可以理解为反映近代以来革命传统的优秀选文。据

统计，初中阶段的红色课文（含推荐名著）有35篇（部），其中反复选入、广为传播、堪称经典的有20多篇。这些课文分布于各个年级，分别写于新民主主义革命、社会主义革命和建设、改革开放和社会主义现代化建设三个历史时期，内容覆盖整个百年革命历程，既有重要人物、重大事件、重要论述，也有凡人小事、弦歌不辍，大多是"基于原始素材创作的作品"，或见证时代、巨笔如椽，或弘扬正气、论述精警，或叙写心声、真情流露……都是文质兼美、适合教学、被广泛认可、有高度共识的经典之作，体现了一系列伟大精神，如长征精神、抗战精神、延安精神、抗美援朝精神、"两弹一星"精神、雷锋精神、兵团精神、改革开放精神……这一系列精神，构成了植根优秀传统文化、辉耀民族国家历史的精神谱系，融入血脉、跨越时空、历久弥新，成为个人发展、国家强盛、民族复兴的不竭动力。

就语文教学而言，如何才能把这些红色经典课文内化于学生心中，成为他们的精神营养并进而转变为其红色基因？简单来说，就是要用"语文"的方式，要符合语文课程的特点，体现语文教学的规律。语文课程的特点是工具性和人文性的统一，因此在教学中要二者并重，不忘文以载道，同时披文入情，要通过对语言的理解、运用，挖掘文本的文学价值、教育价值和历史价值，发展学生的语文核心素养，建构意义世界。语文教学的规律是要通过实践的方式来培养学生的语文实践能力，因此对于红色经典课文的教学，要注意避免传统教学中的一些积习，如机械灌输、重复说教、过度分析等，要注意基于学情和文本，通过教师精心挖掘课文中的育人因素和课堂上形式多样的言语实践，以言得意，得意记言，言意并生，对学生进行熏陶感染，厚植爱国情怀，促进精神成长，最终取得春风化雨、培根铸魂之效。

我觉得，在这一方面的成功探索，是本书的价值和亮点所在。如段岩霞老师执教的《邓稼先》一课，这是我现场听过的。通过精心备课，首先明确这篇课文的文体是"传记散文"，然后确定其教学价值在于"历史性、文化性和情感性"，这是教师对教材内容和教学内容的精准把握，上课时则基于学生的感受和疑问，以"中国男儿"为关键词，通过还原法和比较法，引领学生深入体验邓稼先、杨振宁两人的精神和情怀，体悟传记散文的独特魅力。其中有很多语言品味的细节，堪称经典。孙贞锴老师执教的《纪念白求恩》也是先明确这篇文本的特质是"具有议论性质的演讲稿、纪念性文章"，指出本文不宜按照论点、论据、论证三要素的做法套解文章，结合单元目标进行教学，既提高了学生的语文能力，又在拓展、比较中让学生深刻感受到了白求恩身上的"理想光辉和人格力量"，充分发掘出这篇课文多方面的价值。崔丽梅老师执教的《沁园春·雪》、梁冬生老师执教的《我爱这土地》等也是基于学生的感受和疑问，通过学生自学，梳理学生的感受、疑问，然后结合学的思路和诗词文体特点确定教学重难点，并以诵读贯穿始终。这样精彩的例子，书中俯拾皆是，勿需"剧透"，自行发现，惊喜更多。

　　本书作者都是齐鲁名师，他们是广大齐鲁语文人的优秀代表，质朴、勤奋、睿智，善于钻研，甘于奉献。其中有的名师参与了援疆支教工作，受到所在地区教育部门领导的关心、同事的支持和学生的欢迎，为兄弟省份的教育发展做出了自己的贡献，增进了友情。红色经典课文也会是我们共同的回忆和话题。

　　神州大地，山川迢遥，星空同辉，那些曾在历史上产生过巨大影响的红色经典，如同夜空中闪闪的红星，照耀各方，是我们共同的精神财富。新时代，我们更应努力传承这笔财富，并使其"保值增值"，代代相传，为学生打好精神的底色。

2021 年 12 月 8 日

（序作者系山东省教育科学研究院初中语文教研员、统编本语文教材编者）

序言三

让"红色基因"代代相传

李 旻

　　今年十月，正值我在北京师范大学培训，接到钟老师的电话问及我的行踪情况，但并未说明何事。直到半个月后再次收到钟老师的微信消息，原来请我给书作序。我有些惊讶，但欣然接受了。以为是钟老师的新疆兵团之行所感所悟，诗歌、散文集子的书序，没有想到是部编本教材中红色经典课文的教学实录集，再细细读过钟老师发来的"项目说明"，本书竟收录的是19位齐鲁名师的经典课例。

　　近年来，"红色基因"成为习近平总书记讲话中的高频词。2014年4月，在参观新疆军区某红军师史馆时，他叮嘱部队领导，要把"红色基因"融入官兵血脉，让"红色基因"代代相传。兵团人血脉里流淌着忠诚，骨子里渗透着军魂。援疆齐鲁名师钟宪涛老师和团队将统编本初中语文教材里的红色文化归类，集孔子之乡名师团队力量精心设计，打造出一个个经典案例，扎根在新疆兵团，静待小苗茁壮成大树，枝繁叶茂、开花结果。这就是传承，这就是红色精神最真实、最质朴的写照。新疆兵团——一个特殊的存在。1954年10月，中央政府命令驻新疆的中国人民解放军第二军、第六军大部，第五军大部，第二十二兵团全部，17万余解放军集体就地转业，脱离国防部队序列，组建"中国人民解放军新疆军区生产建设兵团"，接受新疆军区和中共中央新疆分局双重领导，其使命是"劳武结合、屯垦戍边"。一师、二师、六师隶属兵团建制，编属兵团领导。兵团由此开始正规化国营农牧团场的建设，由原军队自给性生产转为企业化生产，并正式纳入国家计划。红色基因在军垦战士"死在戈壁滩，埋在青山头"的传承中意义更加非凡。爱国主义历来都是中华民族精神的核心，初中语文课堂是进行爱国主义教育的重要阵地，祖国的红色文化经过了漫长的积淀与发展，在初中语文教学中深入挖掘红色经典课文，传承和创新红色文化时代内涵，运用新理念、新要素、新技术革新红色文化教育方式，让红色文化浸润青少年学生的精神应当成为教育工作者的时代自觉。

　　客观地说，要求青少年保持对英雄、先烈的敬仰与神圣感具有重要意义，敬仰先贤、崇拜英模是每一个青少年必备的品质。从国际形势来看，西方敌对势力从未放弃对我国思想文化和青少年学生的渗透；从国内趋势来说，90后、00后自我意识更强、需求更加多元、群体更加分化，物质的极大富足与精神并未成正比。除此之外，各类社会思潮相互交织与激荡，网络新媒体不断升级与迭代，传统社会结构的解构与去中心化，都为红色文化教育带来挑战。和平年代如何爱国，新疆兵团精神与红色文化如何寻求这一代兵团青少年精神文化所需，实现精神共鸣，《红色经典课堂》带给我们全新的视野。

课文《纪念白求恩》中"毫不利己专门利人"的精神就是"一手拿枪、一手拿镐"的军垦战士忠实履行着国家赋予屯垦戌边光荣使命的写照。《邓稼先》弘扬舍小家为大家的爱国信念，正如兵团精神从根本上说，是一种热爱祖国的情怀。邓先生"我要去办一件大事，办成了，一生也值得。为了它，死了也值得"。兵团人"献了青春献终身，献了终身献子孙"。《谁是最可爱的人》歌颂了抗美援朝战争中志愿军战士们的英雄主义、国际主义、爱国主义精神。第一野战军中第十九兵团参加了抗美援朝战争，第一兵团则留在了新疆组建新疆生产建设兵团。朱老总的《回忆我的母亲》，平白如话，却让人潸然泪下。母亲勤劳、刚强、坚毅、简朴的品质影响朱总司令一生，令其决心尽忠于党、尽忠于民族，来报答母亲的养育之恩。"母亲"就是倾其所有建设新疆兵团的无数拓荒者的缩影，从山大沟深到交通发达，从荒无人烟到现代都市，从戈壁荒滩到瓜果飘香，从黄沙漫天到绿树成荫，一切的一切都源自兵团人对美好生活的向往，源自永不服输的精神。在遍种白杨的小白杨哨所讲《白杨礼赞》，在冰封万里的天山脚下教《沁园春·雪》《我爱这土地》《祖国啊，我亲爱的祖国》……

"大雪压青松，青松挺且直。要知松高洁，待到雪化时。"一天一夜的大雪覆盖了目之所及，同样也覆盖了钟老师的援疆地——兵团第十二师。雪后初晴的校园格外美丽，五星红旗在湛蓝的天空中肆意翻飞，仰头的瞬间阳光倾洒在一张张稚嫩的脸上，这就是兵团的希望啊！感谢钟老师所在的齐鲁名师团队虽身处寒冬，育人之心却炙热似火，远离家乡、亲人，为兵团的教育事业默默奉献，为培养兵团的新一代不辍耕耘。

2021 年 11 月 28 日

（序作者系新疆生产建设兵团教育局初中语文教研员）

红色经典课堂
RED CLASSIC CLASSROOM

目录 CONTENTS

七年级篇

坚守永不过时的精神力量
　　——《纪念白求恩》·················孙贞锴　002
走近邓稼先　体悟男儿情
　　——《邓稼先》·················段岩霞　023
传承矢志不渝的爱国精神——
　　《说和做——记闻一多先生的言行片段》张传青　037
唱一曲豪迈磅礴的赞歌
　　——《黄河颂》·················郑丽丽　056
不能忘却的壮举——《老山界》·············吴庆林　071
一曲永不消逝的英雄赞歌
　　——《谁是最可爱的人》·············钟宪涛　085
写给土地的赞美诗——《土地的誓言》···曹　静　102
驿路梨花处处开——《驿路梨花》·········卢桂华　116

八年级篇

百万雄师过大江——《消息二则》·········商宗伟　132
将军母亲别样爱　非凡立意诉衷肠
　　——《回忆我的母亲》·················王晓磊　150
永恒的精神与风骨——《白杨礼赞》·········张　鹏　163
"延安精神"代代传——《回延安》·········满在莉　181
用生命发出对民主和正义的呐喊
　　——《最后一次讲演》·················曹忠原　199

九年级篇

一等胸怀，成就一等真诗

　　——《沁园春·雪》⋯⋯⋯⋯⋯⋯⋯崔丽梅　214

写给土地的生命恋歌

　　——《我爱这土地》⋯⋯⋯⋯⋯⋯⋯梁冬生　229

中国的脊梁

　　——《中国人失掉自信力了吗》⋯⋯⋯⋯秦　涛　247

一阕激荡人心的赤子之歌

　　——《祖国啊，我亲爱的祖国》⋯⋯⋯⋯张　青　261

血肉筑长城——《梅岭三章》⋯⋯⋯⋯⋯⋯董丽丽　277

永不消逝的追思

　　——《周总理，你在哪里》⋯⋯⋯⋯⋯法洪雪　293

后记　⋯⋯⋯⋯⋯⋯⋯⋯⋯⋯⋯⋯⋯⋯⋯⋯　313

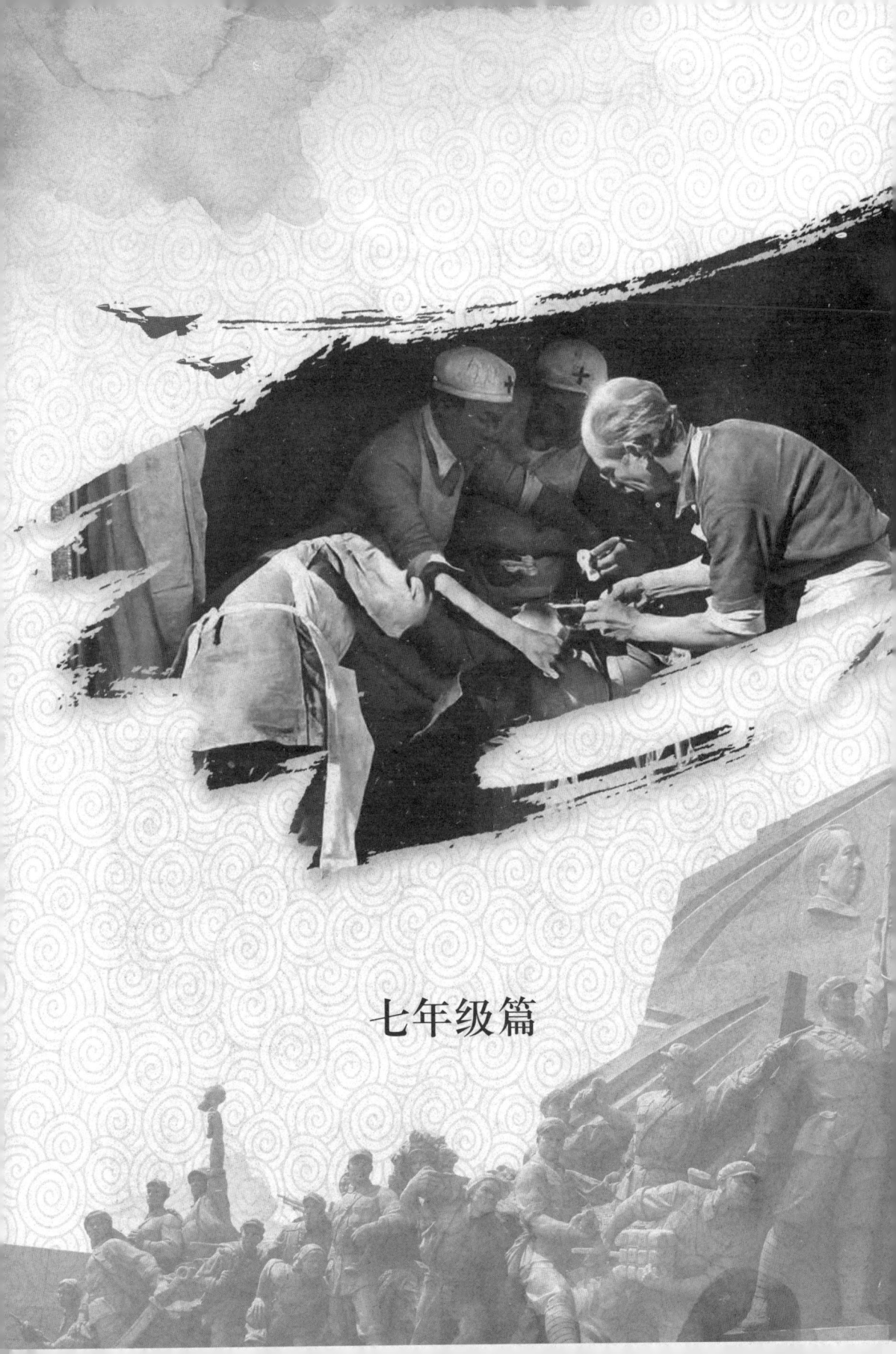

七年级篇

坚守永不过时的精神力量

——《纪念白求恩》

【执教名师】

孙贞锴，语文教育硕士，烟台名师，齐鲁名师，山东省特级教师，山东省远程研修初中语文省级专家工作坊主持人，山东师范大学教育硕士合作导师，鲁东大学文学院硕士生兼职导师。

以"追寻有根基的语文"为教学思想理念，着力建设"持中守正涵蕴厚重"的语文课，致力于问题导学、图式作文、整本书阅读与教师专业阅读等层面实践研究，多次执教省市级公开课并开设专题讲座、报告。在《中国教育报》《语文学习报》《山东教育》《当代教育科学》等报刊发表教育教学文论、

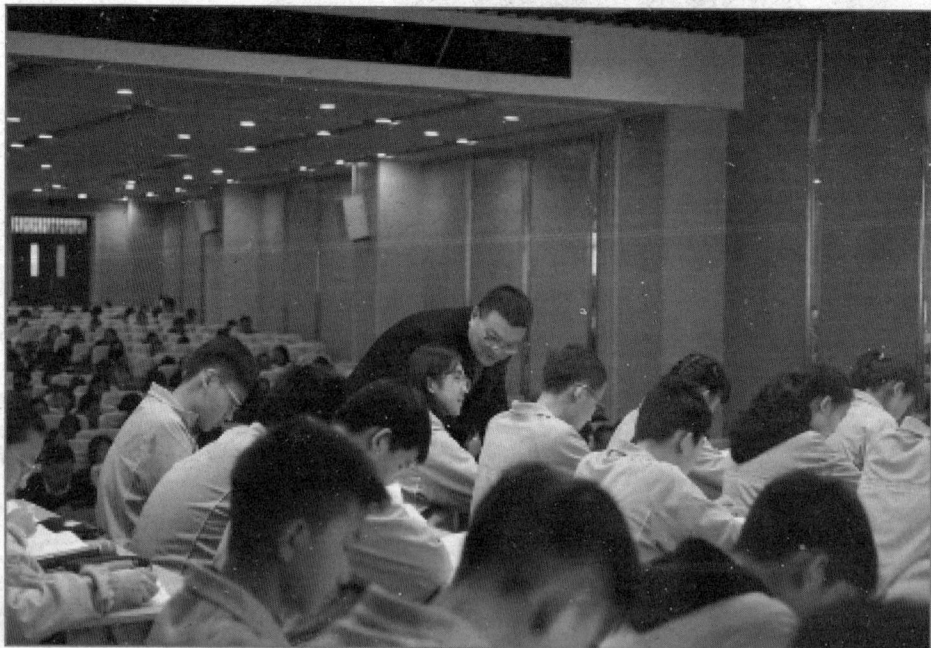

设计、案例等 120 多篇，并有多篇被中国人大复印报刊资料转载索引，出版专著《妙在这一问——让思维动起来的语文问题导学艺术》《读领风骚——中小学教师专业阅读六讲》，另有《语文名师名课案例研究》等多种编著出版。主持完成全国教育科学规划教育部重点课题 1 项，以及多项省市级重点课题，获烟台市社会科学优秀成果奖、烟台市教学成果奖、山东省基础教育教学成果奖、山东省教育科学研究优秀成果奖等多种奖项。

【课文述要】

《纪念白求恩》是毛泽东主席在 1939 年 12 月 21 日为纪念白求恩同志而撰写的纪念性文章，被誉为"老三篇"之一，具有极大影响，很长一段时间可谓家喻户晓。

本文鲜明特点集中表现为以下两大方面：

一是思路明晰逻辑分明。文章开篇叙述白求恩不远万里支援中国的抗战事业，由此引出对其国际主义精神的论述，指出白求恩的国际主义精神超越了狭隘的民族主义和爱国主义，表现出共产党员的崇高境界。接下来的两个自然段，分别论述白求恩在对工作、对同志、对人民等方面所表现出的毫不利己专门利人的精神，以及在对待技术的具体层面所具有的精益求精精神。最后叙述与白求恩的交往，表达痛惜之情，把白求恩精神的核心归结为"毫无自私自利之心的精神"，对此进行礼赞，再次发出号召，强调学习白求恩精神的重大意义。

二是叙议结合对比鲜明。全文围绕表达中心，叙述简明扼要，议论精辟凝练，二者有机结合。与此同时，运用对比手法突出白求恩的崇高品质，白求恩不远万里来到中国所表现出的国际主义精神，本身与狭隘的爱国主义和民族主义就是一个潜在的对比，在他身上所表现出的"毫不利己专门利人""精益求精"的精神品格犹如一面镜子，对比照射出"不少的人"以及"一班"人在对工作、对同志、对人民、对技术所表现出的反向做派，白求恩以切身行动为我们树立了"毫无自私自利之心"的光辉典范，俨然成为引导和激励广大共产党员前行的一盏精神明灯。

本文是一篇具有议论性质的演讲稿、纪念性文章，在以往的教学中，也存在按照既往议论性文章论点、论据、论证三要素的说法套解文章的做法，相应做法可谓机械拙劣，既无视文本特质内涵也不符合具体学情。

　　本文列入统编教材七年级上册第四单元首篇教读课文，单元人文主题为"人生之舟"，分析白求恩精神的要义内涵，对弘扬传承白求恩精神形成正确认知是本课教学至关重要的追求。本单元语文要素维度的训练重点是"继续学习默读"，具体侧重于"整体把握文意"（圈点勾画关键语句，在喜欢或有存疑之处做标注）以及在此基础之上的"理清作者思路"（划分段落层次、抓关键语句等），为此，引导学生在相应的语文能力和阅读策略上有所认识与提升——也是本课学习的应有之义。以上两者的教学应该是水乳交融、螺旋递进的。

　　可见，本课在完成相应单元整体任务所承载的教学功能，与文章本身的特质内涵并不矛盾，甚至存在高度叠合，这也是我们在教学设计与实施时需要综合审视、权衡的问题。

【教学实录】

　　师：2009 年，历时 40 天的"中国缘·十大国际友人"网络评选结果揭晓，为中国抗战献出生命的加拿大医生、共产党人白求恩，以最高票当选。时间又过了 10 年，2019 年 11 月 12 日，是白求恩逝世 80 周年纪念日。中国共产党新闻网《纪念白求恩逝世 80 周年》一文谈到，学习白求恩，纪念白求恩，传扬白求恩精神，永不过时。远离战火硝烟的人们，是否早已忘却战争的惨烈，白求恩的事迹是否还在我们的教科书中，白求恩的名字是否还在一代代人的记忆里。历史告诉我们，忘记过去，就意味着背叛。我们要记住那些曾经援助过中国人民进行 14 年艰苦卓绝抗战的所有国际友人。七八十年过去了，一位来自加拿大的医生何以在中国人民的心目中有着这样大的影响？带着这个疑问，让我们一同重温毛主席的经典篇章《纪念白求恩》。

一、概括归纳：提取主体信息

　　师：下面请同学们默读全文两遍，假设你就是一名参加悼念活动的共产党员或革命青年，请以"毛主席讲话要点记录"提取本文核心信息（提示：从文中找出每一段关键词、重点句、中心句，然后说说它们之间的关系）。

　　（学生默读课文并圈点。）

　　师：第一遍读完的举手？

　　（学生举手。）

师：下面默读第二遍，找出或归纳每一段毛主席讲话的内容要点。

（学生再读课文。）

师：好，大家这一遍也都读完了。全文总共四个自然段，谁先说说第一段的讲话要点？

生：我觉得这一段主要讲的是我们要学习白求恩的国际主义精神。

师：有没有相应的中心句？

生：我找的是最后一句"这就是我们的国际主义，这就是我们用以反对狭隘民族主义和狭隘爱国主义的国际主义"。

师：这里强调要学习白求恩的国际主义精神。大家看一下，这段话中哪一句作为中心句更合适？中心句可以在结尾，可以在开头，还可能在哪儿？

生：中间。

师：谁来找找？

生：一个外国人，毫无利己的动机，把中国人民的解放事业当作他自己的事业，这是什么精神？这是国际主义的精神，这是共产主义的精神，每一个中国共产党党员都要学习这种精神。

师：这是一个什么句式？

生：设问句。

师：对，通过设问更能引发听众思考，强调白求恩国际主义精神的可贵。第二段的要点谁接着说？

生：这一段强调要学习白求恩毫不利己专门利人的精神。

师：把第二段中心句完整地读一下。

生：白求恩同志毫不利己专门利人的精神，表现在他对工作的极端的负责任，对同志对人民的极端的热忱。

师：这一段侧重从什么角度谈白求恩精神？

生：对工作、对同志、对人民的态度。

师：要学习白求恩什么精神？大家一起回答。

生：精益求精！

师：精益求精的精神表现在白求恩对待哪一方面的态度？

生：技术。

师：是的，比工作更具体，对职业技术方面的态度。好，到最后毛主席强调大家归根结底要学习白求恩什么精神？

生：毫无自私自利之心的精神。

师：看最后一段，"从这点出发，就可以变为大有利于人民的人"——"从这点出发""只要有这点精神"，"这点"指的就是哪一点？

生：毫无自私自利之心的精神。

师：也就是说，结尾对全文进行了总结。那么学习白求恩精神最终的一个核心点就是什么？

生：毫无自私自利之心的精神。

师：大家回头看一下，首段强调要学习白求恩的国际主义精神，强调白求恩实践了列宁主义路线，克服了狭隘的民族主义和爱国主义。什么叫狭隘？狭隘的，那我是加拿大人我只管——

生：加拿大的事。

师：中国的事与我无关，我可不会不远万里来到中国。狭隘也是一种什么？

生：自私自利。

师：第一段是一个大的格局，在毛主席看来，真正的共产党员、共产主义者在对待国家和民族问题上，必须有这样的大格局、大情怀，这是学习白求恩精神要看到的一个大前提。第二段则转向了对工作对同志对人民的态度——毫不利己专门利人，也是正好与什么相对的？

生：自私自利。

师：第三段更具体了，谈的是白求恩对技术的态度。其实，白求恩在医疗技术上已经很高了，但他有没有放松对自己的要求？

生：没有。

师：而是——

生：精益求精。

师：他能做到这一点，恰恰是他能克服人的内心世界的那种什么心理？

生：自私自利。

师：所以，毛主席在文章最后强调大家要学习他的什么精神？

生：毫无自私自利之心的精神。

师：这一点其实既是共产党员崇高精神的基点，也是一个核心的落脚点。共产主义者的精神境界要求很高，在毛主席看来，共产党员就是要最大程度克服自私自利才能真正为人民服务。前面谈到的三点精神的源头，最终都可以聚焦到毛主席在结尾所强调的"这一点"，也就是"毫无自私自利之心的精神"。

（出示图示。）

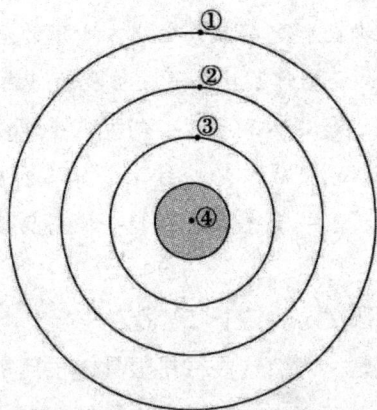

《纪念白求恩》

① 国际主义的精神
② 毫不利己专门利人的精神
③ 精益求精（精神）
④ 毫无自私自利之心的精神

师：下面是关于白求恩事迹的几则较为详细的材料，大家快速默读之后看一下，如果我们在学习毛主席文章时要穿插一些背景资料、对白求恩事迹有更多的了解，这些素材分别可以和课文哪一段能够基本对应起来？

白求恩事迹节录

A. 在 1936 年德意志法西斯侵犯西班牙时，白求恩曾经亲赴前线为反法西斯的西班牙人民服务。1937 年中国抗日战争爆发，他率领由加拿大人和美国人组成的医疗队来到延安，不久赶赴晋察冀边区，在那里工作了一年多。1939 年 10 月下旬，白求恩在抢救伤员时左手中指被手术刀割破，后来在为一个外科传染病伤员做手术时不幸感染破伤风，但他仍不顾伤痛，坚决要求去战地救护，随即跟医疗队到了前线。终因伤势恶化，转为败血症，医治无效，不幸于 11 月 12 日凌晨在河北省唐县黄石口村逝世。

B. 为减少伤员的痛苦和残废，白求恩把手术台设在离火线最近的地方。1937 年 11 月底，率医疗队到山西雁北进行战地救治，两昼夜连续做 71 次手术。1939 年 2 月，率 18 人的"东征医疗队"到冀中前线救治伤员，不顾日军炮火威胁，连续工作 69 小时，给 115 名伤员做了手术。有一次，当某伤员急需输血时，他主动献血 300 毫升。他还倡议成立并参加了志愿输血队。有些伤员分散在游击区居民家里，他和医疗队冒着危险去为他们做手术。4个月里，行程1500余里，做手术315次，建立手术室和包扎所13处，救治伤员1000多名。

C.为了适应战争环境，方便战地救治，他组成流动医院，组织制作了药驮子，可装做100次手术、换500次药和配制500个处方所用的全部医疗器械和药品，被称为"卢沟桥药驮子"；还制作了换药篮，被称为"白求恩换药篮"；后来提议开办卫生材料厂，解决了药品不足问题；创办卫生学校，培养了大批医务干部；编写了《战地救护须知》《战场治疗技术》等多种战地医疗教材。他还将自己的爱克斯光机、显微镜、一套手术器械和一批药品捐赠给军区卫生学校。

生：这三则材料基本能够和课文的前三个自然段对应起来。

师：好，大家都看得比较清楚。既然这些材料很具体很翔实，分别把它们加入毛主席原文——岂不显得更充实、更能突出白求恩的伟大形象吗？你觉得可不可以这样处理？

生：我觉得好像不可以吧。

师：怎么个"好像不可以"，你得说出理由。

生：文章题目是"纪念白求恩"，重点是纪念和学习白求恩的精神。

师：说得好。本文是毛主席在白求恩去世之后悼念白求恩的文章，那么这是一篇什么性质主导的文章？重点在于叙述白求恩感人故事、让大家了解他的事迹还是论述白求恩崇高品质、号召全党学习其精神呢？

生：重点是要论述白求恩崇高品质、号召全党学习他的精神。

师：好的，也就是说，文章侧重点不是给听众讲白求恩的故事，而是重在评价、议论其精神，所以渗透在文中关于白求恩事迹的叙述很少很简洁，大家能够逐段找出来吗？

生：第一段"白求恩同志是加拿大共产党员，50多岁了，为了帮助中国的抗日战争，受加拿大共产党和美国共产党的派遣，不远万里，来到中国。去年春上到延安，后来到五台山工作，不幸以身殉职"。

师：对，就到这里，概述白求恩及其到中国的情况。第二段的叙述在哪里？

生：从前线回来的人说到白求恩，没有一个不佩服，没有一个不为他的精神所感动。晋察冀边区的军民，凡亲身受过白求恩医生的治疗和亲眼看过白求恩医生的工作的，无不为之感动。

师：这是叙说前线和边区军民对白求恩的所见所闻所感，这里面其实也包含着议论成分。下一段？

生：白求恩同志是个医生，他以医疗为职业，对技术精益求精；在整个八路军医务系统中，他的医术是很高明的。

师：这是叙述白求恩的职业情况，也包含着毛主席和大家对他的评价。再看最后一段，叙述在哪里？

生：我和白求恩同志只见过一面。后来他给我来过许多信。可是因为忙，仅回过他一封信，还不知他收到没有。对于他的死，我是很悲痛的。现在大家纪念他，可见他的精神感人之深。

师：这一段可以明显地分为两个层次，毛主席先叙述自己同白求恩的交往情况，再论述总结学习白求恩精神的意义。同学们看一下全文对白求恩的叙述很简明扼要，因为相关叙述是要为对白求恩精神的议论服务的，怎样叙述取决于议论的需要。如果文章里面关于白求恩事迹的叙述甚至描写过多，就会怎么样？

生：我觉得这样就会影响文章的中心。

师：是的，这样就会喧宾夺主。我们强调写文章一定要突出——

生：突出中心！

二、比较分析：品味言语手法

师：是的，一定要突出中心，做到详略得当。既然写文章要突出中心，毛主席在论述白求恩精神时是否专门只谈白求恩一个人呢？

生：不是，还谈到其他的一些人。

师：还谈到哪些人？为什么要这样来谈？请大家从文中找一下，然后想想为什么要这样谈？

生：第二段谈到"不少的人对工作不负责任，拈轻怕重，把重担子推给人家，自己挑轻的。一事当前，先替自己打算，然后再替别人打算。出了一点力就觉得了不起，喜欢自吹，生怕人家不知道。对同志对人民不是满腔热忱，而是冷冷清清，漠不关心，麻木不仁"。

师：我们把其中的一些描述这些人的四个字的词语或成语挑出来串一下好吧。

生：冷冷清清，漠不关心，麻木不仁。

师：还可以加上前面的"不负责任"和中间的"喜欢自吹"（教师板书），而白求恩是怎么做的？

生：白求恩同志毫不利己专门利人的精神，表现在他对工作的极端的负责任，对同志对人民的极端的热忱。

师：好，我们看到评价白求恩的四个字的词语有哪些？

生：毫不利己专门利人（教师板书）。

师：这一段还有没有其实也是评价白求恩的四字词语？

生：有一个"满腔热忱"。

师：对（板书）。这里说不少的人"对同志对人民不是满腔热忱"，其实就是强调谁对人民对同志一直是"满腔热忱"？

生：白求恩。

师：我们把这段话中"表现在他对工作的极端的负责任，对同志对人民的极端的热忱"这两句也用四个字概括一下好吧？

生：极端负责，极端热忱。

师：没错（板书）。怎么叫"极端负责""极端热忱"？

生："极端"表示程度很深。

师：是的，超乎寻常，这种负责、热忱的程度远远超出一般层次。好，除了第二段写到其他人和白求恩的差别，第三段有没有谈到？

生：第三段说白求恩精益求精，而一些人见异思迁（教师板书）。

师：注意，毛主席用的是——

生："一班"。

师："一班"什么意思？

生："一些，一群"的意思。

师："一班"说明大有人在，这个词语很有一些文言气，这段毛主席还说"对于一班鄙薄技术以为不足道、以为无出路的人，也是一个极好的教训"，"以为不足道"是什么意思？

生：不值得一提。

师：大家注意，"不足道"就是"不值一提"，"足"是"值得"的意思，"不足道"和"一班"在这一段中平添了文雅之气。好，文章为什么在写白求恩的同时要写这些人的表现呢？

生：这是对比手法，目的是突出白求恩的崇高精神。

师：（板书一大一小、一红一黑两个"人"字）请大家把黑板上的两列词语分列大声读出来，不要停。

人　　　　　　　　　　人

毫不利己　　　　　　不负责任

专门利人　⟷　　拈轻怕重

极端负责　　　　　　喜欢自吹

极端热忱　⟷　　冷冷清清

满腔热忱　　　　　　漠不关心

　　　　　　　　　　麻木不仁

精益求精　⟷　　见异思迁

　　　　　　　　　　鄙薄技术

（学生分列齐读。）

师：同样是人，人和人不一样啊，这就是强烈的对比，鲜明的反差！同学们，毛主席在文章中除了谈到作为白求恩反面的一些人，还谈到了另外的其他的一些人，对这些人的表述在哪？谁能快速找到？

生：在第二段。从前线回来的人说到白求恩，没有一个不佩服，没有一个不为他的精神所感动。晋察冀边区的军民，凡亲身受过白求恩医生的治疗和亲眼看过白求恩医生的工作的，无不为之感动。

师：很好。这句话是说从前线回来的人和晋察冀边区军民深受白求恩感动。这两句中连用了几个"没有一个不"？

生：两个。

师：其实还有一个，"无不为之感动"什么意思？

生：没有一个不为他所感动。

师：这是什么句式？

生：双重否定句子。

师：众所周知，双重否定表肯定，起到加强语气作用，这里其实连用三个双重否定句突出白求恩精神的巨大影响。这其实是从什么方面表现白求恩精神？

生：侧面吧。

师：这确实是从侧面来表现白求恩精神的，毛主席在文中其实对白求恩精神既有正写、反写，还有侧写，从而突出白求恩精神的崇高伟大和感人之深，由此顺理成章在演讲结尾向全党发出向白求恩学习的号召。

（屏幕显示。）

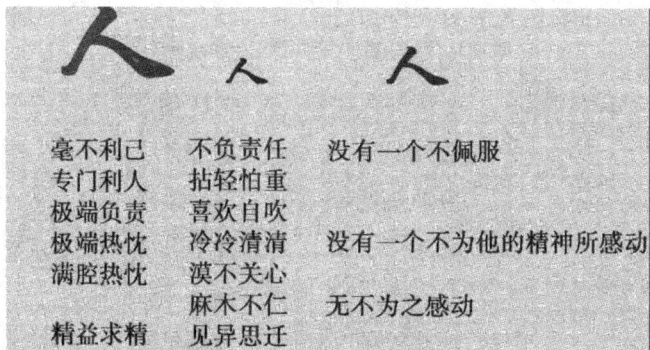

人	人	人
毫不利己	不负责任	没有一个不佩服
专门利人	拈轻怕重	
极端负责	喜欢自吹	
极端热忱	冷冷清清	没有一个不为他的精神所感动
满腔热忱	漠不关心	
	麻木不仁	无不为之感动
精益求精	见异思迁	

请大声朗读结尾升华全篇主题的句子。

我们大家要学习他毫无自私自利之心的精神。从这点出发，就可以变为大有利于人民的人。一个人能力有大小，但只要有这点精神，就是一个高尚的人，一个纯粹的人，一个有道德的人，一个脱离了低级趣味的人，一个有益于人民的人。

（师生齐读。）

师：现在我们把毛主席原文语句变换一下排列方式，请大家再读。

我们要学习他毫无自私自利之心的精神。从这点出发，就可以变为大有利于人民的人。一个人能力有大小，但只要有这点精神，就是——

一个高尚的人，

一个纯粹的人，

一个有道德的人，

一个脱离了低级趣味的人，

一个有益于人民的人。

（生齐读。）

师：这是什么句式？

生：排比句。

师：这段话读起来应该语气强烈、很有气势，令人心潮澎湃。不仅如此，这里更是对白求恩精神的热情赞叹，更加强调了什么？

生：强调要学习白求恩精神。

师：是的，意在强调学习白求恩精神的重要性和必要性，大家批点一下。好，下面大家尝试着背诵一下这段话，先体验一下。

（学生尝试背诵。）

三、批判思考：审视经典意蕴

师：在学习课文之后，我们再进行一项阅读探究活动，在互联网越来越发达的今天，有很多信息进入人们的视线，包括白求恩也有不少新的信息。这里给大家提供三则相关材料，请同学们速读之后说说你看到这些之后又有什么感受？你认为其中涉及的一些信息——能否改写毛主席当年对白求恩、白求恩精神的评价？为什么？

（学生速读发放的阅读探究材料。）

材料一　白求恩在延安给友人马海德写下的一封信

收不到你的信，我已经习惯了！向上帝保证，我已经习惯了。又有两个月过去了，仍然没有你的回信。延安的医疗队于 11 月 25 日到了这里，却没有带来信件。我一直盼望着这支医疗队能够带给我一些书籍、杂志和报纸，以及一封你的信，让我了解一些外界的情况。但是，他们却只带来一台没有电机和支架，所以将无法工作的×光机。他们还带给我一听已经开封的加拿大香烟，一条巧克力，一听可可粉和一支剃须膏。这些东西都很好，但是我宁愿用所有的这些东西换一张报纸，一本杂志或者一本书。顺便说一句，我从延安收到的所有东西都已经开封。这其中包括我的所有信件。一些信件还有缺页。下次请一定将所有物品和信件多加一层保护。中国人的好奇心太强了。除了一张日本人留在一座小林子里的 4 月 18 日的《日本宣传报》，我已经有六个月没有见到过英文报纸了。我也没有收音机。我完全与世隔绝。如果不是因为一天中有 18 个小时要忙于工作，我肯定会有不满情绪的。

我梦想咖啡，上等的烤牛肉，苹果派和冰激凌。美妙的食品的幻影！书籍——书还在被写出来吗？音乐还在被演奏吗？你还在跳舞、喝啤酒和看电影吗？……

材料二　后世关于白求恩缺点的一些评论

一些记载显示，白求恩青年时代性情不羁，在第一次世界大战时他还是20多岁的青年，主动到欧洲战场进行外科救护，一战结束后的一段时间他感到迷惘，以酒浇愁。令人奇怪的是，他对陌生人或病人，态度却总是既亲切又庄严。这种"越熟越不客气"似乎是白求恩性格中一个鲜明特点，即便在生命最后阶段，他在晋察冀工作时，也曾因对下属过于粗暴严厉而做过自我批评。

材料三　加拿大对白求恩的认识过程

当1973年，加拿大总理皮埃尔·特鲁多访问中国，重新关注中国大陆的加拿大人惊讶地发现，有个同胞在中国具有极高声望，自己却对此人一无所知时，便产生了刨根问底的冲动。

就在这一年，加拿大联邦政府购买了白求恩出生的故居，并另行购买了一街之隔的一座白色二层小楼，并将之建成白求恩纪念馆，于1976年正式对外开放。

在探究和争执中，加拿大人开始逐渐重新认识了白求恩，知道他不仅是西班牙和中国抗日民众心目中的英雄，也为加拿大社会的发展、完善，做出了不可磨灭的贡献。随着白求恩在加拿大事迹轮廓的逐渐清晰，有关他的纪念物也开始多起来，约克大学白求恩学院、安大略省士嘉堡白求恩中学相继成立。1990年3月，白求恩百年诞辰加拿大和中国邮政同时发行了设计完全相同的纪念邮票。在白求恩曾长期生活的蒙特利尔，一座纪念雕像如今挺立在盖伊—协和地铁站附近的公共广场上。

（学生速读材料。）

师：读完材料，哪位同学说说你从这几则材料中获取了哪些信息，有什么感受？简单讨论一下。

（同桌之间讨论。）

生：我注意到第一则材料白求恩谈到"这些东西都很好，但是我宁愿用所有的这些东西换一张报纸，一本杂志或者一本书。顺便说一句，我从延安收到的所有东西都已经开封"。

师：你想表达什么观点？

生：白求恩有对外界的渴望。

师：白求恩为什么有对外界的渴望？

生：因为在延安的条件很艰苦。

师：他在艰苦的环境中也会想家，想电影，想音乐，想咖啡等等。那这些能否改变毛主席当年对白求恩的评价？

（作答学生默然。）

师：谁再来说说？

生：我注意到第一篇倒数第二自然段"如果不是因为一天中有18个小时要忙于工作，我肯定会有不满情绪的"。这句话其实可以表现出白求恩对工作的热爱和高度负责。

师：有些话看起来有情绪，背后恰恰相反，反映出白求恩的工作量很大，一直在坚持这样做，所以即使有些内在的感受或情绪，也很正常！哪位同学再谈谈？

生：第二则材料说，令人奇怪的是，对于陌生人或病人，他的态度却总是既亲切又庄严。这里可以看出白求恩对病人非常好。

师：对病人非常好，这一点众所周知。那么，这里谈及他的缺点能否改变毛主席当年的评价？

生：不能。这一段最后一句话说，"即便在生命最后阶段，他在晋察冀工作时，也曾因对下属过于粗暴严厉而做过自我批评"。

师：什么叫自我批评？说明白求恩知道自己有缺点，但有没有说我有缺点就不改正了？

生：没有。

师：对，没有！大家首先要明确一点，白求恩是人还是神？

生：人。

师：是人不是神，是人就有什么？

生：缺点。

师：与此同时，任何人都会有一个成长的过程，现在披露的白求恩的一些缺点主要是表现在他的青年时期，当他后来成为一名共产党员以后，他更注重的是对自己严格要求。当然，白求恩也有自己的心路历程，也有自己的喜怒——

生：哀乐。

师：正因如此，他才更是一个完整的人。注意，我说的不是完美而是完整。正因如此，他的精神才更加感人。大家知道吗，白求恩在加拿大每月薪水是多少？

（生默然。）

师：600 美元。当时是 20 世纪 30 年代，你知道 600 美元是什么概念吗？

（生默然。）

师：大致相当于我们现在的 6000 人民币，作为现在一个工薪家庭的个人收入，在今天也算可以的。20 世纪 30 年代白求恩的收入就达到每月 600 美元。但他却做出了怎样的选择？

（屏幕显示。）

白求恩是放弃了每月 600 美元的薪水来中国的，在三四十年代 600 美元算是高收入了。当父亲提出给他 100 元津贴时，他说："你是司令员，每月才五元津贴，我怎么能要 100 元？不行，我要求与八路军战士同样的待遇。"父亲拗不过他，只得听他的。

父亲见他吃不惯中国饭，给他找了个会烤面包的师傅，他还和父亲吵了一架。

——晋察冀边区司令员聂荣臻元帅女儿的回忆纪念文章

父亲看到白求恩跋涉千里，旅途一定很劳累，劝他先休息几天再谈工作。白求恩却说，他是来工作的，不是来休息的，"你们不要把我当成瓷器来摆设，而是要拿我当一挺机关枪使用"。

——晋察冀边区司令员聂荣臻元帅女儿的回忆纪念文章

师：白求恩谢绝了所有的对他的特殊待遇，和八路军战士同吃同住战斗在一起。说句实话，一般人能不能做到这一点？

生：很难。正因如此，白求恩在我们心目中，更是一个大写的人。

师：大家再看一下，加拿大对白求恩有怎样的认识过程？

生：一开始加拿大人不知道白求恩，后来才知道。

师：他们是从什么时间开始知道的？

生：20 世纪 70 年代，比咱们中国要晚。

师：然后呢？到今天加拿大可以说对白求恩也是——

生：家喻户晓。

师：这从侧面也印证了一点，毛主席当年对白求恩以及白求恩精神的评价并未过时。白求恩的名字及白求恩精神，跨越了国界，穿越了历史与时空，他的人格与精神，永远值得铭记、值得怀念。传扬白求恩精神永不过时。所以，在今天我们依然在深入学习这篇红色经典课文。好，同学们，最后让我们带着这样一种认识，怀着对白求恩的无比崇敬，带着对白求恩精神的深刻理解，再次齐诵毛主席的最后一段话，来向这样一位古典共产党人致以崇高的敬意。

（屏幕显示。）

我和白求恩同志只见过一面。后来他给我来过许多信。可是因为忙，仅回过他一封信，还不知他收到没有。对于他的死，我是很悲痛的。现在大家纪念他，可见他的精神感人之深。我们大家要学习他毫无自私自利之心的精神。从这点出发，就可以变为大有利于人民的人。一个人能力有大小，但只要有这点精神，就是一个高尚的人，一个纯粹的人，一个有道德的人，一个脱离了低级趣味的人，一个有益于人民的人。

（师生齐读。）

师："高尚、纯粹、有道德、脱离了低级趣味、有益于人民"这些修饰词很重要，它们共同修饰了一个——

生：人。

师：是的，这些词语不仅是对贯穿全文的核心点——"毫无自私自利之心的精神"的充分诠释与高度评价，同时也修饰了一个真真切切的人。他将内心所有的苦闷、彷徨压在心底，走到我们抗战的最前线，把汗水和鲜血洒在了这片土地之上，留给我们永远不能忘却的记忆。

师：好，今天这节课咱们就学习到这里。课后留个作业，希望大家能够认真完成。

（屏幕显示。）

仿照课文第二自然段格式，写自己熟悉的一个优秀人物（可以是同学、老师、家人，或者新闻报道的人物等等），评价其某一方面优秀品质。要求：

●句段格式与原文相似，句子数量与原文相等或稍多，使用双重否定句式，恰当使用四字格词语。

●议论为主，穿插简要的叙述，运用对比手法，正写、反写、侧面写三结合。

附1：学生作业样例

　　A老师一丝不苟精益求精的精神，表现在他对工作的极端的认真负责，对学生的极端的热忱关爱。每个老师都应该学习他。有的老师对工作不负责任，拈轻怕重，挑三拣四。一事当前，先从表面上应付一下，然后再作打算。取得一点成绩就觉得了不起，沾沾自喜。不把别人放在眼里。对待班级里学习上的差生不是一视同仁，而是大声呵斥、漠不关心、麻木不仁。这种老师其实不是真正的老师，至少不能算是一个好老师，更算不上一个纯粹的老师、高尚的老师、有道德的老师。同学们往往不喜欢上这种老师的课，而对A老师的感觉就迥乎不同。只要用心听过A老师课的同学，没有一个不佩服，没有一个不喜欢。我们周围的人，凡真正了解A老师为人、感受他风格的，无不为之点赞。每一个老师，一定要学习A老师这种真正热爱教育的精神。

（2015—2016学年七年级学生贾广韵仙）

附2：教师下水作业

　　陈虹同学严于律己热爱集体的精神，表现在她对学习的极度认真，对班级对工作极度的负责。每位班干部都要学习她。有些班干部对学习不够认真，投机取巧，把重担子撂到一边，专门做眼面皮上的事情。学业当前得过且过，先想着眼下如何舒服，然后再想着怎么糊弄家长和老师。侥幸取得一点成绩就沾沾自喜，摇头摆尾，生怕大家不知道。对班级对工作不是高度负责，而是拈轻怕重，浮皮潦草，流于应付。这种班干部其实不是真正意义的班干部，至少算不上一个称职的班干部。和陈虹一个班级的人说到她，没有一个不夸赞，没有一个不为她的干练所折服。初二办公室的老师，凡亲自教过陈虹同学以及亲眼看见她为班级做事的，无不为之动容。每一位班干部，一定要学习陈虹同学这种真正"崇文尚德知行合一"的精神。（孙贞锴）

【反思评议】

驱拨迷雾究真谛

山东省烟台市实验中学　孙贞锴

新疆生产建设兵团十二师第二中学　邵雪丽

　　新世纪以来，语文界有人明确提出应将《纪念白求恩》这篇老课文删除，认为"毫不利己专门利人"的提法有些过时，作为个人合法权益范畴的"利己"应该得到保护，为此一度引起颇多争论。再者，近年网上透露了一些带有"还原"白求恩色彩的信息，提及白求恩青年时放荡不羁、脾气不好等缺点，披露了白求恩来华抗战时的苦闷心理，认为白求恩也绝不是完人、圣人，由此引发一些人对教学《纪念白求恩》所涉人物评价的顾虑，进而引发对《纪念白求恩》教学价值的质疑。

其实，类似删除红色经典课文的主张和风潮早已有之，2005年《当代教育科学》期刊曾就《狼牙山五壮士》是否应从小学语文课本中删除开展过专题讨论。近期，统编教材将一度从人教版中删去的《纪念白求恩》重新选入，《狼牙山五壮士》也被收入统编六年级语文教材，再度引起大家对相应问题的思考。有人对删除《纪念白求恩》之类的主张表示强烈抵触，甚至把提议删除《纪念白求恩》等红色经典课文的主张视为对领袖和先烈的大不敬。

实事求是地说，相应批判呈现的一些观点思考，对促进选文科学化、提高教学针对性有一定的启发性，但这种批判不能演化成一种为了自觉不自觉突出所谓新观点新思维、抓住文本一鳞半角刻意做文章的"为批判而批判"。当然，那种针对相应批判质疑及其观点思考而一味上纲上线、大加鞭笞的做法也未必可取，恐怕有失教学研讨的伦理风范。

必须看到的是，《纪念白求恩》这篇出自领袖之笔的红色经典课文，撇开其具体的观点议论不谈，文章之情真意切而立场鲜明、逻辑清晰而文辞练达、叙议结合而详略得当、善用手法而多有妙语，无论对成年人的构思与表达还是对中学生的构思与表达——都具有超越时代的参考性与借鉴性，可谓读写结合的典范范本。通读毛泽东主席的诸多红色经典篇目，可以发现这一点具有非常鲜明的共性。所以，仅仅因为"毫不利己专门利人"之说在当代需要重新审视而认为《纪念白求恩》失去其教学价值，此等结论未免武断。为此，我们更需要思考的问题在于如何去教这篇老课文、到底从中教给学生什么，而不是纠结缠绕于文章的某一提法如何。

退一步讲，毛泽东主席当年提出"毫不利己专门利人"，强调的是以公众利益为重，无论对共产党员而言，还是对社会大众和青少年来说，都可谓一种崇高的精神导向，这一提法本身并未包含对保护个人正当利益、提出正当诉求的排斥。对这一提法，从认识上我们当然可以结合时代精神而有所拓展，但是，由此否定这一崇高精神导向的主张和做法显然也是绝对不妥的。因为，无论什么样的社会，都离不开那些在急难之中无私忘我、秉持大义甚至奋不顾身、舍生取义的英雄人物。所以，《纪念白求恩》中毛泽东主席的提法和现今一些批判者所提出的应该对个人合法权益范畴的"利己"有所保护——二者所强调的侧重点并不完全在同一个层面，或者说这是一个问题的两个侧面，如果对其矛盾关系认识错位必将混淆视听。

还要指出的是，作为课文的教学，本身需要凸显的是其"教学内容"而不是"文本内容"，那种刻意纠结于某一提法如何而忽略对文本整体教学价值考量的倾向，实际上也存在把"教学内容"与"文本内容"混为一谈之嫌。

再者，我们认为，文章所纪念和赞颂的白求恩精神是不容抹杀的，对白求恩本人性情缺陷、内心苦闷的"还原"，与本文对白求恩精神的解读、赞扬之间绝非对立关系，一些相关"还原"虽然披露了白求恩大夫的缺点，但决不能以此遮蔽、否定白求恩作为著名医务工作者和加拿大共产党人来华支援抗战所体现的伟大精神：白求恩放弃了在加拿大优越的物质生活，拒绝国民党的邀请而选择到共产党所在的晋察冀根据地支援抗战、谢绝中国共产党对他的特殊照顾、与战士同吃同住、着力建设战地医疗体系、去世之后被他救治过的战士都十分伤心……越是还原白求恩当年的性情缺陷与内心苦闷，越会让我们感到英雄的完整性和真实性，越需要我们对其人其事有辩证、理性的认识和评价，这样才能更深刻、准确地理解这篇红色经典的历史内涵。

在以上澄清与梳理的背后，我们也必须看到：面对新时代中学生，如果只是板着一张"红脸"、机械呆板地教学这样一篇在新中国语文教学史上具有长久存在的经典课文，显然也是不合适的。如何在坚守与还原中绽放红色经典的时代光芒与教学魅力，同样是需要探讨的问题。

基于以上因素的存在，对《纪念白求恩》到底应该做出怎样的教学取舍与定位、教学聚焦与核心建构，是很值得研究的问题。

统编教材中，《纪念白求恩》一文所在单元的人文要素表述非常明确："本单元课文，从不同方面诠释了人生的意义和价值，有对人物美好品行的礼赞，有对人生经验的总结和思考，还有关于修身养德的谆谆教诲。令我们感动的，是其中彰显的理想光辉和人格力量。"这无疑是对白求恩精神"彰显的理想光辉和人格力量"旗帜鲜明的褒扬与肯定，作为本文的教学底色，对此当毫不含糊。

　　与此同时，本单元对其所侧重的语文要素也有明确表述："本单元继续学习默读。在课本上勾画出关键语句，并在你喜欢的或有疑惑的地方做标注。在整体把握文意的基础上，学会通过划分段落层次、抓关键语句等方法，理清作者思路。"为此，在第一环节的教学中——突出的就是通过默读、抓关键语句等方式进行概括归纳，提取主体信息，同时通过默读相关补充材料，理解文章本身叙述与议论的矛盾关系。

　　对于本文结构，教学参考书和有的辅导书目界定为"总分总"，通过细读文本和再度梳理，我们认为这一界定恐怕并不妥当。毛主席评价白求恩对待殖民地和半殖民地国家与民族表现出的国际主义精神、对待工作对待人民表现出的毫不利己专人利人的精神、对待职业技术表现出的精益求精的精神，以及归根结底作为核心所在的毫无自私自利之心的精神，从整个行文逻辑看，是从大格局、大情怀逐渐收缩视界，以至具体而微，最后向核心聚拢，可谓先层层递进后总结收束。文章总共四个自然段，最后一段总结意味明显，如果把首段"学习白求恩的国际主义精神"作为开篇总领，与最后一段似难形成首尾呼应。我们认为，前面三段与最后一段关系更接近于"分总"，而前面三段之间在结构上更近乎递进而非并列。所以，在这里没有必要贴标签似的把教参教辅等提出的"总分总"说法或者什么说法硬塞给学生，只要能够引导学生通过提取关键词句、理解叙议关系等理清文章思路、明确文章表达中心即可。

　　在把握单元要素的前提和基础之上，还要适当结合课文特质内涵引导学生进行有深度的解读与学习。为此，执教老师在第二环节"比较分析：品味言语手法"的教学中，引导学生理解分析对比手法，以及正面写、反面写、侧面写等对表现白求恩精神所起到的作用，这也是本文教学需要突出的核心点，对此可谓众所周知。在这一环节，执教老师抓住"人"这一字眼，通过"毛主席在论述白求恩精神时是否只谈白求恩一个人""还谈到哪些人""为什么要这样来谈"为聚焦点，引导学生通过串联词语、关注句式等理解其中谈到的"人"与"人"之间存在的反差、比照等矛盾关系，从而对文章言语手法进行有层次的深入分析。

　　最后，执教者在课堂上引导学生进行的阅读探究活动，其设计并非刻意创新，而是针对一些前期及当下出现的信息（诸如有人认为"毫不利己专门利人"的提法过时，关于白求恩青年时的性情缺点、白求恩来华抗战时的苦闷等信息先后被披露等），引导学生通过比对梳理、批判思考趋于理性、辩证地认识，避免价值颠覆。我们不能仅仅满足于在眼下的一堂课上让这篇课文呈现"红色"，更应努力引导学生通过这样一种理性、辩证地思考，深入感悟、品味这篇红色经典课文背后那种足以穿越时代的精神力量，让孩子们初步认识到：这样一种永不过时的精神力量必将在更为久远的历史与现实中——得到更真切的尊重、传承乃至坚守。最后这个环节的教学，要把感情的调子提上来，但不要过于煽情，不必耗时过多，重在引导、促成学生的正确认识，从而能够更好地理解课文主题意蕴和思想内涵。这一带有些许拓展意味的阅读探究，从本质上是为更深刻地理解课文服务的，在读进去、走出来之后，再走回去、沉进去，是为"否定之否定"。这里，或可引用毛泽东主席原话来形容更似恰当："感觉到了的东西，我们不能立刻理解它；只有理解了的东西，才能更深刻地感觉它。"

走近邓稼先　体悟男儿情
——《邓稼先》

【执教名师】

　　段岩霞，高青县第五中学语文教师，山东省教科院初中语文兼职教研员。全国优秀教师，山东省特级教师，齐鲁名师，淄博市有突出贡献的中青年专家、教学能手，第十一届"语文报杯"全国中青年教师课堂教学大赛一等奖获得者。

　　主张"生活语文"理念，倡导"体验式阅读""生活化写作""专题性读写"，努力建立"生活—语文—学生"之间的连接，让语文重塑学生的心灵与生活，让阅读与写作成为生活的重要组成部分、生命存在的美好方式。主持、

参与省教改项目与课题 11 项，在《语文建设》等核心期刊及省级以上刊物发表论文 30 余篇，被人大复印报刊资料《初中语文教与学》全文转载 3 篇，出版专著《语文新课堂十八讲》、编著《统编语文教材名师教案》《主题写作》等多部。主持的教学成果"初中语文生活化写作教学研究与实践""融合·建构·创新：语文专题读写研究与实践"先后获 2018 年基础教育国家级教学成果二等奖、2021 年淄博市教学成果特等奖。在省内外执教公开课、报告 100 余场，指导学生在各级写作、演讲等比赛中获奖 500 余人次。

【课文述要】

《邓稼先》是人民教育出版社《语文》七年级下册第一篇"教读"课文。从内容方面看，它兼有经典性和时代性，极好地体现了部编版教材"立德树人"的编写理念；从体式方面来看，它兼具传记和散文双重特征，具有极高的教学研讨价值。

不同的文体有不同的读法，不同读法决定不同的教学内容，这已经成为语文阅读教学的共识。以杨振宁先生的《邓稼先》为例，如果按照人物传记来读，教学的主要内容便应落在被立传者身上，着重体会邓稼先的事迹和精神；如果按照散文来读，则应着眼作者，重在体会杨振宁的独特情感。

然而，本文的独特之处在于，它是一种以传记为表、散文为里的复合文体。张爱民先生称这种复合文体为"传记散文"：它像传记一样遵循真实性原则，叙行录言，对人物生平、生活经历、精神风貌等进行介绍、描述；但它更注重在更加高远或宽广的视野中，"将文化性和历史性有机地融合"，"通过作者的选择、剪辑、组接，倾注爱憎的情感"。简而言之，传记散文的特点就是特别讲求历史性、文化性和情感性。

具体到《邓稼先》"这一篇"，其历史性主要体现在两个方面：一是在宏大的历史背景中推出邓稼先。第一部分，作者先举中国近一百年的屈辱史，后述"中国人民站起来了"，继而引出这一"伟大胜利""巨大转变"背后"长期以来鲜为人知的科学家：邓稼先"。二是把重大历史事件写进邓稼先的生平经历。第二部分，作者依时间为序简述邓稼先的求学和工作经历，插入中国爆炸第一颗原子弹和氢弹的事件，用"这些日子是中华民族完全摆脱任人宰割危机的新生日子"呼应第一部分"那是中华民族任人宰割的时代"。这样前后对举，既突出了邓稼先作为历史性人物的巨大贡献，又强调了邓稼先作为"奠基人和开拓者"的重要作用。

文化性主要体现在第三部分的对比中。作者长于中国，旅居海外，"读书经验大部分在中国，研究经验大部分在美国，汲取了两种不同教育方式的好的地方"。因此，他从切身的体会中，从中西方文化的高度，捕捉到了邓稼先身上"很东方""最中国"的美：谦逊、朴实如农民，讷言慎行、含蓄，真诚坦白、无私……并用美国"原子弹之父"奥本海默的锋芒毕露与其低调内敛对比凸显，用别人的不能和邓稼先的"竟能"加以衬托。

作为一种复合性文体，"这一篇"传记散文的情感也是复合的。首先是传记人物的情感。邓稼先"获得博士学位后立即乘船回国"，"始终站在中国原子武器设计制造和研究的第一线"，数十年来隐姓埋名坚守这伟大而悲壮的事业，卧病在床依旧心系共和国核武器发展，尤其是"立即""始终""鲜为人知"等词，足见邓稼先对祖国的挚爱、忠诚。其次是作者杨振宁的多重情感。第三部分开头，作者特意提及二人在"抗战时期"的友谊，是挚友情深；而后多次运用"最""从不""竟"等看似平实、实则浓烈的词语，写出了他对邓稼先的由衷欣赏和对中国传统文化的高度认同；第四部分特写归国读信后的感情震荡，含蓄表明作者长期以来一直心系民族命运；第五部分引用《吊古战场文》和《中国男儿》，并特别标明这是"我们在昆明时一起背诵的""我儿时从父亲口中学到的""我父亲诞生于1896年，那是中华民族任人宰割的时代。他一生都喜欢这首歌曲"，则兼有对朋友、对青春、对父亲、对民族的无尽深情。

因此，我们教学《邓稼先》这一篇传记散文，确定教学内容、选择教学策略时，必须紧扣其历史性、文化性和情感性。适逢山东省枣庄市举行"基于学科素养提升的语文课堂教学观摩会"，便应邀赴枣庄市舜耕中学执教此课。本课试图以"中国男儿"为关键词，基于学生的感受和疑问，引领学生深入体验邓稼先、杨振宁两人的精神和情怀，体悟传记散文的独特魅力。

【教学实录】

一、基于学生问题，了解"稼先"内涵

师：上课前老师收集大家的问题时，发现有同学把"邓稼先"的"稼"写

成了"嫁女儿"的"嫁"。其实，"邓稼先"的名字是有深意的。谁来说说"邓稼先"的"稼"为什么是"庄稼"的"稼"？

生：我认为邓稼先是农民，因为作者说"他是最有中国农民的朴实气质的人"，所以他的名字是"庄稼"的"稼"，不是"嫁女儿"的"嫁"。

师：你的推断有道理。但邓稼先不是农民，他出身书香门第，他的六世祖邓石如就是清代著名书法家、篆刻家，祖父是教育家邓艺孙，父亲是著名美学家。

生：他父亲希望他像农民一样朴实。

师：对，每一个人的名字里都寄予着父母殷切的希望。我们学校是"舜耕中学"，大家更要记住，自尧舜以来，中国一直注重"耕读文化"；而且越是书香门第，越讲究"耕读传家"，警醒后人"不忘稼穑之艰辛"。所以邓稼先的父亲希望儿子以稼为先，根植中华大地，成为造福民众的沧海一粟。这节课，我们就来学习杨振宁先生的这篇传记散文《邓稼先》。

二、初读《邓稼先》，识"中国男儿"

师：谁能根据课文"两弹元勋"部分，按表格提示向大家介绍一下邓稼先的简历。（屏显。）

姓名	邓稼先	籍贯	
家庭成员	父亲，邓以蛰，美学家，清华大学教授； 妻子，许鹿希，北大博士，医学教授； 岳父，许德珩，全国人大常务委员会副委员长。		
学位		职务	
人生主要经历	1950 年 10 月，在中国科学院工作， 1958 年 8 月， 1964 年 10 月 16 日， 1967 年 6 月 17 日， 1985 年 8 月， 1986 年 3 月， 1986 年 7 月 29 日。		
荣誉			

生：邓稼先，祖籍安徽省怀宁县；生卒年月，1924 年至 1986 年 7 月；曾获得博士学位；职务，原子武器研究院院长；1964 年 10 月 16 日领导爆炸原子

弹，1967 年 6 月 17 日领导爆炸氢弹；取得两弹一星功勋勋章，中华民族核武器事业的奠基人。

生：家庭成员，父亲，邓以蜇，美学家，清华大学教授；妻子，许鹿希，北大博士，医学教授；岳父，许德珩，全国人大委员会副委员长。

师：还有一部分。

生：人生经历，1950 年 10 月，在中国科学院工作；1958 年 8 月，开始研究原子弹制造理论；1985 年 3 月，和于敏联合署名写了一份关于中华人民共和国核武器发展的建议书；1964 年 10 月 16 日，爆炸第一颗原子弹；1967 年 6 月 17 日，爆炸第一颗氢弹；1985 年 3 月，1986 年 3 月……（学生发现自己的错误）

师（微笑）：你发现了自己的错误，刚才可能有点紧张。1985 年 8 月发生了什么事儿？

生：他做了切除直肠癌的手术。

师：他研究的领域是原子武器，所以长期的辐射导致癌变。刚才你提到他和于敏联合署名写了一份建议书，是在什么时候？

生：1986 年 3 月。

师：对，是在去世前四个月躺在病床上写的。刚才两位同学都提到了两个重要的日子。为什么杨振宁把原子弹和氢弹爆炸的日子写进邓稼先的传记？

生：因为第一颗原子弹和氢弹的爆炸都融进了邓稼先的心血。

师：对。那大家知道这两个日子，对我们中华民族意味着什么吗？这是文章被删掉的第一部分内容。

（学生使用北师大版教材，该版本删去了原文第一部分和第四部分前三段，另有个别词句表述略有不同。屏显第一部分内容。）

生：这是中华民族历史上的重要日子，是中华民族完全摆脱了任人宰割的新生日子。

生：意味着中华民族完全摆脱了任人宰割。

师：不仅如此。

生：它还意味着中华民族不再有安全的危险。

生：意味着中华民族五千年历史上最黑暗最悲惨的时代结束了，中国人民站起来了。

师：现在，如果让你用杨振宁推荐的这首歌中一个短语来形容邓稼先，你认为哪个短语最贴切？为什么？

（屏显并齐读《中国男儿》。）

生：我觉得是"中国男儿"，因为中国男儿有一种不怕牺牲、身先士卒的精神，高度符合邓稼先。

师：从历史贡献上，邓稼先也是改变了中国命运的关键人物。

生：我认为是"燕然勒功"，因为邓稼先是中华民族核武器的开拓者和奠基人，邓稼先设计原子弹制造方案，和窦宪燕然勒功一样。

师：同样功勋卓著。其实大家也可关注"燕然"这个词，东汉大将窦宪追击匈奴三千里，邓稼先隐姓埋名28年，何其相似！

生：我选择"奇丈夫"，因为邓稼先做出了很多别人做不到的事情，领导人们设计爆炸了原子弹和氢弹，让中国人民站起来了，完全摆脱了任人宰割的命运，就像奇丈夫一样伟大。

师：奇丈夫就是不同寻常的伟大男子，有这样的奇丈夫只手撑天空，中国人民才能站起来。这首歌就是邓稼先一生的写照。本文原本就是在这样的历史背景下推出邓稼先的。接下来，我们走近杨振宁笔下这位"只手撑天空"的中国男儿。

三、细读邓稼先，品"男儿"魅力

师：请同学们默读课文，寻找、圈画直接或间接叙写邓稼先的关键词句，细细品味、批注：我从中读到了一个怎样的邓稼先？

（小组分工，学生自读，批注。）

生："邓稼先与奥本海默"部分第5段，他真诚坦白，从不骄人。他没有小心眼儿，一生喜欢"纯"字所代表的品格。这是对邓稼先的直接描写。我从中读到了一个具有朴实气质的邓稼先。

师：哪个词语让你联想到了朴实或平实？

生：这个"纯"字。

师：纯朴，朴实。还有一个同学和你勾画的一样，我们听听他的理解。

生：我从"真诚坦白，从不骄人"读到了一个谦虚、谦逊的邓稼先。

师：哪个词最能体现他的谦逊？

生：从不骄人。

师：大家发现了吗？这两位同学找的是同样的语句，但一个同学读成了"从不傲人"。"骄"和"傲"是姊妹花，但"骄"不但有骄傲的意思，还有骄纵、放纵、恣意、任性的意思。这里"从不"强调了什么？

生：强调他一直都不骄傲、不骄纵。

师：对，无论任何时候，任何人面前，他都不骄人。意味着他不仅在领导面前不骄人——

生：在做出巨大贡献的时候不骄人，在他的朋友、同事和下属面前，也不骄人。

生：在获得荣誉时，做研究院院长时也不骄人。

师：终生谦逊低调，这不是一般人能做到的。昨天跟大家见面的时候，有个同学问了一个问题——为什么邓稼先是最不引人注目的人物，他明明是'两弹'元勋？这可能是版本问题引发的困惑。人教版比我们的课本多了一个字，大家读读看，这一字之差，表达效果发生了怎样的变化？（屏显。）

北师大版：邓稼先则是一个最不引人注目的人物。

人教版：邓稼先则是一个最不要引人注目的人物。

生："最不要引人注目"强调了邓稼先不是普通平凡的，不是没有引人注目的资本，是他自己不愿意引起人们的注意，是他自己要淹没在人群中。

师：前面我们梳理邓稼先简历的时候已经知道，邓稼先有引人注目的身世、学历、职位、功勋，但他主动选择了隐藏自己的光芒，选择谦逊、低调、朴实，融于大众，这是一种发自内心的谦逊。

生："人们知道他没有私心，人们绝对相信他"这一句话侧面反映了邓稼先一心一意、为人民无私奉献的精神。

师：你的理解非常好。为了印证这一点，文章还举了两个例子，用了两个"竟"。大家看，他为什么竟能说服失去理性的群众？

生：因为人们相信邓稼先的为人，因为邓稼先从来都是无私奉献，"以民为本"的一个人，人们相信他没有小心眼儿，那么纯真。

师：他依靠的就是这种纯真、纯正无私的人格力量。这一部分，还有 10 个同学提问，为什么杨振宁要把邓稼先与奥本海默作对比？

生：通过两人的对比，反衬出邓稼先截然不同的性格。邓稼先有农民一样朴实的气质，而奥本海默是拔尖的人物。

师：注意，"拔尖"有两层意思，在技术领域方面两人都是"拔尖"的人物，但奥本海默在性格上也是"拔尖"的，文中用了一个成语。

生：锋芒毕露。

师：这一部分特别提到奥本海默善于辞令，有一个同学不明白作者为什么写这一点。

生：后面写到邓稼先能够在"文革"初期说服两派群众，说明邓稼先也有善于言辞的能力。

师：有言辞的能力却并不着意表现，特别符合中国儒家讲究的"讷于言而敏于行"的君子风范，这是一种"很东方""最中国"的美，也看得出作者很欣赏和认同这种美，所以杨振宁深情赞颂。我们齐读体会。

邓稼先是中国几千年传统文化所孕育出来的有最高奉献精神的儿子。

邓稼先是中国共产党的理想党员。

生：从"民族感情？友情？"部分，"他已证实了，中国原子武器中除了最早于1959年底以前曾得到苏联的极少'援助'以外，没有任何外国人参加"这句话中，我读到了一个严谨、求实、爱国、真诚、坦荡的邓稼先。

师：你一口气用了五个词语，你能具体说说从哪个词中读到了他的严谨、求实，又从哪个词中读到了他的爱国？

生：我从"已证实"读出了他的严谨，杨振宁问他有没有外国人参加，他先去证实，说明了他的严谨。"没有任何外国人"说明了他的爱国。

师：尤其是"任何"一词。"证实"是一种调查，也可能是"请示"，据我所掌握的资料，是请示了周总理。我看了电影《邓稼先》，发现电影里去掉了这一句话。好像去掉了更能显出邓稼先爱国，但我感觉编剧没有体会到两位科学家的求实态度，科学家写科学家，关注点和敏感点就在于这种实证的精神。

这封短信激发了作者极大的感情激荡，也激起了我们全班的困惑，有19名同学问我为什么这封信会激起了作者如此之大的感情震荡乃至情绪失控。（屏显学生问题。）大家可以参考老师的提示，结合上下文，联系杨振宁生活的时代背景、在美国听到的谣言、归国发问的期待以及得到证实的刹那心情等方面思考讨论。

（学生讨论。）

生：有一些谣言说寒春参加了中国原子弹工程，寒春是一个外国人，参加了美国原子弹的制造，表现了外国人对中国人的轻视。

师：言外之意是中国试爆成功原子弹和氢弹，不是靠中国人的努力——

生：是依靠外国人的帮助。

师：杨振宁听到这样的谣言，心里是什么感受？

生：心里会十分的难过。而邓稼先证实了，中国原子武器工程中除了最早于1959年底以前曾得到苏联的极少"援助"以外，没有任何外国人参加。说明中国人并非窃取外国人的技术，中国人靠的是自己的努力。

师：这是中国人独立自主研究的成果，这是一个民族的尊严所在。

生：对，所以他热泪满眶。

生：杨振宁的生活背景，他出生在1922年，那个时候中国还是任人宰割的时代。邓稼先为中国做出了这样突出的贡献，所以……（学生语塞）

师：你心里明白，但不知道如何表达。我们听听别的同学的意见好吗？

生：杨振宁出生的年代还没有摆脱任人宰割，科技还比较落后，他期待中国能够做出自己的原子弹，这就说明中国人是自己站起来的。

师：在那个时代成长起来的杨振宁，他感受到了什么？

生：他感受到了中国的弱小和作为中国人的耻辱。

师：所以当他听到——

生：当他听到是中国人自己造出原子弹的时候，他为民族而自豪，为在当时那样的条件下做出这样伟大的事业而感到骄傲。

师：尤其这是他的挚友领导设计的，真是一雪内心的耻辱，可以挺直腰杆在国外生活了，所以情不能自已、热泪满眶。既为朋友感到骄傲，也是一种强烈的民族自豪。'继续交流。'

生：1982年，他做了核武器研究院院长以后，一次井下突然有一个信号测不到了，大家十分焦虑，人们劝他回去。他只说了一句话："我不能走。"这句话虽然简洁，但透露出了邓稼先他为人的可贵精神以及对祖国的无私奉献精神，他恪尽职守。

师：我们都来看这一个事例。可能有同学不明白"突然有一个信号测不到了"意味着什么？在我们这个会场，老师的手机信号也收不到了，但我并不焦虑。

生：信号测不到了意味着可能会发生危险。

生：还有可能这次试验失败。

生：如果信号测不到的话，意味着核武器可能要爆炸，意味着随时可能面对死亡。

师：那大家劝他回去，他为什么不走？

生：因为邓稼先生热爱祖国，有着身先士卒的精神，所以他不能离开他热爱的岗位的。

生：这句话包含了邓稼先高度负责的事业心，他身先士卒，即使有危险，也要冲在第一线，在核武器事业闯出属于中国的一片天空，用自己的热血铸成两弹一星。

师：注意，谁做什么才叫"身先士卒"？

生：是领导人物冲在第一线才叫"身先士卒"。

师：对。这个时候他是核武器研究院的院长，他不回避、不逃避、不害怕，身先士卒，是一种极高的境界。

生：我补充一点，因为他是中国核武器研究院的院长，信号测不到了，随时面对死亡，他并没有走，作为领导，他没有走，就激励着其他的工作人员，让其他的工作人员感受到领导对祖国的热爱和无私奉献。

师：你说得真好，榜样的力量是无穷的。

生：我觉得这一句字字铿锵，掷地有声，说明邓稼先已经把生死置之度外，甘愿把生命奉献给他热爱的事业。

师：请你朗读这一句。

生（朗读掷地有声）：我不能走！

师：你读得铿锵有力，把句号读成了叹号；可事实上作者用的是句号。而且危急关头，他"只"说了这么一句话。为什么？

生：这体现了他的朴实精神。

师：这么朴实低调的人他只说了一句话。想一下还有什么读法？

生（放低声音）：我不能走。

师：邓稼先最不同寻常的地方，就在于这种置生死于度外的平常心。不仅这一次——

（屏显。）

每次核武器插雷管、铀球加工等生死系于一发的危险时刻，他都站在操作人员身边，给作业者以极大的鼓励。

航投试验出现降落伞事故，原子弹坠地被摔裂。邓稼先深知危险，却一个人抢上前，把摔破的原子弹碎片拿到手里仔细检验。

步履维艰之时，他坚持自己去装雷管，并首次以院长的权威向周围人下命令："你们还年轻，你们不能去！"

后来邓稼先病倒在床上，平静地说："我知道这一天会来的，但没想到它来得这样快。"

四、诵读《古战场文》，悟"男儿"情怀

师：其实在原文中还有这样一段材料。听老师朗读，大家感受思考：这是怎样的试验环境？你从中感受到了什么？（屏显"青海、新疆，神秘的古罗布泊"至"天阴则闻"，配乐朗读。）

生：我感受到了杨振宁对邓稼先的怀念，作者说《吊古战场文》是"他们在昆明时一起背诵的"。

生：杨振宁很怀念他在中国的这段日子。

师：的确。这篇古文承载了他们共同的青春记忆，共同的文化背景。

生：我感觉到这是一个非常恶劣的环境，感受到了一种悲壮的气氛。

师：这是一项伟大而悲壮的事业。

生：吊古战场文描写了这个地方恶劣的环境，邓稼先研制核武器就在这个地方附近，我体会到了邓稼先研究的艰辛和艰难，也体会到了邓稼先的无私奉献和爱国。

生：我还感受到了战争带给人们的残酷，只有民族强大起来了，别的民族就伤害不了她，这场战争就可以避免了。

师：就像邓稼先所说"我不爱武器，我爱和平"，他研究原子弹不是为了战争而是"国防自卫"，这一点在第一部分杨振宁先生就特别写明。

生：这一段话把邓稼先的爱国情怀表现得淋漓尽致，在那么恶劣的环境，他也没有放弃核武器研究，没有放弃自己的事业。

师：而且28年如一日，邓稼先和他的同事们隐姓埋名，把对祖国的忠诚和深爱埋在这个最荒凉最偏僻的地方，坚守这伟大而悲壮的事业，这是怎样崇高的人格！我们齐读体会。

（学生齐读。）

师：这不仅是一篇人物传记，更是一篇回忆性散文，是旅居海外、关注民族命运的美籍华裔科学家，以文化的眼光、国际的视野，从历史的角度，来回忆五十年的挚友。所以，他推荐《中国男儿》作为《邓稼先传》的背景音乐。

让我们再次朗读这首《中国男儿》歌，感受邓稼先这位中国男儿不朽的历史贡献和人格魅力，体会作者杨振宁的挚友情深、民族情怀和文化情结。

（在琅琅读书声下课。）

【反思评议】

传记性散文的教与学

山东省淄博市教学研究室　崔雪梅

山东省淄博市高青县第五中学　段岩霞

综观这堂课，从整体架构来看：

基于学生问题，了解"稼先"内涵；

初读《邓稼先》，识"中国男儿"，感知邓稼先的历史性作用；

细读邓稼先，品"男儿"魅力，理解邓稼先人格中的文化性；

诵读《吊古战场文》，悟"男儿"情怀，体验邓稼先和杨振宁两位"中国男儿"的情感、情怀。

教学内容的选择可以说既得传记散文之"体"，又得"这一篇"传记散文之"要"。而且，四个环节以"中国男儿"为关键词，以学生的感受和问题为起点，从邓稼先这一传记人物的生平到精神，再到邓、杨二人的情感，由显及隐，构成了一个逻辑推进的链条。

聚焦到教学局部，也是紧扣"这一篇"的特质采取合宜的教学策略，教出了传记散文的独特性。

首先，巧设活动和追问的层次，推动学生的理解、思考走向深入。

这一板块教师主要设计了两个活动：

1. 根据"'两弹'元勋"部分，按表格提示向大家介绍邓稼先的简历。

2. 用杨振宁所推荐歌曲中的一个短语来形容邓稼先并简述理由。

第一个活动用籍贯、学位、职务、经历、荣誉等条目指引学生阅读课文，筛选提取信息，完成了对邓稼先人物生平的梳理和人物形象的初步感知。此时，教师追问："为什么把原子弹和氢弹爆炸成功的日子写进邓稼先的人生经历？这两个日子对中华民族意味着什么？"并出示中国一百年以前的屈辱历史，使学生对"任人宰割""新生"等词语有了具体而深刻的感受，领悟到邓稼先所做贡献的巨大，进而自然过渡到第二个活动。第二个活动，用选择"推荐语"的形式，激发了学生的表达欲望，进一步强化理解邓稼先所做贡献的历史性作用、"中国男儿"之"中国"二字沉甸甸的分量。需要特别指出的是，教师在简历介绍中，特别补充了邓稼先的家庭成员信息，既丰满了人物形象，也为后面体会邓稼先"从不骄人"的品格做好铺垫。

其次，运用还原法和比较法，品出了邓稼先独特的人格魅力，把"文化性"教得自然灵动。

传记散文的语言大多简洁朴素，《邓稼先》出自杨振宁这样的大物理学家之手，语言更是凝练至极，特别需要用还原法分化出其中丰富的内涵。具体实施中，教师主要运用的是词语的还原和情境的还原。如抓住"从不"一词，还原出邓稼先在任何时候（包括取得卓越成绩、做出巨大贡献、担任重要职位）、任何人（包括领导、朋友、同事和下属）面前，终生谦逊低调的可贵品质。在解决"为什么这封短信激发了作者极大的感情激荡"这一难点时，则引导学生联系杨振宁生活的时代背景、在美国听到的谣言，想象归国发问的期待及得到证实的刹那心情等方面进行情境还原。

"文化性"对生活阅历不足、阅读视野狭窄的七年级学生而言是较难理解的，这从"为什么邓稼先是最不引人注目的人物，他明明是'两弹'元勋？""为什么特别提到奥本海默的善于辞令？"等学生提出的问题中也可以看出。对此，教师紧贴学生的阅读感受和困惑，相机插入比较。比如，在还原"从不骄人"后，插入"最不要引人注目"和"最不引人注目"的版本比较，让学生在咬文嚼字中明白邓稼先的谦逊是发自内心的主动选择，是中国几千年传统文化孕育的必然结果。在品读两个"竟"字后，追问"作者为什么特别提到奥本海默善于辞令"，引导学生思考、了悟：邓稼先能够在"文革"初期说服两派群众和工宣队、军宣队队员，说明他有言辞的能力，但他并不着眼表现，这就是中国儒家讲究的"讷言敏行"的君子风范。另外，教师由学生书写错误切入，借"嫁"与"稼"的比较，既识记了"稼先"的字形和内涵，又不着痕迹地渗透了中国的耕读文化，为后续环节巧妙张本。

再次，精心选择朗读的内容、时机和形式，尽量把"情感性"教得细腻饱满。

朗读是进入语言内部世界、体验情感的最好手段。但对于《邓稼先》这样篇幅较长的传记散文，需要特别精选朗读的内容、时机和形式，才能在有效的时间内达到推进学生理解和思考的效果。本节课精心设计了三次朗读：第一次是齐读《中国男儿》歌，目的是聚焦学生的注意力，给予学生较为深刻的初感。第二次是品读"我不能走"，在理解的基础上让学生个人读，当学生读得铿锵有力时，巧妙提醒学生"你把句号读成了叹号，可事实上作者用的是句号"，继而追问"问什么危急关头他只说这么一句话"，学生顿时恍然大悟，调整了自己的读法，也加深了对邓稼先人物形象的理解。第三次，教师先配乐范读《吊古战场文》，引领学生感受邓稼先的爱国情怀和杨振宁对朋友、对青春的缅怀，感悟深入后再让学生齐读体会。每次朗读各有其教学功能，下一次朗读均基于上一次朗读的学情需要而进行，是对前面理解的内化和上次朗读的深化。这样由浅入深，层层深入，学生对邓稼先和杨振宁两位"中国男儿"的情感体验也由粗浅模糊逐渐走向细腻饱满。

当然，传记散文不独《邓稼先》这一篇，如果我们能够充分认识这一类文体的共性与个性，在解读和教学中，遵循规律确定合宜的教学内容，并紧贴学生的认知起点推进教学，我们一定能够教出它的独特魅力。

传承矢志不渝的爱国精神
——《说和做——记闻一多先生的言行片段》

【执教名师】

张传青，正高级教师，齐鲁名师，山东师范大学硕士研究生合作导师，泰山名师，泰安市优秀教师。

坚持"尊重差异，分层评价"的教育理念，致力于语文思维培育、任务驱动、读写结合等层面的实践研究。参与完成全国教育科学规划课题一项，主持完成省市级规划课题三项，在《中学语文教学参考》《语文教学通讯》等刊物发表多篇论文。

【课文述要】

《说和做——记闻一多先生的言行片段》由诗人臧克家创作于 1980 年 2 月，是一篇叙事散文。作者满怀深情回忆了闻一多先生作为学者和革命家的光荣事迹，表现了他的崇高品格，高度赞扬了他伟大的爱国主义精神。

文章结构严谨，选材精当。作者用闻一多先生的"说和做"总领全文，前半部分着力写闻一多先生"做了再说，做了不说"，是"卓越的学者"，后半部分着力写闻一多先生"说"了就"做"，"言行完全一致"，是"大勇的革命烈士"，前后照应，中间过渡自然，只用一千多字，就突出表现了闻一多先生思想品格的最本质特征。

文章语言生动形象，精致凝练，感情充沛，富于诗意。不仅描写的语言是形象的，叙述和议论的语言也是形象的，并且饱含深情。例如"他正向古代典籍钻探"一句，"钻探"一词，运用了比喻的修辞，既形象又含义丰富。"向……钻探"的句式，叙述由静态变成动态，给人的印象不再是客观的介绍，而且是热情的称赞了。作者善于使用成语或仿成语结构和对句的形式，如"目不窥园，足不下楼，兀兀穷年，沥尽心血""人家说了再做，我是做了再说"，等等。这些词句结构整齐，有节奏感，郎郎上口，铿锵有力，富于音乐美，呈现出诗化的语言风格。

结合单元目标，明确教学方向。本单元人文主题是"群星闪耀"，让学生感受闻一多先生严谨实干的研究精神，勇敢无畏的革命精神，言行一致的崇高品格，完善自己的品格，传承闻一多先生以天下为己任，为国为民、矢志不渝的爱国主义精神，这是本课教学的重点。本单元语文要素的训练重点是"学习精读"，要引导学生"反复朗读关键语句或段落，字斟句酌，揣摩品味其含义和表达的妙处"，体会"精致凝练，富有诗意"的语言风格。同时，给学生搭建学习支架，补充闻一多先生的生平及其所处时代背景，引导学生"透过细节描写，把握人物特征，理解人物的思想感情"。

人文主题与语文要素互为表里，相互依存，人文目标的落实关系到学生必备品格的养成，语文要素训练的是学生的关键能力，两者共同构成学生的语文核心素养。

【教学实录】

一、初识"先生"，任务导航

（播放歌曲《七子之歌》。）

师：同学们听了这首歌，有什么感受？

生：有一种期盼，有一种渴望。

生：表达了对母亲的思念。

师：确实是这样。《七子之歌》实际上是一组诗歌，该诗以拟人的手法将清朝末年七处失地比作远离母亲怀抱的七个孩子，用小孩子的口吻表达渴望重回母亲怀抱的强烈情感，表达了对祖国强烈的热爱之情。同学们知道作者是谁吗？

生：闻一多。

师：一百多年来，为实现国家和民族的救亡图存，争取民主自由，无数中国的仁人志士抛头颅、洒热血，前仆后继，闻一多就是其中一位。他是著名的诗人、学者、民主战士。今天我们通过臧克家的回忆散文《说和做——记闻一多先生言行片段》来学习闻一多的伟大事迹。

师：作者在文中称呼闻一多为"先生"，同学们能说一下其中包含的感情吗？

生："先生"在这里是老师的意思，包含着对闻一多的尊敬和钦佩。

生：应该还包含着怀念的意思吧。

师：同学们理解的比较准确，"先生"一词还有"对知识分子和有一定身份的成年人的尊称"之意。从这个角度上理解，还会包含怎样的感情呢？

生：赞颂之情。

（出示课件。）

师徒情深

闻一多是臧克家的伯乐，1930年臧克家考大学的时候，数学考了零分，作文也只写了三句新诗，"人生永远追逐着幻光，但谁把幻光看成幻光，谁便沉入了无底的苦海。"按理说，他肯定不会被录取，但当时担任主考官的闻一多慧眼识珠，一锤定音破格录取了他。果不其然，臧克家没有辜负闻先生的期望，很快就发表了一首又一首的新诗，并于1933年出版了轰动一时的诗集《烙印》。

臧克家在国立青岛大学学习期间，经常出入于闻一多的办公室和家中，向其请教。闻一多也很赏识臧克家，两人书信往来甚密，相知很深。

闻一多先生遇难后，臧克家于1946年8月撰写了《我的先生闻一多》以示悼念。1980年2月又写了本篇叙事散文，介绍了闻一多先生作为诗人、学者和革命家的光荣事迹。

师：结合这部分背景资料，我们可以进一步体会作者对恩师的崇敬、赞颂以及怀念之情。

师：让我们也称闻一多为"先生"吧！为纪念建党一百周年，学校大队部近期准备举行一次"百年中华儿女英烈展"活动，将收录闻一多先生的事迹，请同学们结合课文内容设计一幅英雄人物展板，期待吸引更多的同学来学习宣传闻一多的伟大品格精神。同学们有没有信心完成任务？

生：有。

二、理解"先生"，梳理事迹

（出示感动中国人物展板示例。）

师：人物展板一般包含标题、事迹、画像、颁奖词等内容，下面先让我们从梳理闻一多先生的事迹开始吧。

师：请同学们默读课文，然后完成学习任务第一步：结合文中关键语句用自己的话概括闻一多先生的事迹以及由此表现来的品格和精神。要求语言简洁，重点突出，适合展板采用。

（生默读文，师提示：注意默读时圈点勾画关键语句，及时做批注。）

师：默读完的同学请举手。

（大多数学生举手。）

师：已经默读完的同学，请结合自己圈画的语句和批注梳理一下闻一多先生的品格精神和事迹，准备讲给组内的同学听，还未读完的抓紧时间。

（生组内交流。）

师：作者主要讲述了闻一多先生哪两方面的事迹？

生：学者和革命家

（板书：学者 革命家。）

师：闻一多还是一位诗人，谁能介绍一下他作为诗人的事迹？

生：他有两部诗集《红烛》和《死水》。

生：他的诗歌充满了对祖国的热爱，对黑暗现实的憎恶。

师：老师再来补充一下作为诗人的闻一多先生。

（出示课件。）

闻一多是一位热情澎湃、爱憎分明的诗人。20年代起他从事诗歌创作，留美期间，爱国思乡之情凝结成诗集《红烛》；归国之后，对现实的憎恶之感集结成诗集《死水》。他提出新格律诗"三美（音乐美、绘画美、建筑美）"主张使现代汉语诗焕发了青春与活力。

师：谁来讲述他作为学者的事迹？

生：闻一多先生经过几年辛苦写成了《唐诗杂论》，又转到研究楚辞，后来又向"古典新义"迈进。

师：你能按照闻一多先生研究的时间顺序来概括，比较有条理，但是后面的成果具体是什么，概括的还不够清楚，谁能再来补充一下？

生：闻一多先生经过10多年的时间撰写了《唐诗杂论》《楚辞校补》《古典新义》。

师：你的概括更加简洁和准确，也就是说闻一多先生在学术上的成就主要是对古代典籍的研究，那么我们怎样才能让看到展板的同学能从中感受到闻一多先生的品格和精神呢？是否应该结合文中的关键语句来分析一下闻一多的研究状况呢？

生：是。

师：谁来说一下？

生：闻一多先生在研究《唐诗杂论》时目不窥园，足不下楼，兀兀穷年，沥尽心血，他顾不上理发，也没有时间整理书桌。

师：你主要摘录了文中的语句，在这里连用了四个四字句，知道它们的意思吗？

生：是指闻一多专心研究，不管闲事，一年到头都这样，投入全部心血。

师：像这样的四字句还有吗？有什么表达效果呢？

生：仰之弥高，钻之弥坚，不动不响，无声无闻，潜心贯注，心会神凝。这些四字句有的是成语，有的是短语，还有的结构相似，表达了丰富的意思，读起来也比较上口好听。

师：用最简的词表达出最丰富的意思，这就是精致凝练的语言，这在诗歌体裁中经常运用，结构相似的四字句读起来朗朗上口，构成了音韵美，这就给文章增添了诗意。

师：作者写闻一多没有时间理发，没有时间整理书桌，目的是什么？

生：从侧面表现闻一多先生做学术研究专注投入，十分刻苦。

师：你能否把刚才的描述用一两个四字短语概括一下？

生：专心致志，非常刻苦。

师：不错，因为我们展板篇幅有限，我们要惜墨如金，尽量用最少的文字概括出闻一多的事迹，但是又能让观众感受到闻一多精神品格的伟大，做到这一点实属不易，谁能用刚才的方式再概括一下？

生：废寝忘食。

师：你用这个成语概括的是哪些语句？请你读出来并说明理由。

生：饭，几乎忘记了吃，他贪的是精神食粮；夜间睡得很少，为了研究，他惜寸阴、分阴。深宵灯火是他的伴侣，因它大开光明之路，"漂白了四壁"。前面说闻一多几乎忘了吃饭，后面说他睡得很少，所以我想到了"废寝忘食"这一成语。

师：其他同学觉得这位同学概括准确吗？

生：准确。

师：废寝忘食也是一种刻苦钻研的精神。你的领悟能力真强！谁还能概括其他地方？

生：一丝不苟，非常认真。

师：请你读出相关语句。

生：一个又一个大的四方竹纸本子，写满了密密麻麻的小楷，如群蚁排衙。

师：群蚁排衙是什么意思？哪些词语写出了闻一多先生的认真态度？

生：是比喻的说法，如一群蚂蚁整齐地排列着。"一个又一个大的""密密麻麻"突出书写的内容之多，但非常整齐，说明态度严真，一丝不苟。

师：这种一丝不苟，认真研究的态度，我们也可以称之为"严谨"，分析到位，好！

师：同学们还有补充吗？

（没有学生举手。）

师：同学们，刚才我们主要概括的是闻一多在创作《唐诗杂论》过程中的表现。那么闻一多撰写《楚辞校补》《古典新义》时的表现怎样呢？

生：作者没有写。

师：作者没写吗？请看第六自然段。

师：相比之下，作者只是写得比较简略，只用了四句话来描述。同学们想一下，为什么？

生：闻一多创作《楚辞校补》和《古典新义》时应该同样是专心致志、废寝忘食、一丝不苟的态度，所以没有必要再详细描写了。

师：是的。这就叫详略得当。由此我们能感受到闻一多先生怎样的治学精神？

生：忘我投入，严谨治学。

（板书：忘我投入　严谨治学。）

师：我们在脑海中还原一下当时闻一多先生创作的场景，想一想研究这些古代典籍是否容易？你从何得知？

生：不容易。作者说"他正向古代典籍钻探，有如向地壳寻求宝藏。仰之弥高，越高，攀得越起劲；钻之弥坚，越坚，钻得越锲而不舍"。

师：你能否再具体分析一下？

生：这句话用了比喻的手法，把研究古代典籍比作向地壳寻找宝藏，非常形象地写出了研究的难度。

师：你觉得哪些词最能体现出研究的难度？

生："钻探""攀""钻"这些词表现了古代典籍的高深难懂。

师：由此我们能感受到闻一多怎样的精神？

生：不畏艰难，锲而不舍。

（板书：不畏艰难　锲而不舍。）

师：作为学者的闻一多先生还有怎样的精神？

（没有学生举手发言。）

师：作为学者的闻一多先生在"说"和"做"方面是怎样表现的？

生：做了再说，做了不说。

师：应如何理解这里的"说"和"做"？可以感受到闻一多先生怎样的精神？小组内讨论一下。

（生小组讨论，教师巡视。）

生："说"包含吹嘘、自夸、炫耀的意思，"做"就是默默无闻的进行刻苦的学术钻研。这里表现了闻一多先生谦虚实干精神。

（板书：谦虚实干。）

师：我们对作为学者的闻一多先生已经有了较为全面的认识，那么，请同学们用较为简洁的语言将他的精神品格和事迹写成一段话，编入展板。同学们可以参照示例从"精神品格与事迹"两方面来概括，这样可以让看到展板的同学能够清晰地了解闻一多先生。

（出示课件。）

闻一多是一位热情澎湃、爱憎分明的诗人。（精神品格）20年代起他从事诗歌创作，留美期间，爱国思乡之情凝结成诗集《红烛》；归国之后，对现实的憎恶之感集结成诗集《死水》。他提出新格律诗"三美（音乐美、绘画美、建筑美）"主张使现代汉语诗焕发了青春与活力。（事迹概括）

（学者？）

生：闻一多是一位不畏艰辛，治学严谨，谦虚实干的学者。30年代起他开始专心研究古代典籍，锲而不舍，全神贯注，一丝不苟，撰写了《唐诗杂论》《楚辞校补》《古典新义》等学术著作。

师：作为革命家的闻一多先生的精神品格和事迹是怎样的呢？

生：闻一多是一位勇敢无畏的革命家，他为了争取民主，反对独裁，起稿政治传单，在群众大会上大骂特务，走在游行示威队伍最前头。

（板书：勇敢无畏。）

师：闻一多在"说和做"方面是怎么表现的？这里的"说"和"做"怎样理解？

生：说了就做。这里的"说"应该是宣传、动员的意思，"做"就是指的他亲自组织参加的一系列的革命活动。

师：由此，我们还可以知道闻一多怎样的精神？

生：敢说敢做。

（板书：敢说敢做。）

师：是的。如果不处于那种环境中，我们不会感受到闻一多先生有多么的勇敢无畏！我们再结合当时的背景了解一下闻一多大无畏的革命精神。

（出示课件。）

背景资料补充

1937年7月7日，日本帝国主义者以制造卢沟桥事变为起点，发动了全面侵华战争。日本开始全面进攻中国。闻一多随大学南迁，行程3000多里到达昆明，一路上闻一多看到了很多，也想到很多。他的思想发生了深刻的变化，迈出了走向人民群众的新步伐。他也反省了自己这些年埋头书斋，脱离民众的弱点，终于恢复了五四时期那种昂扬奋进，以天下为己任的革命精神。

1945年12月1日，昆明发生国民党当局镇压学生爱国运动的"一二一惨案"，闻一多亲自为死难烈士书写挽词："民不畏死，奈何以死惧之"。出殡时，他拄着手杖走在游行队伍前列，并撰写了《一二一运动始末记》，揭露惨案真相，号召"未死的战士们，踏着四烈士的血迹"继续战斗。

1946年7月15日，昆明各界为遭国民党特务杀害的爱国进步人士李公朴先生举行追悼大会。在会上，他慷慨激昂地痛斥国民党蒋介石发动内战；会后惨遭国民党特务杀害。

师：再来看一段视频。

（播放最后一次讲演视频片段。）

师：这就是勇敢无畏、敢说敢做、大义凛然、视死如归的闻一多先生！值得我们永远称颂，永远纪念！

师：作者集中赞颂闻一多先生敢说敢做、勇敢无畏的革命精神的语段在哪些地方？

生：16至18自然段。

师：谁能有感情地朗读出这种赞颂之情？注意停顿、重音、语速等技巧。

（一女生读，语调激昂，但有些紧张，稍微有卡壳现象。）

师：放开大胆读，不要紧张，老师相信你会读得更好！谁再来读？

（一男生读，语调浑厚有力，比较有气势。）

师：听了你的朗读，能感觉出你对作者的感情把握比较到位！

师：请同学们怀着崇敬的心情齐读这三段，读出对闻一多先生的赞颂之情！

（生齐读。）

师：我们从句式和修辞的角度分析一下这三段的语言特点及表达效果。

生：这三段运用了排比的修辞，非常整齐流畅，有气势。

生：这三段用了大量的结构相同的短句，有的三字一句，有的四字一句，读起来比较有力量。

师：是的，排比的修辞使句式整齐，语意流畅，富有气势，短句语气急促，铿锵有力，这样就使语言富有节奏感，这同样是一种诗化的语言。

师：请同学们再次用较为简洁的语言将作为革命家的闻一多先生的精神品格和事迹写成一段话，编入展板。

（出示课件。）

闻一多是一位热情澎湃、爱憎分明的诗人。20年代起他从事诗歌创作，留美期间，爱国思乡之情凝结成诗集《红烛》；归国之后，对现实的憎恶之感集结成诗集《死水》。他提出新格律诗"三美（音乐美、绘画美、建筑美）"主张使现代汉语诗焕发了青春与活力。

（学者？）

（革命家？）

生：闻一多是一位敢说敢做，勇敢无畏的革命家。40年代，他成为争取民主的战士，青年运动的领导人，为了争取民主，反对独裁，他亲自起稿政治传单，参加游行示威，大骂特务，用宝贵的生命实证了他的"言"和"行"。

师：作者以闻一多的"说"和"做"为线索组织材料，闻一多作为学者与作为革命家时的"说"和"做"表面上看是不同的，这是否说明他的言行前后不一致呢？闻一多作为学者时期与作为革命家时期的人生追求有什么不同吗？这些表现反映了闻一多先生怎样的品格和精神？

（没有生举手。）

师：这个问题有些难度，请同学们再次默读课文思考，然后在小组内讨论一下。

（生默读课文，三分钟后开始讨论交流。）

生：闻一多先生的言行前后是一致的。作为学者，开篇两段引用闻一多说的话与他后来在学术研究方面的表现一致；作为革命家，他说了就做，并且冒着生命危险亲自去做，带头去做。两方面均表现出言论与行动完全一致。

师：这表现了闻一多先生怎样的品格呢？

生：言行一致，始终如一。

师：闻一多作为学者时期与作为革命家时期的人生追求有什么不同吗？

生：闻一多进行学术研究是为了给我们衰微的民族开一剂救济的文化药方，参加革命工作是为了反对独裁，争取民主。两者追求是不同的。

师：你能从文章找到相关语句作为支撑自己观点的论据，值得表扬。还有其他意见吗？

生：我觉得两个时期闻一多先生的人生追求是一致的，他给我们衰微的民族开救济药方，是想要通过文化复兴来找到救国救民的道路，他带领青年运动反对独裁，争取民主，是想通过革命救国，因此他的人生追求是一致的，始终在寻求救国救民的道路，只是在不同时期认识不一样。

师：你的分析又进了一步，能透过表面的文字去揣摩内在的含义，很好。请同学们看这两则背景资料，肯定会有更加清晰的理解。

（出示课件。）

背景资料补充

材料一："我国前途之危险不独政治、经济有被人征服之虑，文化之征服甚于其他方面之征服千百倍之。杜渐防危责，舍我辈其谁堪任之！"（摘自闻一多写给梁实秋的信）

材料二："近年来我在联大的圈子里声音喊得很大，慢慢我要向圈子外喊去，因为经过十余年故纸堆中的生活，我有了把握，看清了我们这民族，这文化的病症，我敢于开方了。"（摘自闻一多写给臧克家的信）

师：闻一多不论是作为诗人、学者，还是作为革命家，他救国救民初心矢志不渝，他的爱国情怀始终如一。只是不同时期对社会的认识不同，以至于寻求的救国救民的方式不同。由此，我们可以给展板加一个标题。同学们思考横线上填什么内容，能把闻一多作为诗人、学者、革命家时期的品格精神全部概括出来？

（出示课件。）

背景资料补充

闻一多是一位热情澎湃、爱憎分明的诗人。20年代起他从事诗歌创作，留美期间，爱国思乡之情凝结成诗集《红烛》；归国之后，对现实的憎恶之感集结成诗集《死水》。他提出新格律诗"三美（音乐美、绘画美、建筑美）"主张使现代汉语诗焕发了青春与活力。

（学者？）

（革命家？）

生：言行一致的爱国志士。

生：矢志不渝的爱国志士。

（板书：言行一致 爱国志士。）

师：可以，都抓住了闻一多先生始终如一的爱国精神。闻一多先生说过，诗人的主要天赋是爱，爱他的祖国，爱他的民族。不论是作为诗人、学者，还是作为革命家，他的爱国之志始终未变。他是这样说的，也是这样做的。他最终用自己宝贵的生命实证了自己的言和行。

三、评价"先生"，传颂精神

师：作者最终是如何评价闻一多先生的？

生齐读：闻一多先生，是卓越的学者，热情澎湃的优秀诗人，大勇的革命烈士。他，是口的巨人。他，是行的高标。

师：如何理解"他，是口的巨人。他，是行的高标"这句话？

生：运用了比喻的修辞手法，形象地写出了闻一多先生言行一致的崇高品格。

生：包含了作者的赞颂之情。

师：为什么"他"单独成句？

生：为了突出强调闻一多先生品格崇高，精神伟大。

师：是的，让我们永远称颂这位口的巨人，行的高标！

（出示闻一多四幅画像。）

师：如果我们为展板选配一幅闻一多的画像，你想选哪一幅？小组内交流后，选派代表发言。

生：我们组选择第3幅画像，因为这幅画像中闻一多先生目光犀利，表情冷峻，更能让人体会到闻一多先生的勇敢无畏的革命精神。

生：我们组也选择第3幅画像，因为这幅画像背景是火海，能让人联想到当时祖国人民正处于水深火热之中，旁边的红烛象征着闻一多先生燃烧自己，照亮别人的伟大的牺牲精神。

生：我们组选择第4幅画像，因为这幅画像中闻一多先生神情从容镇定，形象高大，能让人感受到他面对敌人，毫不畏惧、大义凛然的风姿。

师：同学们为什么没有选择第1幅和第2幅画像呢？

生：前两幅画像展示的是闻一多的学者形象，我们认为闻一多之所以被人称颂，最主要的是他走出书房，争取民主的革命精神，为国为民、无私无畏的爱国主义精神感染了一代代后来人。

师：你讲得有道理。只有将个人的理想与国家的命运结合在一起，他的人生价值才能实现永恒！当国家危难之时，闻一多没有像有些学者选择逃避，他挺身而出，用热血捍卫民族的尊严，争取人民的幸福！正如臧克家在《有的人》这首诗中所写：给人民做牛马的，人民永远记住他！

（出示课件。）

闻一多先生被国民党特务杀害的消息传出后，人们震惊了，一个全国范围的抗议浪潮席卷而起，抗议、声讨国民党反动派的罪行。与此同时，全国各地的社会各界沉痛举行各种悼念活动。

毛泽东和朱德从延安发来唁电："全国志士必将继先生遗志，再接再厉，务使民主事业克底于成。"

朱自清撰写《挽闻一多先生》：

你是一团火，照彻了深渊；

指示着青年，失望中抓住自我。

你是一团火，照明了古代；

歌舞和竞赛，有力猛如虎。

你是一团火，照亮了魔鬼；

烧毁了自己！遗烬里爆出个新中国！

师："苟利国家生死以，岂因祸福避趋之"，100多年来，正是有无数像闻一多一样的革命先烈，浴血奋战，前仆后继，才创造了新中国的伟大历史，才使我们距离民族复兴的目标越来越近。希望同学们学习革命前辈的崇高品质，继承革命前辈的爱国主义精神，将个人的理想抱负与国家的前途命运融合在一起，为实现中华民族的伟大复兴努力奋斗！

（出示课件。）

闻一多是一位热情澎湃、爱憎分明的诗人。20年代起他从事诗歌创作，留美期间，爱国思乡之情凝结成诗集《红烛》；归国之后，对现实的憎恶之感集结成诗集《死水》。他提出新格律诗"三美（音乐美、绘画美、建筑美）"主张使现代汉语诗焕发了青春与活力。

（学者？）

（革命家？）

（画像？）

（颂奖词？）

师：课下请同学们借鉴本文诗化的语言风格，仿照"颂奖词"的形式，为闻一多先生的展板写一段富有诗意的推荐语，吸引和号召更多的同学来学习宣传他的崇高品格和伟大的爱国主义精神。可以选用课文的词句组合，也可以自己创造，注意比喻、排比等修辞的运用和句式的锤炼。有条件的同学可以利用电脑将展板制作彩印。

附1：学生作业样例

王鸿程：从诗人到战士，从爱国到救国，他吼出狮子般的慷慨陈词；他用一生来证实"言"和"行"，力戒空言，崇尚实干，英勇无畏，大义凛然；他是中华民族的精神脊梁。

张硕：他从默默无闻的学者成长为拍案而起的革命战士。他，多年心血凝成了等身著作；他，一腔热血祭奠了民主。一潭"死水"因他泛起了涟漪，一片"静夜"因他燃起希望。他，只有一句话：咱们的中国！

附2：教师下水作业

你是热情澎湃的诗人，向绝望的死水努力开垦，莫问收获，但问耕耘，催开新格律之花！

你是功绩卓越的学者，向古代典籍艰辛钻探，十年沉默，废寝忘食，为民族开一剂复兴的药方！

你是勇敢无畏的革命斗士，向独裁专制发出愤怒的吼声，如一声霹雳，震惊了世界！

你的一生短暂而又伟大，从诗人到学者，到民主战士，始终言行一致，矢志不渝，只是为了一句话：咱们的中国！

附3：板书设计

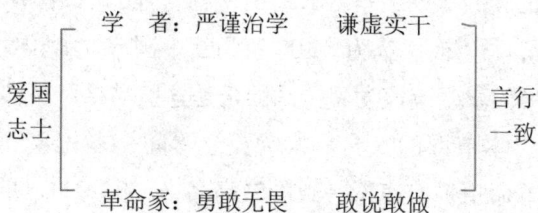

【反思评议】

聚焦思维设任务，文道结合育新人

山东省新泰市石莱镇初级中学　张传青
新疆生产建设兵团十二师头屯河农场学校　雷　丽

《义务教育语文课程标准》（2011年版）指出，"应该重视语文课程对学生思想情感所起的熏陶感染作用，注意课程内容的价值取向，要继承和发扬中华优秀文化传统和革命传统，体现社会主义核心价值体系的引领作用，突出中国特色社会主义共同理想，弘扬以爱国主义为核心的民族精神……"教育部印发的《革命传统进中小学课程教材指南》指出，"语文是落实革命传统教育的重要课程，在传承和弘扬革命文化中发挥重要作用。"《说和做——记闻一多先生的言行片段》正是一篇典型的革命题材文章，结合人物事迹，品析人物品格和精神，传承和弘扬革命文化应作为本课的主要教学任务之一，因此教学本文，首先考虑的是挖掘它怎样的人文价值，涵养当代学生的精神品质。

闻一多先生集诗人、学者、民主战士三重人格于一身，一生波澜壮阔，豪情万丈！20世纪20年代他是新月派代表诗人，开创新格律诗，诗作充满着反帝爱国的激情；30年代他藏身书斋，致力于古典文学研究，寻求文化复兴的药方；40年代他开始觉醒，振臂高呼，成为青年运动的领袖。他横眉怒对国民党特务的手枪，把自己的一腔热血洒在为民主、为新中国而战斗的前线。臧克家的这篇回忆性散文，虽然只记叙了闻一多先生的言行片段，却充分表现了他认真严谨、谦虚实干的学者风范和大义凛然、无私无畏的革命精神，赞扬了他言行一致的崇高品格和为国为民、矢志不渝的爱国主义精神。

闻一多先生以天下为己任，始终将个人的理想抱负与国家的前途命运融合在一起。当国家危难之时，闻一多没有像有些学者那样选择逃避，他挺身而出，用热血捍卫民族的尊严，争取人民的幸福！他的品格和精神让后人永远铭记。2009年闻一多先生被评选为"100位为新中国成立做出突出贡献的英雄模范人物"之一，当代学生应该学习传承的正是这些品格和精神。

由此教师确立本节课的人文目标为：学习闻一多先生严谨实干的研究精神、勇敢无畏的革命精神、言行一致的崇高品格，完善自己的品格，传承闻一多先生以天下为己任，为国为民、矢志不渝的爱国主义精神。

当然，教师不能把红色革命题材文章上成"思政课"，《义务教育语文课程标准》（2011年版）还指出，"语文课程应激发和培育学生热爱祖国语文的思想感情，引导学生丰富语言积累，培养语感，发展思维，初步掌握学习语文的基本方法，养成良好的学习习惯。"因此在对学生进行思想熏陶和价值引领的同时，我们还要关注学生语言的积累和运用、语文思维的提升和发展。

　　本文是一篇回忆性散文，无论是叙述描写，还是议论，均饱含着作者热切的赞颂、深刻的怀念、无比的崇敬之情。文章脉络清晰，剪裁得当，语言精致凝练，富有诗意，感情充沛，富于激情。结合课前学情调查分析，学生提出疑问的焦点集中在两方面：一是对富有深意的语句的理解有难度，比如"他，是口的巨人。他，是行的高标"是什么意思等；二是对人物所处的时代背景不能感同身受，比如"闻一多先生为什么研究古代典籍"，"青年运动是怎么回事"等。当然，出现这些疑惑与本文诗化的语言风格和七年级学生的知识经验水平尚浅是息息相关的。

　　因此基于学情、文本的特点，结合单元语文要素目标要求，我们确定本节课的语文能力目标为：学会揣摩品味关键语段的含义和表达妙处，感知诗化的语言；学会结合时代背景，梳理人物事迹，把握人物特征，理解人物的思想感情。

　　在教学中如何引导学生达成以上学习目标？"语文课程是一门学习语言文字运用的综合性、实践性课程"，要让学生在"大量的语文实践中体会、把握运用语文的规律"。基于上述理念，本节课采取了"任务驱动式"教学，设置情境任务：学校大队部近期准备举行一次"百年中华儿女英烈展"活动，请同学们结合课文设计闻一多先生的事迹展板，吸引更多的同学来学习宣传闻一多的伟大品格精神。

　　值得注意的是，当下语文课堂存在为"任务"设计任务的现象，设计者只注重利用多媒体手段呈现花哨的情境，注重组织热闹的表演活动，却不去思考设计学习任务的目的是什么，不去思考学生通过任务的完成到底能提升哪些语文素养，结果造成学生学无所获，因此，设计语文学习任务必须聚焦语言、思维、审美、文化四大语文学科核心素养的提升。其中落实思维的发展与提升应成为学习任务设计的重中之重。"语言是重要的交际工具，也是重要的思维工具；语言的发展与思维的发展相互依存，相辅相成。"也就是说，语言是思维的载体，思维是语言的内核，正所谓"言为心声"。离开了思维，语言便成了无源之水，无根之木。扬州大学文学院徐林祥教授提出，"汉语言思维发展与提升"是整个语文学科核心素养或语文学科关键能力体系的中心。

　　本节课，教师尝试在教学中围绕情境任务设计具有梯度的系列学习活动，以语言训练为载体，聚焦学生思维的提升和发展，引导学生品析闻一多先生崇高的品格、伟大的精神，感受其革命精神之壮美，产生思想上的高度认同，浸润自己的心灵，自觉传承革命文化，传承爱国主义精神。具体阐述如下：

第一，借助音像资源调动学生的情感体验，通过背景资料还原历史场景，引导学生进入文本，感知闻一多先生伟大的爱国主义精神，发展了学生的形象思维。比如，在"初识'先生'"阶段，通过播放《七子之歌》，补充臧克家与闻一多师徒交往的故事，调动学生的情感体验，奠定赞颂、缅怀、敬仰的感情基调，为下面学习闻一多的品格精神蓄势。在"理解'先生'"阶段，梳理闻一多先生作为革命家的事迹时，播放电影闻一多先生在悼念李公朴先生逝世大会上的演讲片段，令学生义愤填膺，为之动容。再安排诵读16-18自然段"他'说'了……实证了他的'言'和'行'"，学生慷慨激昂，感情充沛。本节课还补充了闻一多先生进行学术研究，民主斗争，与梁实秋、臧克家等人的信件，其被暗杀后社会各界的反应等史料，还原了历史场景，帮助学生全面了解了闻一多先生的精神世界及其深远影响。

第二，引导学生在学习任务的"驱动"下，调动分析、综合、比较、分类、追问、质疑、辩论等高阶思维活动来揣摩语段，品味语言，把握闻一多先生的特征，理解他的品格精神，发展了学生的逻辑思维。比如"理解'先生'"阶段。在梳理闻一多先生作为学者的事迹时，学生先结合课文，说出闻一多撰写了《唐诗杂论》《楚辞校补》《古典新义》，这仅仅停留在提取信息的低阶思维层面。教师进一步引导学生：我们怎样才能让看到展板的同学能从中感受到闻一多先生的品格和精神呢？是否应该结合文中的关键语句来分析一下闻一多的研究状况呢？学生在教师的引导下通过分析追问闻一多先生的研究状况，概括出闻一多先生不畏艰辛，治学严谨，谦虚实干的精神品格，这就上升到了分析与综合的高阶思维层面。梳理闻一多先生作为革命家的事迹时采取同样的策略。而最终引导学生理解闻一多先生的爱国主义精神时，则调动了比较、质疑、辩论等更为复杂的思维认知工具，先比较闻一多先生作为学者和革命家时"说和做"有什么不同，再质疑是否说明闻一多先生前后言行不一致，经过辩论认识到不同的是闻一多先生在不同时期对社会的认识不同，但不论是作为诗人、学者，还是作为革命家，他救国救民初心矢志不渝，他的爱国情怀始终如一。这一设计突破阅读教学以师生问答对话为主的常规模式，转变为任务驱动，引领学生在完成任务的过程中，调动多种思维认知工具自主去解决问题，全面系统地思考问题，避免了知识的碎片化，有效发展了学生的逻辑思维，提升了学生思维的深刻性和敏捷性。

第三，在训练学生的形象思维和逻辑思维的基础上，适时发展学生的创造性思维，使学生对文本的理解得到升华，使传承闻一多先生的爱国主义精神成为学生的自觉行为，最终实现学生自我品格的丰富完善。比如在"评价'先生'"阶段，为展板选配闻一多先生的画像环节。这是一个开放性的学习活动，学生的形象思维、逻辑思维异常活跃，发言有创意，发展了学生的创造性思维。学生由闻一多先生不同肖像联想到其精神品格，由画像背景想象其寓意，说明做出选择的理由，经过讨论交流学生认识到只有将个人的理想抱负与国家的前途命运融合在一起，才能实现自己的人生价值，才能为人民永远铭记。课下学生写颁奖词，制作出展板环节，可以看作是创造性思维训练的延伸，并且注意了学生的差异，提出了不同的选项，落实了不同层次的学生均能得到发展的教学理念。

当然，红色革命题材的文本教学途径有很多，但采取"任务驱动式"学习可以较好地结合社会情境，为学生提供真实的语言实践活动，学生在完成任务的过程中，可以有效地学习运用语言文字，有效的促进思维的提升与发展，更便于感知人物的内在精神之美，自觉理解和传承伟大的爱国主义精神。

唱一曲豪迈磅礴的赞歌

——《黄河颂》

【执教名师】

郑丽丽，教育管理硕士，山东省特级教师，齐鲁名师，淄博市优秀教师、教学能手、骨干教师、巾帼建功标兵。

从教20多年来，以"追求有温度的语文"为教学思想理念，主张教学要从学生的疑问和感受出发，读懂"学生"、读透"教材"，着力建设语文课的语言、情感和思想的温度。曾荣获全国"中语杯"课堂教学大赛二等奖，山东省优质课比赛一等奖，多次执教省、市级公开课。在《中学语文教学》《中学语

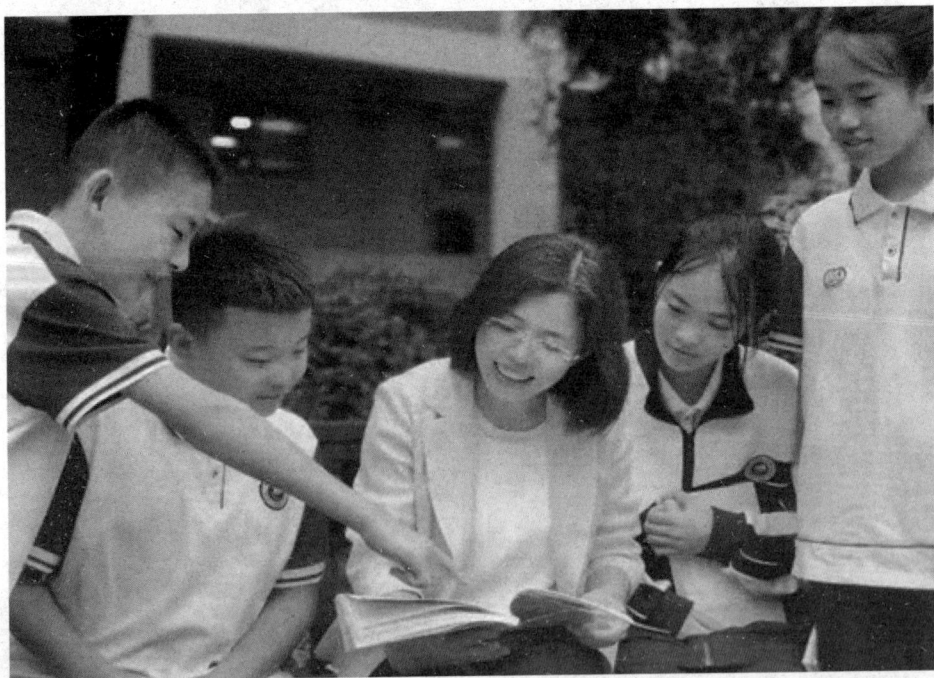

文教学参考》等期刊发表论文多篇。带领团队在阅读、写作、朗诵等领域开发课程，主编《奠基生命》系列丛书，获山东省教学成果二等奖。

【课文述要】

《黄河颂》是著名音乐作品《黄河大合唱》第二乐章的歌词，也是一首反映抗日救亡主题的现代诗。这首诗以热烈的颂歌形式塑造黄河的形象，语言和抒情方式浅显易懂，情绪慷慨激昂，是七年级学生接受诗歌教育、领略新诗艺术的好材料。

本文鲜明特点体现在以下两个方面：

一是文章语言和抒情方式浅显易懂，情绪慷慨激昂。作为歌词与现代诗的《黄河颂》，以颂歌的体裁形式创作而成，颂歌的旋律气息通常较为宽广，具有雄伟、庄重的气势。《黄河颂》读起来并不深奥，它通过对黄河庄严巍峨的形象描述和对黄河历史的回顾，赞美了黄河的伟大、坚强，歌颂了黄河孕育我们中华民族，创造了灿烂文化和造就一个有光辉历史的文明古国的博大胸怀。语言直白，情绪激昂。读《黄河颂》，会发现无形的音乐居然清晰可见，它旋律激昂，音乐壮美，气势雄浑，热情深切，读排比句豪情满怀，读拟人句热情澎湃，读直接抒情句奔涌着爱国激情，读来庄严优美，充满了强烈的冲击力和震撼力。

二是完整的构思和讲究的布局。在内容上，全诗分为朗诵词和歌词两部分。歌词层次分明，庄重凝练，句子之间既整齐又不整齐，既对称又不对称，语句铿锵，句法多样。俯望黄河铺陈辽阔气势，描绘黄河展现自然风貌。然后由景入情，深情回顾苦难历程，豪情满怀发出颂歌。黄河形象的塑造，精神的刻画，诗人情感的抒发，一气呵成，达到了诗情与乐情和谐统一，思想与艺术完美结合。在艺术上，诗人采用象征的手法，歌颂了我们的民族，激励中华儿女像黄河一样伟大坚强，以英雄的气概和坚强的决心保卫黄河，保卫中国。全诗以黄河这一中华民族的象征为贯穿形象，熔铸了澎湃的激情，使全诗呈现出强大的力度。

本文列入统编教材七年级下册第二单元首篇教读课文，单元人文主题为"家国情怀"，教学目标为"激发我们的爱国情感"。创设情境，引领学生走进抗日烽火遍燃的中国大地，唤醒学生的民族自豪感，是本课的重点之一。

本单元语文要素维度要求掌握的是精读。具体来讲，一是涵泳品味，本课要求学生调动自己的联想和想象，细读诗歌，"浸泡"在词语、诗句营造的氛围与情感中；二是抒情方式。本课需要结合文章具体细节，品读并学会辨析，进而体会作者所表达的思想情感。三是批注。本课要求学生在有体会之处写下自己的所感所想，通过阅读输出，强化自己独有的阅读感受。

另外，诗歌学习重在朗读，本课在完成单元整体任务所承载的教学功能基础上，重点依托朗读引领学生身临其境地感受作者营造出来的氛围，体会作者表达的情感。

【教学实录】

一、初读，理清诗歌脉络

（课前播放杨洪基演唱的音乐电视《黄河颂》。）

师：黄河，被誉为"中华民族的母亲河"。刚才，同学们听到的是著名歌唱家杨洪基演唱的《黄河颂》。朗读是学好诗歌的重要途径。现在，请允许老师带着自己的理解，朗读全诗，让我们一起去感受黄河的怒吼。

（师激情范读。请学生说出听读后的感受。）

生：老师的朗读气势磅礴，仿佛把我带到了黄河岸边。

生：听了老师的朗读，我觉得心潮澎湃，很激动。

（屏幕继续出示黄河奔腾不息的图片。）

师：同学们，这就是奔腾咆哮的黄河，这就是勇往直前的黄河！几千年来，我们的先祖，就在黄河流域繁衍生息，黄河粗犷、勇敢、坚强的风骨，纯朴、踏实、热情的风度，孕育了五千年的华夏文明。今天我们要体会吟诵的就是一篇赞颂黄河英雄气概的诗歌。

（板书课题。）

师：你怎么理解这个题目呢？

生："黄河颂"就是歌颂黄河。"颂"的意思是"歌颂"。

师：理解为歌颂黄河没错，除此之外，大家需要了解的是"颂"还是一种诗歌体裁。

（屏显）

资料助读：

"颂"在古时候是诗歌的一种体裁。刘勰《文心雕龙·颂赞》中有记："颂者，容也，所以美盛德而述形容也……容告神明谓之颂……颂主告神，义必纯美。"古时候的"颂"是通过形容状貌来赞美神明的盛德，也有歌颂与赞颂之意，只不过歌颂的对象专指天子神明。

师：了解了"颂"的内涵，快速浏览全诗，说说诗人"颂"黄河什么？

（生静静思考，小声讨论。）

生：我发现"颂"的是黄河惊涛澎湃的气势。

生：我发现"颂"的是黄河英雄的气魄，"颂"的是我们民族的精神——"伟大而又坚强"。"伟大又坚强"出现了4次呢！

师：你能关注到诗歌反复出现的词语，这是一种很棒的诗歌阅读方法，为你点赞！我们来小结一下。《黄河颂》一文分为朗诵词和歌词两部分。"颂"的内容主要集中在歌词部分。诗人歌颂黄河的雄壮气势，歌颂黄河孕育了中华民族五千年的文化，还歌颂了"伟大坚强"的民族精神。

生：老师，我不明白的是诗人为什么将黄河和"伟大坚强"联系在一起呢？

师：你的问题很有思考价值！谁能解答他的疑问？

生：我从诗歌的导读中注意到这首诗写于1939年，正是我国抗日战争时期。导读中说这首诗的目的是为了"激发爱国热情"，"在家国存亡的关头，抗日烽火燃遍了祖国大地"，我觉得这时候最需要就是"伟大坚强"的民族精神。

师：你真是既细心又善于思考。请看大屏幕

（屏显）

资料助读：

1937年，抗日战争全面爆发后，日本侵略者的铁蹄践踏着华北大地，人民陷入了水深火热之中。疯狂的日本侵略者在中国的土地上残杀着我们的同胞！我们中国人的鲜血洒在黄土地上，血流成河，哀鸿遍野……这时候，全国人民掀起了抗日救亡运动的高潮。1939年，诗人光未然跟随抗日战士行军到了黄河岸边，雄奇壮丽的山河，英勇抗敌的战士令诗人感慨不已，于是写下了歌颂黄河母亲的大型组诗《黄河大合唱》，共由八个乐章组成，经冼星海谱曲后风行全国。本文即是第二章。

生：读了这些资料，我发现诗歌创作于抗日烽火燃遍中国的时刻，诗人眼前的黄河裹挟黄沙，奔腾前行，很容易将黄河和英勇抗敌的战士联系起来。

师：这样的一首诗，当时打动了无数人，包括著名作曲家冼星海，他曾经做出了这样的描述：

（屏显）

它充满美，充满写实、愤恨、悲壮的情绪……（冼星海）

师：学习这首诗，同学们要反复吟诵，把诗读成你我，把你我读成诗。下面，请同学们以自己的速度，自由地朗读全诗，要读准字音，注意停顿。读完后统观全诗，进一步说说你的思考与发现。

师：声音越来越小了。同学们能不能说说你的发现？

生：我发现诗人不止歌颂黄河的壮美，还指出她是中华民族的摇篮。

师：联系历史知识对诗句理解，准确、深刻，很好！大家知道"中华儿女"又被称为"炎黄子孙"，炎帝、黄帝部落都在黄河流域群居，早在一万年以前的旧石器时代，中华民族的祖先就在黄河流域过着狩猎、采集的生活。

生：我从诗的最后读出了作者写作这首诗的目的是号召大家学习黄河伟大而又坚强的精神。

师：你会巧读诗，知道找出揭示主旨的句子，真好！

生：我发现文题中最关键的字是"颂"，表明整篇诗歌都在对黄河进行赞颂。

师：能够从文题找到突破口领会诗歌内容。你很会读诗！歌词部分对黄河的歌颂如果在文中找一个字来统领，应该是哪个字？

生：是"望"！诗人登高望远，感受到了黄河的气魄，进而歌颂黄河，最后发出誓言。

师：同学们的理解感悟能力令老师吃惊！总结一下，同学们通过自主思考，发现了诗歌的题眼，了解了写作背景，初步把握了写作主旨，还发现了歌词部分又可以分为"望黄河""颂黄河"和尾声三个部分。

二、品读，探究黄河精神

师：联想和想象是诗歌的一对翅膀。现在，让我们带着对黄河的初步了解，努力在脑中想象这条大河，以赞美的语气，稍稍慢一点的速度来读这首诗，比如，"黄河——滚滚——"这一次，我们要让想象飞起来，用心地读，要读出味道。

（学生配乐朗读。）

师：我梳理了大家在预习诗歌时提出的问题，并做了简单的归类整理。请看屏幕——

（屏显学生的问题。）

问题区：

1. "我站在高山之巅"怎么可能看得见"惊涛澎湃"？（王玉玺等5人）

2. 为什么说黄河是中华民族的屏障？（周雪瑞等13人）

3. "多少英雄的故事，在你的身边扮演"是什么意思？（邢程程等4人）

4. 诗中怎么有那么多的"啊"？有必要吗？（赵子睿等5人）

5. 诗歌用第二人称"你"，有什么好处？（刁澍原等3人）

6. 作者为什么说黄河"伟大而又坚强"？（高辰誉等17人）

7. 诗歌要赞颂黄河的什么精神？诗歌只是写给黄河的赞歌吗？（胡瑞涵等6人）

8. "啊，黄河！"三次出现，有什么作用？（韩依娜等8人）

师：同学们思考细致、敢于质疑，精神可嘉，大家提的问题，一是涉及诗歌内容的理解，二是涉及写作手法，我们看能否借助自己的力量，一一攻克！首先我们一起关注"望黄河"，透过文字，你从诗人的笔下"望"见了怎样的黄河？

（屏显）

我站在高山之巅，
望黄河滚滚，
奔向东南。
惊涛澎湃，
掀起万丈狂澜；
浊流宛转，
结成九曲连环；
从昆仑山下
奔向黄海之边，
把中原大地
劈成南北两面。

我望见了的黄河。你看……

请同学们根据自己的理解朗读诗歌，任选或综合以下不同角度进行批注赏析，同时尝试着回答上面的句式。

①起始句；

②领字及观察描写的角度；

③有表现力的词语（动词、形容词、数量词）；

④修辞（比喻、夸张、拟人、对偶）。

（学生朗读、思考、做批注。）

生：我望见了滚滚东流、一泻千里的黄河！你看，"黄河滚滚，奔向东南"，"奔"字充满力量，有一泻千里、飞速奔腾之感。

生：还有"掀起万丈狂澜"的"掀"，力度很大，气势很足，很容易让人联想到"掀桌子"这样的动作，"掀"字也说明黄河水势浩大、力量十足。

生：我望见了令人极度震撼的黄河！请看，"惊涛澎湃，掀起万丈狂澜"，"惊"——这是观看者的情感，眼前的黄河一定是足够有气势，才会让人惊讶震慑，就像《念奴娇·赤壁怀古》里的"惊涛拍岸"！

生：还有"澎湃"一词，我仿佛看到波浪撞击发出的巨大声响，极富气势！"万丈"，夸张的手法，表现了水浪之高。

师：这个"狂"字呢？调动一下我们平日生活经验——

生："狂"的意思是狂放、恣肆，不受拘束，我从中望见了"澎湃恣肆"的黄河！

生："浊流宛转，结成九曲连环"，我还望见了曲折弯曲的黄河，你看，"浊流宛转"，说明黄河挟裹泥沙、负重前行，"宛转"说明不是很顺利。

师：读到这里，你有没有产生什么联想？

生：当时我们的民族身处特定的历史时刻，水深火热，就像这黄河一样前行不顺。

生："九曲连环"也是强调了曲折之多，既让我们望见了黄河的"厚重曲折"，也仿佛看到了我们民族前进中的曲折。

生：啊，我发现黄河果真是"伟大坚强"的！请看，"从昆仑山下奔向黄海之边"，"奔"——速度快、目标明确，有一种一往无前的气势，说明任何困难都阻止不了，距离再远，磨难再多，路再曲折，也能意志坚定，一往无前！这不就是"伟大而又坚强"嘛！

师：走进文字不断揣摩，给了我们如此精彩的发现！老师为你们骄傲！这都是诗人望见的实景吗？

生：我觉得既有实写，也有虚写。诗人把自己对黄河的真实感受融入了文字，这奔腾咆哮的黄河，就像中华民族熊熊燃烧的抗战热情一样，激情澎湃。你看，"把中原大地，劈成南北两面"，这个"劈"字让我望见了黄河的力量之大，气势之足！黄河奔腾起来气势恢宏！

师：怎么才能读出诗人笔下的黄河呢？我们挑自己喜欢的句子读起来！

生："望黄河滚滚"的"望"，应该拖长一点，读出高远的感觉，因为作者是站在高山上面。（生读。）

生："浊流宛转，结成九曲连环"这句应该稍微读重一点，读出一种高低起伏的感觉。（生读。）

生：几个动词应该用重音突出、强调出来，如奔、掀、结、劈，要读出力量！（生读）

（生齐读"我站在高山之巅——劈成南北两面"。）

师："劈"应当怎样读？——干脆！这就是黄河一泻千里的气势！"望黄河"写出了黄河的色彩、形态、气势、力度，诗人对她的赞颂之情便油然而生，喷薄而出——

（屏显颂黄河）

啊！黄河！

你是中华民族的摇篮！

五千年的古国文化，

从你这儿发源；

多少英雄的故事，

在你的身边扮演！

啊！黄河！

你是伟大坚强，

像一个巨人

出现在亚洲平原之上，

用你那英雄的体魄，

筑成我们民族的屏障。

啊！黄河！

你一泻万丈，浩浩荡荡，

向南北两岸

伸出千万条铁的臂膀。

问题：诗人从哪些方面歌颂了黄河？请细读字词，说说你的发现。

我们民族的伟大精神，

将要在你的哺育下发扬滋长！

师：请同学们朗读诗歌，思考屏幕上的问题。

生："你是中华民族的摇篮"，这一句赞颂了黄河的历史贡献。

师："摇篮"给了你哪些联想？

生：我想到了"母亲"，因为黄河孕育了中华民族五千年的文化和历史。

师：你能举例具体说说吗？

生：很多古代文化遗址都在黄河流域。比如，半坡文化遗址、新石器文化遗址等都分布在黄河流域，还有很多王朝在黄河流域建都。

师：能联系历史知识谈对诗句理解。准确、深刻，很好！"摇篮"一词说明黄河"养育"了中华民族。

（屏显）

资料助读：

自远古时起，黄河流域即为都城的所在地。三皇五帝的传说，就未曾远离此域，在秦汉以迄唐宋，咸阳、长安、洛阳、开封，都是建都之地。都城所在，人文荟萃，历久不衰。黄河自古以来就是中国的政治文化中心。从原始的半坡居民到黄帝部落，到今日的华北平原、宁夏平原和河套平原，黄河在中华民族成长过程中发挥着不可替代的作用。时至今日，黄河依然发挥着航运和供水的作用，老百姓依然享受着她的恩泽。

生："多少英雄的故事，在你的身边扮演！"赞颂了英雄的儿女，黄河精神就体现在了中华儿女的身上。

师：英雄的故事不断上演在母亲河畔，在诗人的《黄河大合唱》之三《黄河之水天上来》中，他写道：

（屏显，请男女生深情对读。）

女：啊，黄河！	男：但你从没有看见	合：在黄河两岸，
你亲眼看见，	敌人的残暴	游击兵团，
这五千年的古国	如同今天这般；	野战兵团，
遭受过多少灾难！	也从来没有看见	星罗棋布，
自古以来，	黄帝的子孙	散步在敌人的后面；

在黄河边上　　　　像今天这样　　　　在万山丛中，
展开了无数血战，　开始了全国动员；　在青纱帐里，
让垒垒白骨　　　　……　　　　　　展开了英勇的血战！
堆满你的河身，　　　　　　　　　　……
妈妈鲜血
染红你的河面！

生：诗歌慷慨激昂，读来振奋人心！

生："用你那英雄的体魄，筑成我们民族的屏障"，黄河不仅养育了我们，而且保卫着我们！

生：我觉得这里的"屏障"不仅是地理位置和自然环境方面的屏障，也指在精神方面，黄河精神已浸入我们的血脉，一直激励着我们！

师：你觉得最能浓缩作者情感的是哪些句子？

生："啊！黄河！"

师：对，诗人一连用了三个"啊！黄河！"，请用心领悟，怎样读好这三个重复的句子？

（生自由读。）

生：第一个"啊！黄河！"从历史的角度赞颂了黄河对民族的贡献；第二个"啊！黄河！"主要是从地理位置方面赞颂黄河对我们中华民族的保卫作用；而第三个情感更进一步，写黄河泽被众生，作为"母亲河"，不仅"养育""保卫"着我们，更激励着我们，所以朗读时感情越来越浓厚激昂，又充满深情！

师：对啊，诗歌的感情到这里达到了高潮。还有没有其他同学来谈一下自己的感受？

生：我认为三个"啊！黄河！"也不能读成一样的感情。因为第一个"啊！黄河！"写黄河是中华民族的摇篮，既然是摇篮，应该读得深情些；第二个"啊，黄河！"写她像一个巨人，既然是巨人，充满力量，所以读得更加坚定；第三个"啊，黄河！"写她哺育了中华民族的儿女，我们就应该在读这一段的时候使感情达到顶峰。

师：精辟！具体来说，三个"啊"，韵律优美、一咏三叹、回环复沓，这就是诗！这就是诗的音乐之美，节奏之美！三个"啊"，将歌词主体部分分为黄河"养育""保卫""守护"中华民族三个层次。朗读时也要读出层次，"啊"

要读得深沉，声音稍稍延长，"黄河"要读得高昂，表明在歌颂。我们分三个小组分别朗读这三节，比一比，看哪组读得更好。注意深情、坚定、激昂，读出它的变化。

（屏显，《黄河颂》音乐起，全体同学用情朗读）

啊！黄河！	啊！黄河！	啊！黄河！
你是／中华民族的	你是伟大坚强，	你一泻万丈，浩浩荡荡，
／摇篮！	像一个巨人	向南北两岸
五千年的古国文化，	出现在亚洲平原之上，	伸出千万条／铁的臂膀。
从你这儿发源；	用你那英雄的体魄，	我们民族的伟大精神，
多少英雄的故事，	筑成我们民族的	将要在你的哺育下
在你的身边扮演！	屏障！	发扬滋长！

师：诗的尾声发出了向黄河学习的誓言，将黄河的精神、民族的精神、诗歌的精神融合在了一起。请齐声朗读——

（屏显，学生激情朗读。）

我们祖国的英雄儿女，

将要学习你的榜样，

像你一样的伟大坚强！

像你一样的伟大／坚强！

师：有同学曾经提问，为什么诗中的人称是"你"？

生：我读起来觉得"你"，就好像对着黄河直接倾诉一样，诗人很直接地表达了对黄河的赞美之情。感觉很亲切。

师：直截了当、毫不遮掩地袒露自己内心的情感，也正是这种坦率、真挚的告白式表达，往往更能引起情感的共鸣。这样的抒情方式叫"直接抒情"。还有一种抒情方式叫"间接抒情"，指的是不直白的表达，而是借助一些叙述、议论或评价，含蓄地写出感情，让读者自己慢慢去体会。

生：我明白了，直接表达自己的情感和态度，就叫"直接抒情"。三个"啊！黄河"，使用第二人称，都是直接抒情的形式。比如郑振铎《猫》里面的"我永无改正我的过失的机会了"，还有"我心里十分的难过，真的，我的良心受伤了"。

生：我们刚学过的《回忆鲁迅先生》，当作者萧红写到鲁迅多次在夜里"坐着"写作，强调鲁迅像一个与黑暗做斗争的勇士时，也间接地表达了作者对鲁迅先生的崇敬与怀念，感情的表达是委婉、含蓄的，这属于间接抒情。

师：能在学习中进行联系、比较，大家的思考让老师振奋！诗歌是抒情的艺术，我们通过品读，发现诗人光未然由景入情，深情回顾苦难历程，豪情满怀发出颂歌，层层蓄势，唱出了一曲豪迈磅礴的赞歌。

三、连读，传承黄河精神

师：诗人光未然作为时代的歌手出现，站在高山之巅，代表英勇的儿女，唱出了黄河情、爱国心。我们作为新时代的青年，处在和平年代，还需要黄河精神吗？

生：现在也并非太平盛世。以美国为首的发达国家对我国经济政治等多方面进行"遏制"，疫情笼罩下的世界，以美国为首的发达国家不断对中国恶语相向……孟子说，"生于忧患，死于安乐"，现在，我们依然需要黄河精神！

生：光未然创作《黄河颂》，号召中华儿女团结一致，抵抗外辱；今天，黄河勇往直前的精神仍然激励着我们在艰难困苦面前只有一往无前才能奔向成功。

师：说得好！著名作家梁衡在《壶口瀑布》一文中这样写他看到黄河的万丈狂澜时的感受。我们一起读——

（屏显）

黄河博大宽厚，柔中有刚；挟而不服，压而不弯；不平则呼，遇强则抗，死地必生，勇往直前。正像一个人，经了许多磨难便有了自己的个性；黄河被两岸的山，地下的石逼得忽上忽下，忽左忽右时，也就铸成了自己伟大的性格。

——梁衡

（教师询问本课开始时提出问题的同学。）

师：你曾提出疑问，"诗人为什么将黄河和'伟大坚强'联系在一起？"读了这段文字，结合本课学习，你能自我解答吗？

生：我觉得黄河是民族精神的代表。诗人把黄河不怕困难、滚滚向前的精神和我们民族的伟大坚强的精神紧密结合在了一起。梁衡先生也是将黄河的精神和人的性格结合在了一起。

师：诗人采用的写作手法叫"象征"。《黄河颂》以舒展、热情、深切的音乐歌唱的黄河英姿，象征着我们民族精神的宽广崇高、自由奔放和伟大坚强。

师：前几天老师从"学习强国"，看到一篇文章《习近平眼中这些中华民族的象征》，大家猜猜看，中华民族的重要象征有什么？

（学生激烈讨论。）

生：肯定是黄河，黄河是我们的母亲河。她孕育了中华民族几千年的文明，是文化的发源地啊。

师：对，中华民族的重要象征是浩浩黄河。

生：应该有长城吧。长城也凝聚了中华民族自强不息的精神，也是中华民族的代表性符号啊！

师：对，中华民族的重要象征是巍巍长城。

（学生陷入沉默。）

生：我觉得长江也是一个代表性符号。

师：是的，长江造就了巴山楚水到江南水乡的千年文脉，也是中华文明的标志性象征！

师：亲爱的同学们，在漫长的历史岁月里，中华民族从不惧怕苦难，无论命运多舛还是一帆风顺，这些中华民族的重要象征和我们的民族精神紧紧同构到了一起！愿大家铭记"黄河精神""长城精神""长江精神"，铭记"伟大又坚强的民族精神"，做一名优秀的中华儿女！课的最后，让我们怀着无限的深情，一起唱响《黄河颂》这曲豪迈磅礴的赞歌！

（音乐起，师生合诵诗歌。）

（朗诵完毕后，屏显课后作业。）

我是主持人

班级开展以"黄河，母亲河"为主题的综合性学习活动。某同学要独唱《黄河颂》，请你以主持人的身份用简练的诗句推出《黄河颂》，写一段报幕词。

【反思评议】

彰显文本特点　上出课堂温度

山东省淄博市高青双语学校　郑丽丽

新疆生产建设兵团十二师中学　唐　露

《黄河颂》是著名音乐作品《黄河大合唱》第二乐章的歌词，也是一首反映抗日救亡主题的现代诗。选入中学语文教材的歌词极少，《黄河颂》大概是仅有的一首。如何上出这首诗的文本特点，郑丽丽老师认为，诗歌《黄河颂》教学的重点是体会诗人蕴藏在文字中的生动丰富的画面之美和炽热喷发的情感之美，从而感受诗歌形式的一咏三叹、回环复沓、节奏鲜明、韵律和谐的音乐之美，打开学生联想和想象的思维，调动学生的已知体验，让学生爱上本诗。诗歌教学的难点是诗中高度凝练的语言和富有意蕴的意象及特定的历史背景，以及如何让学生理解并真切感受、体悟，将诗人传递的情感融入自己的精神力量之中。

教学《黄河颂》，郑老师引导学生从文字中体会到黄河的波澜壮阔、奔流不息，从而感受到黄河的英雄气魄，体会到黄河精神就是我们中华民族的精神，理解作为黄河儿女要继承发扬民族精神，是本诗教学的应有之义。基于以上的思考和认识，这堂课她进行了三个方面的努力。

一、基于学生的感受、质疑与发现展开教学

本节课的起点在哪里？很多时候，教师预设的学情和学生实际学情有很大差距，他们在学习中产生的独特的感受、新颖的质疑、精彩的发现，才是"真学情"，而教师从"真学情"中设计出的属于自己、适合自己、适合学生的课堂才是"真课堂"。

郑老师的"真课堂"从调研学生的感受和质疑开始。通过课前调研，梳理了学生关于内容和写法的 8 个问题，她将这些问题化为主问题，在教学时有意渗透、提及并强化，保证了教学紧贴学生的需要来进行。

二、挖掘意象内涵，把握诗歌意脉

意象是饱含感情的景物。"黄河"这一意象，在本诗中表达直白，诗人的意图比较明显，但诗歌凝练的语言仍然给予了学生广阔的想象空间。这堂课，基于学生的生活经验，郑老师引导学生运用视频图像直观感受了黄河；结合诗句的实写，透过想象画面和提供图片，感性再现了黄河；结合地理、历史知识，联想并联结了诗人的其他作品进一步了解了黄河；运用字词细读策略体会了抽象的黄河精神……由表及里、由象到意，既细观黄河之澎湃恣肆、一往无前，又鸟瞰黄河之厚重曲折、气势恢宏，层层剥笋般逐渐丰富了黄河这一意象的内涵，带领学生感受到了诗歌文字中画面美和情感美。

三、多种方式诵读，感受音乐之美

诗写作"詩"更接近于它本来的面目，诗字从"言"，汉字中从"言"者必开口，诗歌教学的重要途径之一就是诵读。本课的教学以诵读贯穿，学生在诵读中感受，在诵读中理解，在诵读中振奋，在诵读中血脉贲张，热血沸腾。

课堂上，老师设计了多种诵读形式。比如，整体感知的自由诵读，学生按照自己的语言习惯和速度诵读，更能直观地对诗歌有初步的了解；理性感知黄河后的轻声诵读，学生在轻吟中在头脑中进行联想和想象，形成初步的画面；品读环节强调情感投入的诵读，注重引导学生感受黄河的"万丈狂澜""九曲连环"；关注词性，如几个动词的"掀起""奔向"等力量和气势的诵读；结合背景音乐的情绪高昂，气势如虹对读；学生体会到黄河坚强不屈、勇往直前的民族精神后的师生合读；以及重点句子的个体读、齐读；教师的引读、范读，学生齐读，情感炽热，激动人心……以诵读为主，以不同形式的诵读对诗歌进行感受理解、体会思考，让学生充分体会到了诗歌富有韵律、饱含情感的音乐之美。

一堂课上下来，师生都情绪激昂，作为一名有情怀的语文老师应该反思一堂好课，一堂有温度的课，首先要有对教学内容的精准恰当的解读，先要"教得准"；其次才是教学技巧的成熟多变；还有一个重要的因素，即教师教学的情感投入度——语言的灵动出彩，耐心的态度，对学生疑问的真正尊重。在此，我也体悟到，只有多方融合，用教师的情感语言调动学生的情感体验，方能打造出真正以生为本的有温度的课堂。用一句话来概括，就是教师贴近文本特质用心备课，适时质疑俯身指导，全情投入真情表达，以激情唤醒学生的心灵。

不能忘却的壮举
——《老山界》

【执教名师】

吴庆林，济宁孔子国际学校教师，济宁高新区教研室兼职教研员。山东省特级教师，正高级教师，齐鲁名师，济宁市十佳教师，济宁市杏坛名师，济宁市优秀教师，济宁市教学能手，济宁市优秀名师工作室主持人。

致力于学生的语文素养提升，倡导"师生互助"教学范式。相关研究成果、学生作品在《当代教育科学》《中学语文教学参考》《语文教学通讯》《山东教育》等报刊上发表，曾在《语文报》《新作文（中考智囊）》写过专栏文章。主编、编写学生阅读、写作用书四十余种（本）。

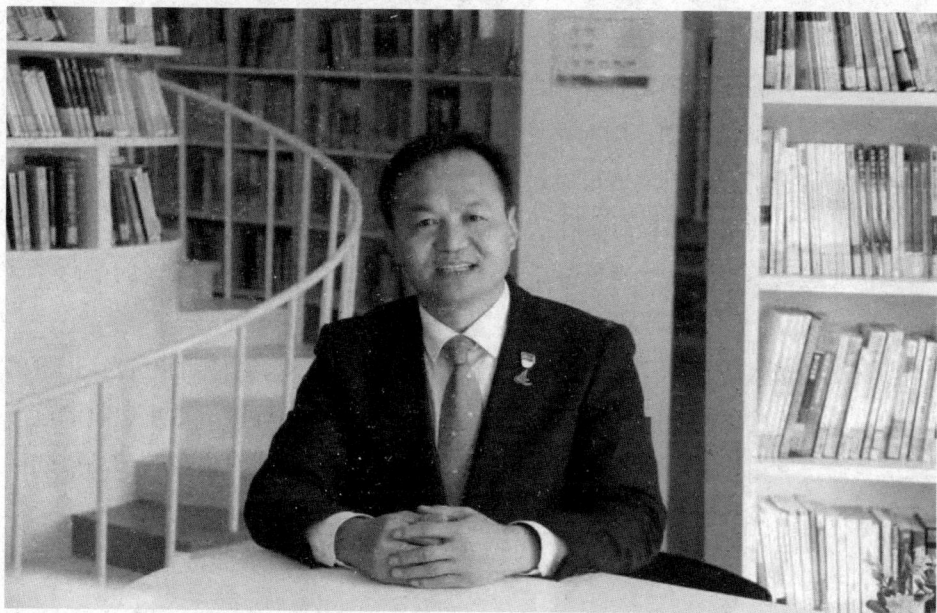

【课文述要】

　　1934年10月，中央革命根据地（江西）的中国工农红军开始长征，主力三万六千多人连续突破敌人四道封锁线，渡过湘江，于12月间穿过老山界，又以超乎寻常的勇毅，突破乌江、金沙江、大渡河三道天堑，爬雪山、过草地，先后击溃敌兵410个团和无数地主武装，于1935年10月胜利到达陕北，与陕北红军会合，完成了史无前例的二万五千里长征。1934年12月初，陆定一写了纪实性的文章《老山界》，记述了毛泽东、周恩来、朱德等率领红三军团、中央军委纵队以及五、八军团渡湘江后过老山界的情形（老山界是红军长征途中翻越的"第一座难走的山"）。

　　《老山界》选自统编版七年级下册第二单元，该单元都是表现家国情怀的作品，能够激发学生的爱国主义情感。陆定一通过描写山势险峻和翻越行程艰难，表现了红军在长征途中坚强的意志和革命英雄主义精神，揭示了红军取得胜利、一往无前的根本原因。

　　结合单元任务，本文学习活动开展如下：

　　任务一，梳理红军翻越老山界的经过，把握文章内容。

　　本文是一篇典型的以时间变化和地点转移展开叙述的文章。学生根据时间和地点的线索，梳理作者翻越老山界的经过，并把重点放在体会红军翻山过程的曲折、艰难上。

　　任务二，涵泳品味文中精彩的环境描写语句，学习环境描写的方法。

　　本文叙事简洁生动，同时不乏细腻的环境描写，充满了浓郁的抒情气息。引导学生赏析精彩的环境描写语句，注意分析其写作手法，在体会其中表现出的乐观、昂扬的精神和革命必胜信念的同时，学习环境描写的方法。

　　任务三，精读批注，感悟并学习红军战士勇敢无畏、积极乐观的革命主义精神。

　　长征是载入史册的不朽伟绩，文章记述了红军翻越老山界的经过，记事的目的是展现人物的精神，赞扬了具有坚强的革命意志、征服了重重艰险的红军战士。通过阅读批注，引导学生通过事件脉络的梳理达成对人物精神品质的解析，通过对文章语言细节的品析，感悟红军战士的精神品质。

【教学实录】

课前铺垫

师：2021年是红军长征胜利85周年。1935年10月，毛泽东在长征胜利在望之际作了《七律·长征》。齐读——

七律·长征（毛泽东）

红军不怕远征难，万水千山只等闲。

五岭逶迤腾细浪，乌蒙磅礴走泥丸。

金沙水拍云崖暖，大渡桥横铁索寒。

更喜岷山千里雪，三军过后尽开颜。

师：这首诗中的"五岭"是哪"五岭"？

生：越城岭，都庞岭，萌渚岭

师：还有……（PPT展示）

生：骑田岭，大庾岭。

师：你能说说你刚才的诵读感受吗？

生：气势磅礴、恢宏。有一种酣畅淋漓之感。

师：这就是英雄主义气概吧。

（生积累。）

学习新课

一、红军不怕远征难——纪录片放映厅

师：今天，让我们走进万里长征85周年纪念馆，重温那一段峥嵘岁月。首先我们来到的是万里长征"纪录片放映厅"。

（生说自己所了解的"长征"。生表述后，师播放长征简介短视频。）

师：时空定格在1934年的冬天，下面我们来到的是老山界"档案厅"，让我们一起解封那一段流金岁月。

二、五岭逶迤腾细浪——老山界档案厅

师：请同学们速读课文或自己搜集的材料，小组合作绘制"翻越老山界"线路图，然后请以小小讲解员身份，为大家做讲解。

（活动前，生生之间交流。"讲解"注意事项及理由。）

（在学生交流的基础上，师提醒学生批注"记叙六要素"：时间、地点、人物，事情的起因、经过、结果。）

（学生小组合作绘制"翻越老山界"线路图。）

（生生交流后展示。）

A小组学生代表：

先是下午才动身，从山沟往上走，向上是"之"字形的火把；天色晚了，走到了半山腰，走到了第一个路口，到了瑶民家，在他们家吃了饭，往前走到了竹林；再往上走是雷公岩，山路陡峭，呈90°；走到山顶的时候想立纪念碑，但是没有立成；休息了一会儿，然后下山，下山遇到了泉水，经过了树林，最后到了营地。

（投影展示"线路图"。）

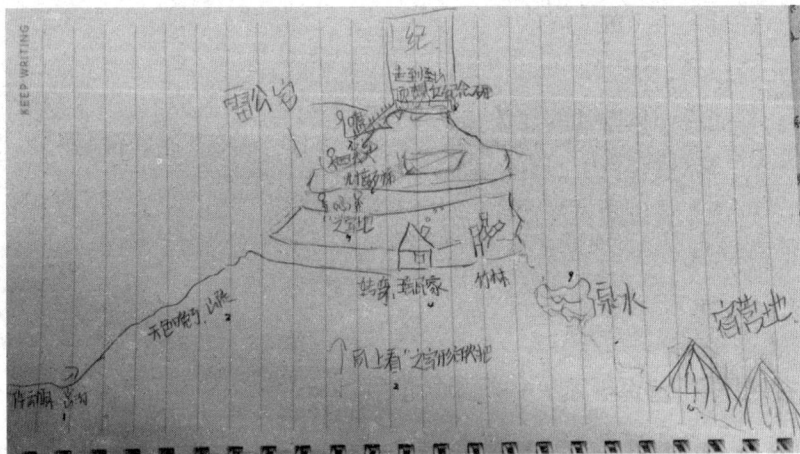

师：这个小组画的路线好在哪里？

生："之"字形山路生动形象，但是不够陡峭。

师：你的理由。

生读文本：在"之"字拐的路上一步一步地上去。向上看，火把在头顶上一点点排到天空；向下看，简直是绝壁，火把照着人的脸，就在脚底下。

（全体读。）

生：雷公岩几乎呈90°画得很逼真。

师：请从文中找依据。

生：走了不多远，看见昨晚所说的峭壁上的路，也就是所谓的雷公岩，果然陡极了，几乎是九十度的垂直的石梯，只有一尺多宽；旁边就是悬崖，虽然不很深，但也够怕人的。崖下已经聚集了很多马匹，都是昨晚不能过去、要等今天全纵队过完了再过去的。有几匹曾经从崖上跌下来，脚骨都断了。

师：作者写马匹的意图是什么？

生：印证雷公岩的"陡"。也是通过红军战胜了"不可能"表现红军战士的英勇。

（全体读。）

B组学生代表：

下午开始动身，是较缓的山路；天色渐渐晚了，地势也更加陡起来，我们在转弯的地方发现路边有一间房子，这是瑶民家，我们进去歇息了一下；天黑了我们到了山脚下，这里有许多竹林；再往上走山势更加陡峭，我们在"之"字形的路上一步一步地上去；走了半天我们被迫在一尺来宽的山路上睡觉，半夜里冻醒了又睡着了；黎明时我们吃了点饭继续往前走，来到了峭壁上的雷公岩；下午两点多我们到了山顶；下山15里的路也是倾斜的，路上遇到了树林和泉水。

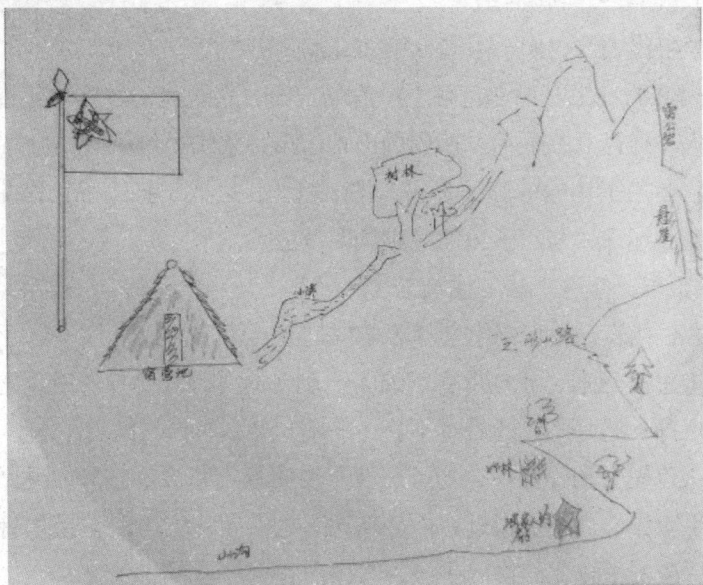

师：请大家点评。

生："之"字形山路生动形象。

生：整条路线很清晰，时间和地点画的、说的都很清晰。

师：根据两个小组的"解说"，请大家归纳"解说"需要注意的事项。

（生交流。）

师：两个小组的同学无论是线路图还是"解说"，都做到了条理清晰，他们的解说也有一个共同点——

生：他们都是按照时间的先后顺序解说。

生：他们都把地点交代清楚了。

师：请大家做笔记：叙事，要注意时间变化和地点转移。

师：难翻的老山界被我们这样"笨重"的队伍战胜了。

三、三军过后尽开颜——老山界画展厅

师：请大家继续往前走，下面我们来到的是"老山界"画展厅，大家注意每一幅"画作"旁边都有一段文字介绍。请选择一幅最能展示老山界"难翻"的画作，从画作下文字介绍的描写手法、修辞等方面进行赏析。

（小组内做好分工：朗读者、赏析者。）

（小组之间展开合作活动。）

C组学生代表：我们小组选择第 22 段。

天上闪烁的星星好像黑色幕上缀着的宝石，它跟我们这样地接近哪！黑的山峰像巨人一样矗立在面前。四围的山把这山谷包围得像一口井。

赏析：运用了比喻的修辞手法，把山峰比作巨人、把山谷比作井，写出了山势的险峻和连绵，写出了山的"难翻"。

（学生板书：修辞手法"比喻"。）

D组学生代表：我们小组选择第 22 段。

半夜里忽然醒来，才觉得寒气逼人，刺入肌骨，浑身打着战。把毯子卷得更紧些，把身子蜷起来，还是睡不着……不知什么时候又睡着了。

赏析：首先有动作描写，"卷""蜷"说明天气寒冷，难以入睡；同时"缀着宝石"说明我们离天空很近，山势高峻，老山界的陡峭；"耳朵里有不可捉摸的声响"后边用了排比的修辞手法，写出山谷幽静。

（学生板书：动作描写、排比。）

师："卷""蜷"等动词描写细腻、生动、传神，具有画面感，这种手法叫

动作细节描写。

（板书学生将"动作描写"改为"动作细节描写"。）

（全体学生朗读、体味。）

师："寒气逼人""刺入肌骨""浑身打着战"等短语写出了什么？

生：天气冷。

生：气温低。

师：给我带来什么困难？

生：睡觉难。

（学生板书：睡觉难。）

师：我们分析的是"翻山"，作者这里写"睡觉"，是不是跑题了？

生：没跑题。"睡觉难"也是为写"翻山难"服务的。

师：老师可以不可以这样说，作者通过写"睡觉难"间接写"翻山难"？

生：可以？（全体生笑。）

师：这就是"间接描写"，也称为"侧面描写"，突出了翻山之难。前面用马匹受伤写山路陡峭也是用了这种写法。你们太厉害了，这是一个语文专业术语呢，请大家作批注。

（学生板书：侧面描写。）

师：请大家朗读这一段文字，体味侧面描写的妙处。

E组学生代表：我们小组选择第2段、第11段。

下午才动身，沿着山沟向上走。前面不知道为什么走不动，等了好久才走了几步，又要停下来等。队伍挤得紧紧的，站累了，就在路旁坐下来，等前头喊着'走，走，走'，就站起来再走。满望可以多走一段，可是走不了几次又要停下来。

自己的队伍来了，我们烧了些水给大家喝。一路前进，天黑了才到山脚，果然有许多竹林。

赏析：从"走不动""又要停下来"可以看出山路不好走；"天黑了才到山脚"写出行路时间之长。这里也是侧面写出了山高路险，描写老山界"难翻"。

师：行路难啊。

F组学生代表：我们小组选择第8段、第23段、第32段。

好容易来了一个认识的同志，带来一袋米，虽然明知道前面粮食缺乏，我们还是把这整袋子米送给她。

山下有人送饭来，不管三七二十一，抢了一碗就吃。

那就是用脸盆、饭盒子、茶缸煮饭吃，煮东西吃。

赏析：这两个地方都写到了粮食缺乏，红军长征条件很艰苦。

师：还有吗？你们选这几段，肯定还有深意。请所有同学朗读这三个段落。

生：虽然红军粮食缺乏，但还是把米给了瑶民母女。写出了红军对老百姓的爱护。

师：(竖大拇指给学生)军爱民，民拥军，是我们革命的法宝。

(教师板书：吃饭难，侧面描写。提醒学生完善批注。)

师：除了行路难、睡觉难、吃饭难，我们现在还处于一种怎样的境地？请大家齐读第29段——

师：我们翻越老山界有伤员，还要受到敌人的追击，这是——

生：处境难。(教师板书：处境难)

师小结：作者在写老山界"难翻"是如何描写的？

(生梳理，做笔记。)

(屏显)

【写法小结】描写角度多样、手法多样

角度多样：行路难、睡觉难、吃饭难、处境难。

正面描写、侧面描写、正侧面描写相结合。

修辞手法：比喻、排比。

师：通过对人物和自然环境的描写，我们感受到了老山界的"难翻"，下面给大家两幅图，请大家借鉴我们刚梳理的写作手法，选择一幅图片进行描写，看你的描写是否能突出长征的"难"。(展示图片，学生写作。)

师：我们请同学来展示一下。

(生展示。)

师：谁能说一下她是从哪个角度来突出长征的"难"？

生：正面描写，对景物进行了描写。

(生展示。)

师：他又是从哪些方面写的？

生：人物的动作描写、神态描写，还有环境描写。

师：你们对语言感知太敏锐了：能梳理别人的写作方法，也能运用到自己的写作中去。给所有同学点赞，请大家得意地坐正吧。（学生坐正了身子。）

师：老山界如此"难翻"，翻越过去的是一支什么样的队伍？作者这样说——

学生：难翻的老山界被我们这样笨重的队伍战胜了。

师："笨重的队伍"又是一群什么样的人呢？又经历了什么？

（PPT再次呈现长征相关资料，请学生朗读。）

事件背景：中央红军长征从1934年10月至1935年10月，历时13个月零2天，纵横11个省份，长驱二万五千里，途中总共爬过18座山脉（其中五座终年积雪，雪山行程共2700里），走过人迹罕至的茫茫草地（草地行程共600里），渡过24条河流，打过大小战斗300多次；红二方面军长征从1935年11月至1936年10月，历时11个月，转战九省，行程一万六千里，进行大小战斗110次；红四方面军长征由1935年5月至1936年10月，历时长达18个月，转战数省，行程八千余里，进行过大小战斗千百次。在饥饿、受伤、中弹，甚至是死亡的种种困难折磨下，红军战士决不低头，决不屈服，因为他们始终坚持一个信念：坚持到底，就是胜利。

师：对于那一段的记忆，老红军们这样说：（屏显）

生读：

当过草地时候，大家都认为是极困难的了，我还认为是很好玩的。有草，有花，红的花，黄的花，都很好看……牛羊群在草地里无拘束，也是极有趣的。也许是因为自己带着乐观性吧。

——红军总司令 朱德

爬雪山，过沼泽，大家只有一个信念：坚持向前走，不能掉队。能坚持下来，靠的就是这样一种精神和信念。

——老红军 刘天佑

在今天看来，红军长征的壮举已经成为历史，但是那种艰苦奋斗、甘于奉献、坚定不移的精神需要我们代代相传。在新时期，我们要走好新的长征路。

——老红军 邹衍

师：让我们再次走进这段历史：难翻的老山界被我们这样＿＿＿＿的队伍战胜了。（屏显）

生：积极乐观的队伍。（教师板书：积极乐观。）

"不要掉队呀！"

"不要落后做乌龟呀！"

"我们顶着天啦！"

大家听了，哈哈地笑起来。

师：这一部分是语言细节描写，战士们面对险境仍然互相鼓励，开玩笑似的互相鼓励，还"哈哈地笑"，体现了他们的积极乐观。

生：勇敢无畏的队伍。（教师板书：勇敢无畏）我们刚刚一起分析了老山界的"难翻"，面对如此困难这支队伍始终没有放弃，而且最终取得了胜利，体现了他们的勇敢无畏。此外最后一段写到："老山界是我们长征中所过的第一座难走的山。但是我们走过了金沙江、大渡河、雪山、草地以后，才觉得老山界的困难，比起这些地方来，还是小得很。"这一部分也说明，"我们"在今后的长征路上比翻越老山界难得多，大家都知道红军最后取得了长征胜利，这里也可以看出这是一支勇敢无畏的队伍，没有什么困难是这支队伍不能战胜的。

师：分析有结论，有依据。

生：团结互助的队伍。（教师板书：团结互助）文中写到"医务人员中的女同志们英勇得很，她们还是处处在慰问和帮助伤员病员，一点也不知道疲倦。"

师：这是一支积极乐观、勇敢无畏、团结互助的队伍，那文中还写到他们送米给瑶民、不拆篱笆等事情可以看出他们什么特点？

生：爱护群众，纪律性很强。

师：对，爱护群众。纪律性强也就是军纪——

生：军纪很严。

师：对，军纪严明。（教师板书：爱护群众、军纪严明。）

师总结：难翻的老山界被我们积极乐观、勇敢无畏、团结互助、爱护群众、军纪严明的队伍战胜了！

（生齐读划线词语。）

四、继往开来：万里长征留言厅

师：下面我们来到的是万里长征的留言厅，请大家在展厅留言簿上写下观展体验。（学生书写。）

生生交流。指定学生展示留言。

五、收获与疑问

师：我们一起学习了红军战士在万里长征途中翻越老山界的英雄事迹，体会到了红军战士们顽强的意志和乐观的精神，他们是长征途中最伟大的人，这一节课你有哪些收获或是通过学习你又有了什么疑惑？

生：通过这一节课学习，我学会了记叙的要素与环境细节描写，知道了记述事件时要按照时间变化和地点转移进行。

生：通过这一篇文章的学习，我明白了今天的生活来之不易。从红军战士翻雪山的革命乐观主义精神也懂得了在困难面前决不能低头。

生：文章 22 段利用多种感官来营造氛围的妙处我有疑惑。前面学习朱自清《春》的"春风图"时也运用了这种手法，我的疑惑是：是不是环境描写必须得用这种手法？妙处何在？

师：你的疑惑也曾经是老师的疑惑，这表明咱们两人都是对语言感知敏锐的人。（生笑）也请其他的同学参与到解惑中来，老师给大家提示一下，可以从"通感"这种修辞入手。

就这样，难翻的老山界被我们（师指板书。生：<u>积极乐观</u>、<u>勇敢无畏</u>、<u>团结互助</u>、<u>爱护群众</u>、<u>军纪严明</u>。）的队伍战胜了！再读《七律·长征》：

（生齐读划线词语。）

（屏显。）

男：红军不怕远征难，万水千山只等闲。

女：五岭逶迤腾细浪，乌蒙磅礴走泥丸。

男：金沙水拍云崖暖，大渡桥横铁索寒。

女：更喜岷山千里雪，三军过后尽开颜。

（合）：更喜岷山千里雪，三军过后尽开颜。

男：弘扬长征精神，做新时代的好少年，实现中华民族的伟大复兴。

女：弘扬中国梦——你的梦，我的梦，中国梦。

（师、生）：数风流人物，还看今朝！

师：下课！

【反思评议】

用语文学科的方式提升语文素养

山东济宁孔子国际学校　周颖　张倩

新疆生产建设兵团十二师高级中学　邓海燕

《老山界》选自部编版七年级下册第二单元，是一篇纪实性作品。文章记述了作者随中央军委纵队渡湘江后过老山界的情形。本单元所选文章主题为家国情怀，能够激发学生的爱国主义情感。本文通过描写老山界的"难翻"，表现了红军在长征途中坚强的意志和革命英雄主义精神，揭示了红军取得胜利、一往无前的根本原因。作为一篇较长的回忆录，如何做到"长文短教"？如何在课堂中不着痕迹地落实语文核心素养？这是教师在执教中需要思考的。

本堂课较好落实了语文学科核心素养对课堂教学的要求，整堂课师生共读、共赏、共享、共鸣，做到了就语文教语文，但又跳出了语文教语文。整体来看，这是一堂以语言为基准，以文章、文学、文化为主要教学内容的有"语文味"的好课。

从文章内容分析层面，课堂从叙述文章情节，到对老山界"难翻"的描写手法，再到人物形象的塑造，循序渐进；文学语言赏析层面，先读翻越老山界之"难"（事），再读翻越老山界之"人"，由浅入深；文化内涵探究层面，结合背景，解读文本的内涵，再延伸到长征精神，逐层深入；立德树人层面，由历史事件到事件意义，融党史于宏大背景，育人无痕。

一、注重文本阅读，培养语感意识

语言的建构与运用水平，是语文核心素养的重要表征之一。所谓语言建构与运用，简单来说就是语感的培养。在这一节课中，教师注重阅读策略的运用，引导学生在阅读中理解文本建构，提取关键信息。在把握文章内容环节，速读文本，抓关键要素，简要概括；在分析写作手法环节，结合具体语句，涵咏品析；在分析人物形象环节，提炼相关信息，分析归纳。整个教学过程，细读文本，加深学生对课文内容的理解，于潜移默化中培养学生语感，提升对文本的鉴赏与感悟能力。此种阅读训练形式，学生会越来越善于品味文本中所发出的细微"声响"，于读中把握内容，于读中分析人物，于读中感受环境，于读中体味力量。整堂课教师的引导具有针对性，由讲解"翻越老山界"过程、如何描写老山界"难翻"、哪些人"翻越老山界"，再到自己读完文本后的体验感受，不仅让学生在阅读中有效提取信息，还能进一步感受文字背后的内涵，既有对文本内容的输入，还有阅读后的表达输出。

二、践行核心素养，夯实能力培养

思维的拓展与提升是教学实践中提升语文核心素养中的难点，如何在一堂课中有意识地提升学生思维，考验教师的课堂设计。在语文学科中，思维既包括学生的言语思维，也包含理性思维与逻辑思维。在执教过程中，教师有意识地激活学生思维，让学生"亮出"思路（在课堂推进的外在表现上尽量让学生的思维"覆盖"教师预设），让学生自由表达，但这种表达不是简单的语言表述。例如，小组合作绘制"翻越老山界"的地图、"以讲解员的身份进行讲解"环节，"绘制地图"考查了学生的理性与逻辑思维：构图如何布局，线路如何清晰，时间、地点、人物、起因、经过、结果等要素如何体现……引导学生思维纵向发展；以讲解员身份讲解环节，教师有意识地训练了学生的言语思维，表达不再是单一的"你问我答"，而是有逻辑地组织语言，通过训练，学生的思维不再局限于言语表达层面，言语想象、逻辑思维也得到进一步提升。

三、设置学科活动，提高探究意识

对于文本的分析，整堂课生生互助、师生互助，共同探讨解决相关问题。问题的设置摒弃了传统的小台阶式提问，采用层递式、逻辑化、探究型的问题设置模式，问题表述语言嵌入学生的思考成果，并结合与语文学科相关联的活动，让整堂课兼具"语文味"与"趣味性"。从整体来看，这种"大框架"的提问方式，有利于学生的思维发散，重视了对话过程，培养了学生的问题意识、合作意识和探究意识。

学生活动充分、思疑共生是本堂课的亮点所在，无论是从形式还是从内容上看，教师着力于丰富学生的语言学习、技巧习得、思维训练。将文字呈现出来的文本，让学生合作绘制地图，将整个情节变得更为立体直观。且学生在实际绘图过程中，会更加关注文本细节性内容，文本阅读由浅入深。从整个设计环节看，教师将教学目标化解为"大块"的操作步骤，通过"绘制地图""赏析画作"等小组活动，赋予学生以"讲解员""朗读者""赏析者"等身份，且由"纪录片放映厅""老山界档案厅""老山界画展厅"等形式串起教学设计，给人耳目一新之感。课堂放手给学生去操作、来完成，表达更为自由，思维更为发散。

四、落实立德树人，精神浸润渗透

对于学生而言，每篇文本都承载一定的思想情感，都有它想要言说的目的和意图，这其实就是一篇文本的个体价值取向。学生通过一篇篇文本的学习，通过对语言文字解码，从而理解传承不同民族和地区文化，在语文学习过程中提升文化视野、养成文化自觉和文化自信。

《老山界》这篇文章，记叙红军长征过程中翻越老山界的经过，写的是"事"，展现的却是"人"，是具有坚强的革命意志、征服了重重艰险的红军战士。而这就是教师在解读和处理教材时，所要注意把握的文本独特的价值取向。

语言文字是文化的载体，语言文字的学习过程，即是文化习得的过程。教师让学生通过文本中的具体语句，根据学生学习需要嵌入相关背景材料，进一步引导学生感悟这群翻越过去的"笨重的我们"究竟是怎样的人。看似在分析人物，但深入其中的，是对长征精神的渗透。

教者如何引导孩子们打开阅读的窗口？课堂如何承载学科赋予的任务？学生应达成怎样的学科素养？语文阅读教学的理想状态又是怎样的？本节课让每一个学生透过文字体味、穿越时空，去阅读、思考、品味、表达，与作品对话，与作者对话，浸润文本，涵泳体会，潜移默化中得到熏陶感染。从而培养学生的审美鉴赏与创造能力，培养对文化的理解和传承意识。我想这节课做到了。

一曲永不消逝的英雄赞歌
——《谁是最可爱的人》

【执教名师】

钟宪涛，教育管理硕士，青岛市拔尖人才，齐鲁名师，青岛市教书育人楷模，青岛市初中语文学科带头人，青岛市教学能手，青岛市初中语文名师工作室主持人。

致力于整本书思辨阅读推广。曾在《中学语文教学参考》《语文教学通讯》《教育家》等期刊发表论文十余篇，主持山东省、青岛市教育科学规划课题多项。其整本书阅读研究成果获青岛市市级教学成果特等奖，主编青岛市精品课程《悦读》由山东教育出版社出版，专著《琴岛师话》由中国言实出版社出版。

【课文述要】

《谁是最可爱的人》是我国当代著名作家魏巍的代表作之一。这篇创作于1951年的战地通讯翔实报道了抗美援朝志愿军可歌可泣的英雄事迹，热情地讴歌了爱国主义、革命英雄主义、革命乐观主义、国际主义等伟大的抗美援朝精神。《谁是最可爱的人》多次入选语文教材。本文曾经于1961年入选北京出版社初中语文第1册。后来在1982年、1994年分别入选人民教育出版社初中语文第4、5册。本文鲜明特点集中表现为以下三方面：

一、选材合理有序

据魏巍介绍，他在采访过程中获得的故事素材有20多个，最终他从中精选出三个最具典型意义、最具思想含量的故事，再将其连缀成篇。

这三个事例分别是松骨峰战斗、马玉祥烈火中勇救朝鲜儿童、防空洞谈话。三个事例中，既有宏观的英雄行为描写，又有微观的战士心理刻画；从叙事人物上看，既有松骨峰战斗的英雄群体塑像，又有马玉祥、防空洞访谈个体英雄思想活动；从战斗的过程看，包含了战前、战中、战后整个战斗过程；从战士活动的空间上看，有战场、老乡家里和防空洞，涵盖了战士的活动轨迹；从情感上看，有对敌人的憎恨、对朝鲜人民的热爱、对祖国的忠诚；从品质精神上看，有革命英雄主义精神、国际主义精神、爱国主义精神等。这三个事例选材合理，具有普遍意义，能够全景式地展现志愿军战士的方方面面。

同时这三个事例在组织上逻辑严密，先写松骨峰战斗这一志愿军群体形象，再写马玉祥个体形象，最后通过防空洞访谈揭示英雄行为产生的思想基础和根本原因。

二、表达方式多样

从文章整体上看，第一部分（1-3）主要采用了抒情、议论的表达方式。作者用饱含深情的语言抒发了在朝鲜战场上的感受，引出了谁是最可爱的人，揭示了最可爱的人的精神品质，直接说明了写作目的。文章的第二大部分（4-14）主要采用了记叙、描写的表达方式，作者选择了最有代表性的三个事例，记叙了志愿军战士的英雄行为及描写刻画了英雄行为产生的心理，从不同侧面阐明了战士的可爱。文章最后部分（15）主要采用了抒情表达方式，再一次点题他们确实是我们最可爱的人。浓郁的抒情基调以及排比句式的使用，使文章感情激荡，富有气势，引人深思。

从文章的主体部分看，作者在记叙三个事例中穿插使用抒情、议论的表达方式，或让读者从感性的认识升华到理性的认识，或自然过渡衔接。如第8段在介绍完松骨峰战斗后，作者采用反问句式，使读者从心潮澎湃的感性认识中走向理性思考，很自然地回答"我们的战士是最可爱的人"。第9段"我们的战士，对敌人这样狠，而面对朝鲜人民却是那样的爱，充满国际主义的深厚热情"，作者主要采用了议论的表达方式，自然地过渡到马玉祥抢救朝鲜儿童的故事中。

三、记叙人称灵活

作为战地通讯，本文主要采用第一人称。第一人称在作品中主要是写作者亲身经历，易于读者接受。作者在开篇就写到，"在朝鲜的每一天，我都被一些东西感动着……"，连续使用了六个"我"，告诉读者这些都是我的亲身经历。如在记叙松骨峰战斗时，"这个营的营长向我叙说了以上情形"，意在告诉读者以上信息来源十分可靠；在介绍马玉祥时作者写到，"不过因为他才从阵地上下来，显得稍微疲劳些，眼里的红丝还没有退净"，这看似不经意的一笔，不仅写出了战士征战时的疲劳，也给读者特别真实的感觉，这是作者真实看到的一幕场景。在本文中，第一人称不仅是作者有时还是其他战士。如在采访马玉祥时，则出现了由作者自述到战士自述，这种人称变化，有利于传达出战士真实的心理活动，增强作品的真实性。"当他叙述到这里的时候，他说：'我能不进去吗？我不能！……'"这样人称转换亲切自然。

本文也出现了大量的第二人称。第二人称的使用主要有两个作用：其一拉近与读者之间的距离，让读者有一种身临其境的感觉；其二拟人化的手法便于抒情，便于对话。如"朋友，当你听到这段英雄事迹的时候，你的感想如何呢？你不觉得我们的战士是可爱的吗？……"第二人称的使用，拉近了作品、作者与读者之间的距离，仿佛作者在和读者倾心交谈，使读者置身于我们最可爱的人之中，怎能不使读者心潮澎湃？怎能不使读者对最可爱的人心生敬意呢？

2021年，阔别21年后的《谁是最可爱的人》重新入选统编语文七年级下册第二单元。所在单元提示如下：

家国情怀，是人类共有的一种朴素情感，它意味着热爱祖国的大好河山，热爱家乡的土地人民，愿意为保家卫国奉献自己的一切……它是国家和民族的精神凝聚力。这个单元所选的都是表现家国情怀的作品，能够激发我们的爱国主义情感。

本单元继续学习精读，应注重涵泳品味，尽量把自己"浸泡"在作品的氛围之中，调动起体验与想象。要把握课文的抒情方式，体会作品的情境，感受作者的情怀。还要学习做批注，记录自己的点滴体会。

【教学实录】

师：同学们，2021年2月19日，我国4名官兵在去年6月中印边境冲突中牺牲的消息持续刷屏。时至今日，英雄的言行仍让我们心潮澎湃。请看大屏幕，让我们重温英雄的誓言。（PPT1）

生齐读：

清澈的爱，只为中国。

我站立的地方是中国，我用生命捍卫守候，哪怕风似刀来山如铁，祖国山河一寸不能丢。

我们就是祖国的界碑，脚下的每一寸土地，都是祖国的领土。

师：2月20日《人民日报》融媒体发表了这样一则消息《这才是热搜该有的样子》（热搜榜图片）。热搜榜上排名第一的评论"他们是为我而死"，让很多人直呼"泪奔"！我们齐读一下这首小诗：（PPT2）

生齐读：

黄昏将至

我吃着白米饭，喝着快乐水

想不通为什么

这些身强体壮的士兵

为什么会死

我在深夜惊醒

突然想起他们是为我而死

师："他们是为我而死，他们是为我们的幸福生活而死"，七十年前，同样是在《人民日报》，作家魏巍写下了同样的英雄赞美诗——《谁是最可爱的人》。

师：请同学们齐读这一段。（PPT3）

生齐读：

亲爱的朋友们，当你坐上早晨第一列电车驰向工厂的时候，

当你扛上犁耙走向田野的时候，

当你喝完一杯豆浆、提着书包走向学校的时候，

当你坐到办公桌前开始这一天工作的时候，

当你往孩子口里塞苹果的时候，

当你和爱人一起散步的时候……

朋友，你是否意识到你是在幸福之中呢？

你也许很惊讶地说："这是很平常的呀！"

可是，从朝鲜归来的人，会知道你正生活在幸福中。

师：2020年是中国人民抗美援朝胜利70周年的日子。在抗美援朝七十周年纪念展中，主办方计划布置《谁是最可爱的人》纪念展厅。请你阅读原文，完成下列任务。（PPT4）

1. 设计一尊（组）雕像，你会以哪个事例为原型设计，说出你的理由。并简要介绍雕像设计的几个细节。

2. 请为这尊雕像拟写一个名字，并说明理由。

任务一　设计雕像

师：同学们在前期的预习中都已经完成了任务单。接下来我先给大家一点时间，小组四人交流第一个任务。一会儿，我们从小组当中推选出来一位，给大家分享一下你们设计的雕像。

（生小组交流。）

师：哪一个小组能给大家分享一下？

生：老师，我们组。

师：好的，我们请第五小组给大家展示任务一。我给其他组提出一个要求：其他组在接下来回答问题时，首先对上一组同学的发言要做出评价或者是补充、质疑。

生：老师，我们组选定的是松骨峰战斗。因为松峰战斗是朝鲜战场上最壮烈、最惨烈的一次战斗，是最能体现中国战士视死如归、坚持与敌奋战到底的优秀品质的一次战役。雕像是几位战士与敌人正在殊死搏斗。有的战士紧紧抱住敌人的肩膀；有的掐住敌人的脖子，将敌人摁倒在地；有的掏出手榴弹冲向敌人……战士们都紧皱眉头，脸颊和指甲缝里都沾上了泥土，衣服十分破旧，被熊熊大火烧灼出一个个窟窿。在雕塑底座的正中会有一枚奖章，上面写着"朝鲜解放纪念章"。

生：我们为这尊雕像拟写一个名字叫"绝唱"，理由是战士们用自己的生命在与敌人抗争，最终才取得了大部队的获胜。没有他们，这场战役也许就不会胜利。他们的鲜血，他们火一样的中国心无疑都是爱国之绝唱，一场永垂不朽的绝唱。所以我拟写"绝唱"这个名字。

师：栩栩如生的雕像，撼人心魄。"绝唱"即为前无古人后无来者，以此揭示中心。我们哪一组也选择了松骨峰战斗？

（第十组举手。）

师：好的，那我们请最后一组同学发言。你们先按照老师刚才提出的要求，对刚才这一组做出你们的评价、质疑或补充。然后再说你们组的创意想法。

生：我觉得第一组的雕像设计整体不错，最好加上一点周围的环境渲染，比如火海、散落的汽油弹和机枪零件，这样画面感会更强一些。

师：有环境，有人物，这样的雕塑更有立体感，人物形象会更鲜明。你们简直就是真正的设计师了！

生：我们设计的原型事例也是松骨峰战斗。原因是沧海横流，方显英雄本色。中国人民志愿军，在武器装备极为落后的情况下，打破了美帝国主义不可战胜的神话。

我们雕塑展现内容如下：浮雕上方代表天空，画几架 F-82 "双野马"战斗机表示出数字"32"，代表敌方 32 架战斗机，浮雕下方 1/4 画光滑无植被小山冈，山冈最左侧画一辆坦克，将数字"10"融合进去，代表敌军"10"余辆坦克。往右依次是：敌人尸体，可堆砌成 2~3 个小山丘，"山"的侧面有血流过，可用凸出几条印子表示；往后是志愿军牺牲的姿势：①掐住敌人脖子把敌人摁倒在地上。②和敌人倒在一起，烧在一起。③手里还紧握着一个手榴弹，弹体上沾满脑浆手中流着血，和他死在一起的美国鬼子，脑浆迸裂，涂了一地。④嘴里还衔着敌人的半块耳朵，双手贴地。以上刻画范围不过山顶。山顶右侧：一个志愿军帽子冒着火苗，紧抱敌人背部，军帽贴着敌人后脑勺，地上有 5~6 块小的枪碎屑，2~3 块大的枪碎屑；最右侧是冲上山坡的志愿军，刻 6~7 人。飞机和人之间有 3~4 枚凝固汽油弹。整个浮雕的右下角放抗美援朝出国作战七十周年纪念币金币，左侧刻银币。

师：老师要为你们组点一个大大的赞！雕塑的每一个细节都具体入微，特别是雕像中呈现了敌我双方军事装备的实力对比。这样的对比，就可以立体化多角度塑造英雄形象。那场壮烈的战斗被你们用雕塑复原。中国人民志愿军顶天立地的英雄形象跃然纸上。你们雕像的名字叫什么？

生：黄山松骨。松骨，即松树的树干，也暗含松骨峰地名。《黄山松》是徐迟之的一首诗，里面提到："百代千年立险峰，挺身昂首傲苍穹。"大难临头，中国人民志愿军，雄赳赳，气昂昂，英勇无畏过大江；"载雪披霜颜不改，吞云吐雾气从容。"他们气吞山河，斗转星移，概括"咬定青山不放松"的坚韧不拔。"黄山松骨"一名代表了中国人民志愿军的黄山松精神。

（生鼓掌。）

师：我们刚才两组展示的都是战后的情景，其实松骨峰战斗中的描写也十分精彩。（PPT5）

这时候，勇士们是仍然不会后退的呀，他们把枪一摔，向敌人扑去，身上帽子上呼呼地冒着火苗，把敌人抱住，让身上的火，也把占领阵地的敌人烧死……

师：请同学们试着赏析文中加点的动词。

生：在子弹打光，敌人占领山头，浑身被汽油弹点燃后，一个"摔"字，不仅写出了志愿军战士遵守战斗纪律，不让自己的武器留给敌人使用的做法；更写出了战士们英勇不屈，誓死与阵地共存亡决心。

生："扑"字写出了我军将士势如猛虎，勇猛无畏的民族血性。

生："抱"字写出了战士们抱着必死的决心，与敌人同归于尽的壮烈，写出了对敌人的无比憎恨。

师：我还觉得"呼呼地冒"特别传神，大家试试分析一下。

生："呼呼地冒"中"呼呼"这一拟声词照应了前文的"扑"字，写出了战士扑向敌人，行动起风，风助火势，火烧更烈的视死如归的英姿。

生：老师我觉得这里的"呼呼地冒"也写出了志愿军心中的怒火，对敌人无比的憎恨。

师：字词有生命，同学们的分析为我们再现了志愿军战士奋不顾身，与敌人殊死搏斗的战斗场景。

师：雄赳赳，气昂昂，英勇无畏过大江；战天地，斗美帝，视死如归留丹心。"黄山松骨""绝唱"两组雕像生动诠释了志愿军的革命英雄主义精神。选马玉祥是哪些小组啊？

（两组同学举手。）

师：其他同学还是要认真听，评价、补充、质疑。

生：我们选的是马玉祥这个事例。我们的战士们，不但有战斗时的英勇、艰苦环境下的坚韧与刚强，更有对朝鲜人民的一视同仁和内心深处的柔软与善良。这种国际主义精神与人道主义关怀是超脱于国家与民族之上的，是诚挚而高尚、值得铭记的。

这组雕像的细节我们写的是：这个人是一位年轻的男子，身穿军装，怀中抱着一个穿着小短裤的小孩子，正从一个屋中往外跑，屋子里燃烧着熊熊烈火。然后这个年轻军人身上也有几处火苗。然后我给它起的名字是"最可爱的人"。

师：好的，你请坐。好这位同学来，你先说一下……

师：哦，好，那位男同学你有质疑是吧？

生：是的。

师：非常好。质疑源于倾听，源于深入地思考。

生：如果这位同学他们所设计是马玉祥这个雕像的话，那么从雕像设计上来说他是在屋里，救这个小孩，而且他还体现一个细节，就是这个小孩子家里面还有一个女人，已经被烧死了。然后他也是想拉她，去救她。在确定她真的已经死亡，他才把这个小孩抱走。这个也可以体现出马玉祥的英勇无畏，而且这个事件是发生在屋里面的，所以我们应该把这个雕像做成一个剖面图，把这个屋子的墙壁去掉，我们展现火场里面的情景。

师：如果你的语言再简洁一点就好了！不过你提出了一个全新的设计方案。

生：老师，我觉得不用做成剖面图。就是做一个房子，让人们走到这个房子里去，在这个房子里真切地感受到当时的火场场景。

师：这位男同学把我们的雕像又升级了，他做了一个体验版的，类似于3D。大家觉得这个设计如何？

生：不好。此时火场浓烟滚滚，里面基本上什么都看不见的。如果在这个房间能够目视这一切就与作品不符合了。

师：这位同学文章读得非常仔细。其实老师觉得第一位女同学设计得很好。刻画了马玉祥怀抱朝鲜儿童冲出火海的那一刻。我们还可以在这个设计的基础上补充一下吗？

生：雕像定格马玉祥怀抱婴孩冲出后，孩子双手紧抱马玉祥。马玉祥衣物有因火势产生的烧焦痕迹，衣边翘起，面部有1-2处炭痕，双唇抿起，肩上落雪，背脊挺直，脚下有烧焦的房梁、木条和少许落雪，房梁向天空倾斜。

师：落雪这个细节可以删掉，毕竟是在火场里。

生：老师我觉得还要把儿童的小腿重点凸显一下，原文说"他穿着小短裤儿，光着两条小腿儿，小腿儿乱蹬着，哇哇地哭"。三个儿化音写出了孩子受惊吓的样子。以此来衬托马玉祥的国际主义精神和美国的凶残。

师：目光敏锐，抓住儿童的小腿儿，从侧面烘托。分析精准，思维缜密。你能给大家朗读一下。

（生读片段。）

师：弱小的儿童与浓烟大火形成了鲜明的对比。这三个儿化音除了突出儿童弱小之外，儿化音还可以传递出什么情感呢？

生：也写出了马玉祥对孩子无比爱怜。

生：写出了马玉祥成功施救的欣慰。

师：我们不仅增加了马玉祥的肖像、神态，还增加了儿童的惊恐。又是一记组合拳，漂亮！你们起的名字是？

生："冰与火"。冰，喻指冰天雪地；火，指房屋的大火，也指战士似火滚烫的心。

师：冰与火，恨与爱，我们的志愿军战士就是这样爱憎分明。对朝鲜人民充满了国际主义。我们同学有没有选防空洞的？

生：我们组。

师：你们为什么要选防空洞这个事例？

生：因为防空洞可以做一个对比。比如说他的那个地方生活很简朴，但是这个战士呢，一直十分坚定，心系祖国。防护洞里边是黑色调的，这个战士蹲在一个边儿上。然后一口炒面一口雪。因为非常冷，所以说战士的脸会变为泛红泛红。还得画出他的眼神，意志十分坚定。然后防空洞外面画一个巨大的朝鲜解放纪念章，让它闪闪发光。

师：那个解放纪念章在作品中存不存在？

生：不存在。所以我画在外面。

师：还有没有选防空洞这一组的？

生：我们选的是防空洞里的战士，在细节上，应该在勺子里加上雪，然后就更能突出他一口雪一口炒面的那种艰辛。微笑的表情表现出乐观主义精神。我们给雕像起的名字就叫"微笑"。

师：这个女同学在第一组同学脸色泛红的基础上，又给他补充了什么？

生：带有微笑。

师：原文中有没有微笑？大家找一找。

生：有。

师：笑了几次？

生：三次。

师：所以说笑这个细节要在我们的雕像当中体现出来。这三次笑表达的内心情感或者精神是一样的吗？

生：第一次是在一边吃雪一边吃炒面的情况下笑的，表现出志愿军战士乐观的精神。第二个是在问他想不想祖国时笑的。他们笑着说："想，但是现在不能回来。"

师：为什么不能回来？

生：没完成祖国交给他的任务，所以不能回去。我们可以看出这些战士非常爱国。

师：必须完成了祖国交代的事儿，不完成就不行。除了对祖国的爱，这还是一种什么样的精神？

生：忠心。

师：对。忠心、忠诚。这种精神是我们中华民族的传统美德。在历史的长河中，谁的身上体现最明显？

生：雷锋。

生：宋朝的岳飞，精忠报国。

生：文天祥也可以。

师：这是一种赤诚的爱国之心。第二次笑和第一次不一样。我们再看看第三次笑。

生：第三次是问他你想要什么，他笑着说想要朝鲜解放纪念章。

师：所以刚才第一位同学说在洞外有一个朝鲜纪念章的时候了，我就觉得这样一个细节捕捉的特别好。从这样一处笑，你看到了我们志愿军战士有着怎样的精神品质？

生：甘于牺牲，不求回报，无私。

师：他们对于这场战争走势持有怎样的态度？

生：他们对战争未来的走势是乐观，自信。

师：从哪里看出乐观、自信？

生：朝鲜解放纪念章，就是把美国给赶跑了。

师：所以刚才那个解放章的细节别具匠心。

师：三种雕像设计，第一种雕像表现了我们志愿军战士什么样的精神呢？

生：革命英雄主义精神。（教师板书。）

师：第二、三处雕像主要表现？

生：国际主义精神、爱国主义精神以及对国家的忠诚。（教师板书。）

师：革命英雄主义精神、国际主义精神、爱国主义精神以及对国家的忠诚就构成了伟大的抗美援朝精神。（教师板书：抗美援朝精神）同学们设计的三个雕像来源于三个典型事例中，包含了战前、战中、战后整个战斗过程，既有宏观战斗场景又有微观的战士心理刻画；既有群体塑像，又有个体英雄思想活动；既有对敌人的憎恨又有对朝鲜人民的热爱、对祖国的忠诚……这三个事例选材合理，具有普遍意义，能够全景式地展现志愿军战士的方方面面。

任务二　拟写颁奖词

出示任务单：

1. 请为展厅中的一尊（组）雕像，写一段颁奖词。

师：接下来，我们来完成第二个任务，为展厅中的一尊（组）雕像，写一段颁奖词，请大家拿出任务单，先组内交流一下各自的颁奖词。

（小组交流颁奖词。）

师：哪一组愿意分享一下？

生：我们三组是给马玉祥拟写的颁奖词。对敌人的狠，对朝鲜人民的仁义。为国家、为民族，更为人民。从原本的炮兵连，到"离敌人更近"的步兵连，从在山冈上哀哀泣下的朝鲜老妈妈，到大火中啼哭的婴孩。你的灵魂，美丽而宽广。

师：我们请第七组评价一下这组的颁奖词。

生：这段颁奖词有事迹有评价，夹叙夹议。还注意引用了原文，语言简洁，意蕴深刻，可谓是一篇佳作。

师：第七组从表达方式的特点上对第三组的颁奖词作了精彩的点评，可谓是一语中的。表达方式多样是本文的一大特点，还有哪一组愿意分享？

生：我们五组也是为马玉祥写一段颁奖词。面对千度烈焰，有速度的行动，满是激情的生命，因热爱这岗位，几回回出生入死，几次次和死神争夺，用生命作为筹码冲锋火海抱人逃生。这一次，声音在灰暗中撕裂，在摸索中他入了你的怀抱，无父无母的花朵"涅槃重生"。那女人流血的面容，见证你的无私与无畏，神圣的灵魂经过火海的洗礼，如来时炽烈的阳光，去时灿烂的晚霞，人性光辉的一面，将在人们的心中永生。

师：我们请第二组评价一下第五组的颁奖词。

生：第五组的颁奖词特别具有画面感，面对千度烈焰，冲锋火海抱人逃生，声音在灰暗中撕裂，马玉祥火海救人英雄的形象仿佛屹立在我们面前。他们组写得特别生动形象。

师：第二组同学从内容角度分析评价了第五组的发言，同样表现的专业精彩。第五组的颁奖词给老师也留下深刻的印象。用生命作为筹码，几次次和死神争夺。无私、无畏，闪烁着人性的光辉，他们的确是我们最可爱的人。还有哪组分享？

生：我们第九组为志愿军战士写的颁奖词。也许你不会像名人一样举世闻名，但朝鲜大地会记住你，中国和朝鲜人民都会记住你；你是平凡的英雄，人民遭遇危险时，你义无反顾地冲上前；面对敌人，你绝不退缩，誓死坚持到底。你是最可爱的人，灼热的战火烧不毁你内心的坚定，咆哮着的战机阻挡不了你的脚步；在艰苦而残忍的战场上，你的内心依旧纯洁而坚定。

师：这段颁奖词将事、理、情有机融合，言简意赅，自然流畅。听着同学们的颁奖词，老师心潮澎湃。我们被这一群英雄深深感动着，震撼着。面对这一群英雄，作者魏巍是如何评价的？请大家齐读。（PPT6）

（生齐读。）

他们是历史上、世界上第一流的战士，第一流的人！他们是世界上一切伟大人民的优秀之花！是我们值得骄傲的祖国之花！我们以我们的祖国有这样的英雄而骄傲，我们以生在这个英雄的国度而自豪！

任务三　补写诗歌

出示任务单：

展厅出口留言簿扉页上有一首小诗需要你把他补写完整。

师：同学们，在展厅出口留言簿扉页上有一首小诗，需要你结合作品内容把他补写完整。（PPT7）

亲爱的朋友们，当你坐上早晨第一列电车驰向工厂的时候，我们的志愿军战士正在＿＿＿。

当你扛上犁耙走向田野的时候，我们的志愿军战士正在＿＿＿。

当你喝完一杯豆浆、提着书包走向学校的时候，我们的志愿军战士正在＿＿＿。

（学生补写，小组内交流。）

师：我看有同学写好了，请这位同学说一下。

生：亲爱的朋友们，当你坐上早晨第一列电车驶向工厂的时候，我们的志愿军战士已经屹立在冰天雪地之中。

师：后面继续。

生：当你扛上犁耙走向田野的时候，我们的志愿军战士正在战场中与敌人血战到底。

生：当你喝完一杯豆浆、提着书包走向学校的时候，我们的志愿军战士正在雪野林海中急行军。

师：由于时间关系，我就不让同学们再说了。我们看似普通的生活，但是对于志愿军战士来说，那就一定是什么样的生活？

生：幸福的生活。

师：接下来我们师生合作，再读一下这段文字。（PPT8）

女生：亲爱的朋友们，当你坐上早晨第一列电车驰向工厂的时候，

男生：我们的志愿军战士正在枪林弹雨中舍生忘死。

女生：当你扛上犁耙走向田野的时候，

男生：我们的志愿军战士正在严寒的山林中艰难行进。

女生：当你喝完一杯豆浆、提着书包走向学校的时候，

男生：我们的志愿军战士正在防空洞中就着白雪吃炒面。

……

教师：朋友，你是否意识到你是在幸福之中呢？

学生：是！

教师：只有你意识到这一点，你才能更深刻了解我们的战士在朝鲜奋不顾身的原因。朋友，你是这么爱我们的祖国，爱我们的领袖毛主席，你一定会深深地爱我们的战士，

合：他们确实是我们最可爱的人。

教师：习近平总书记说，伟大抗美援朝精神跨越时空、历久弥新，必须永续传承、世代发扬。七十年来，这群最可爱的人始终传承发扬抗美援朝精神，他们的铮铮誓言在祖国的山河中久久回荡。（PPT9）

我在这里吃雪，正是为了祖国人们不吃雪。

清澈的爱，只为中国。

我站立的地方是中国，我用生命捍卫守候，哪怕风似刀来山如铁，祖国山河一寸不能丢。

我们就是祖国的界碑，脚下的每一寸土地，都是祖国的领土。

教师：你听——

学生齐读：我在这里吃雪，正是为了祖国的人民不吃雪。

教师：你听——

学生齐读：清澈的爱，只为中国。

教师：你听——

学生齐读：我站立的地方是中国，我用生命捍卫守候，哪怕风似刀来山如铁，祖国山河一寸不能丢。

教师：你听——

学生齐读：我们就是祖国的界碑，脚下的每一寸土地，都是祖国的领土。

教师：同学们，正是这铮铮誓言换得我们的岁月静好、国泰民安。请记住他们，记住我们的英雄，因为他们才是我们最可爱的人。

今天的作业是参观完《谁是最可爱的人》展厅后，各小组创作一篇《跨越时空的对话》剧本，我们将在明天的语文课上进行小组展示。（出示PPT10）

时间：1950年，2021年。

地点：朝鲜战场，盛世中国。

人物：志愿军战士，中国青少年。

剧情：……

师：下课，同学们再见。

生：老师再见。

【反思评议】

一点浩然气，千里快哉风
——三品钟宪涛老师《谁是最可爱的人》

青岛市北弘毅中学　王　兴
新疆生产建设兵团十二师五一农场学校　丁　莉

品读钟宪涛老师的课堂，起初感受到的是"闻水声，如鸣珮环"，心向往之，"伐竹取道"，本以为会是"下见小潭，水尤清冽"，没想到竟是"大江东流去，气象万千成"，令人豁然开朗，震撼不已。掩卷而起，闭目深思，不禁叹服于钟老师独到的解读视角，精心的活动设计，深厚的教学功底。

一品：巧设情境，今昔融通，引领学生"穿越"生命的现场

经典作品的魅力就在于跨越时空将我们带回生命现场，看到冰冷的落雪和炽热的火。

整节课最主要的环节就是钟老师设计的两项"任务"——设计雕像和拟写颁奖词。虽然"抗美援朝"已成为历史，但是钟老师却通过这两项活动将过去与当下巧妙结合在一起，如同"穿越"一般，和学生一起回到当年的场景，去经历，去感受。

"任务驱动"式课堂不同于传统课堂的读读课文，讲讲故事，谈谈感悟，它打破桎梏，引导学生在真实任务情境下研读文章；它不再是简单的"反馈"信息，而是在提炼的基础上进一步运用和升华。语文教学的根本任务是"发展学生的思维，培养想象力，开发创造潜能，提高学生发现、分析和解决问题的能力，提高语文综合应用能力"。若说传统教法重在一个"学"字，那钟老师的设计则是在背后推了学生一把，将"学"推上了"用"。通过小组讨论交流，学生们的"个性"得到了施展，又在集体研讨上将"个性"整合为集体智慧，学生之间互通长短，老师适时点拨，课堂气氛活泼热烈，学生自然沉浸其中。

二品: 立足文本，挖掘资源，引导学生"创作"心的诗篇

钟老师将文章最后一段多次利用，且以诗歌形式呈现，借助课文原本诗意的表达方式，升华情感。

在开头导入环节，借助文本还原我们日常生活中琐碎细节，激发学生思考: 如此平凡的生活状态为何能成为抗美援朝将士眼中的幸福？正如孙绍振教授所讲的那样文本解读必须从矛盾出发，还原文本与"现实生活"的差异，由此解释文本的独特性。钟老师由此作为契机，引入了活动设计，于暗处巧立提示，为下面探究活动做铺垫，巧妙解决了活动导入的生硬，使课堂过渡衔接自然流转，浑然天成。

在课堂收束环节，钟老师再次利用了这一段文字，以补白的形式引导学生关注文字"空白"处，即作者没有言明的话，展现志愿军在我们享受和平的时候，正在经受多少磨难，做出了多少牺牲。正如钟老师所说"你是否意识到你现在是在幸福之中呢？"当头棒喝般震颤学生的心灵。如果说学生在活动环节，充分体会了战士们的"可爱之处"，那么此环节就在于进一步将学生胸中所见所感化作锦绣诗篇，一吐心中块垒，可谓"于无声处见惊雷"。

三品: 综合情境，捕捉闪回，"聚焦"文字之美

课堂设计需从"大"处用力，也需要穿针妙线，细彩金边。钟老师的课不仅具备大结构、大视野，更在细微处的文字上下足了功夫。

在"设计雕像"环节中，学生能够抓住文章细节来丰富自己的创意设计，特别是文章中战士们的音容笑貌，体态动作，以及战争中的装备和环境等等细

节，这一切都已经达到了学生深读文本，理解人物的目的。学生既然能够"一望而知"，教师自当尊重学生的自主性，由学生自行解决，老师只需要搭建舞台，让学生唱出自己的"歌"。

但是，语文并不仅仅关注内容情感，还需要关注语言文字的妙用，钟老师将影视作品当中"闪回"的技巧运用于课堂的点拨之中。在学生阐发心中所想时，如春风拂面，自然而然地引导学生关注文字中反复出现的一个"笑"字，利用比较探究的方法揣摩三次"笑"背后人物内在的情志。钟老师综合情境，把主题探究和语言学用融为一体，抓住时机，于学生所忽视处示意提醒，有效追问，真正做到有的放矢，华而有实。

苏东坡尝言行文如流水，"常行于所当行，常止于不可不止"，纵观钟老师的课堂，正如此水，在平地处滔滔汩汩，一日千里，于险仄处，随物赋形，行止随心。细细思量，行文如斯，讲课亦是如此，赏评此课，总感觉自己粗鄙浅陋，其中的妙处"不能指其一端"，唯想到苏轼的两句词"一点浩然气，千里快哉风"。这堂课正如这"浩然之气"充塞天地间，在以后的教学中我们将不断深研细读，以期学到其中之一二。

写给土地的赞美诗
——《土地的誓言》

【执教名师】

曹静，滨州市滨城区第四中学教师，王君青春语文名师工作室成员，齐鲁名师，滨州市第二期"名教师"，滨州市教科研先进个人，滨州市教育教学工作"表现突出教师"。

专注于"跟课文学写作"教学研究，主持山东省教研课题"生活日记在写作教学中的应用研究"，参与省级课题两项。在《中学语文教学》《中学语文教学参考》《语文教学通讯》《语文学习》《山东教育》等刊物发文近20篇，人大复印资料索引3篇。出版专著《跟课文学写作》，参编《初中"层级·微点"作文教程》。

【课文述要】

端木蕻良说："在我的性格的本质上有一种繁华的热情。这种繁华的热情对荒凉和空旷抗议起来，这样形成的一种心灵的重压和性情的奔流。"这种"心灵的重压和性情的奔流"淋漓尽致地表现在《土地的誓言》中。我尝试着把这篇散文，敲成诗行，发现这本来就是一首写给土地的赞美诗。

本单元写作主题是学习抒情，写作实践题目之一是《乡情》。选取《土地的誓言》，做《乡情》的范文，有以下两点考虑：

一是唤醒学生的生活经验。荣维东教授说过："学生没内容可写主要是由于他们'不会转换'造成的，是因为缺乏对生活进行唤醒、激活、体验、加工、转换、再造的能力造成的。写作教学的重要任务是培养学生唤起、生成、转化已有生活记忆和经验的能力。"《土地的誓言》中或列举东北所特有的物产，或描写春秋两季的景物。这些描写，易于引发学生的联想。平时所累积的关于家乡的生活经验，被此次阅读经验激活并转化成写作内容。

二是弥补学生的语文经验。学生"不会表达"的原因有：字词不会写，句式不会用，缺乏篇章结构样式、表达技巧等。这些都属于学生"语文经验"的缺失，需要通过语文教学和学生自己的读写活动来解决。写作是一种书面语篇构造，是有一定样式的。多读书可以帮助学生积累言语文体感，形成文章图示认知，进而再转化为文体思维能力和建构能力。《土地的誓言》两段结构相似，都是以直接抒情做开头结尾，中间部分借景抒情。这相当于为学生提供了两篇范文。另外，文中丰富的表达技巧，也给学生提供了范例。这篇文章从结构样式和表达技巧，还包括词语的运用等方面，都能起到弥补学生语文经验不足的作用。

本文是统编教材七年级下册第二单元的自读课文，单元主题是"家国情怀"，选编的五篇文学作品，表现了不同时代的人民热爱祖国、热爱家乡、愿意为保家卫国奉献自己的一切的思想感情。《土地的誓言》这篇抒情散文，表达了作者对故乡挚痛的热爱之情和强烈的爱国情怀。这种情怀如何表达出来？这就需要教师引导学生，了解直接抒情和间接抒情，来体会作品的抒情方式。《土地的誓言》综合运用了这两种抒情方式。文中回忆部分，就是借景物描写间接抒情，运用呼告手法的部分则直接对着土地倾诉自己的热爱、怀念、眷念。

【教学实录】

一、导入

师：曾经背井离乡的人们，都习惯在远行之前，从井边取出一撮泥土珍重地藏在身边。人们把这撮泥土叫作"乡井土"。一撮撮看似平凡的泥土，寄托了人们多少丰富深厚的感情。端木蕻良就用《土地的誓言》唱出对故土的眷恋。我们一起来看一段视频《品读＜土地的誓言＞端木蕻良》。

二、师生共读，涵泳情感

师：老师把视频最后部分的诵读稿整理了出来，我们一起朗读，体会作者深深地眷恋之情吧。

（屏显。）

《土地的誓言》（第2段）诵读稿

师：

土地是我的母亲，

我的每一寸皮肤，都有着土粒；

我的手掌一接近土地，心就变得平静。

女领：我是土地的族系，我不能离开她。

合：我是土地的族系，我不能离开她。

男领：

秋天，

银线似的蛛丝在牛角上挂着，

粮车拉粮回来，

麻雀吃厌了，这里那里到处飞。

稻禾的香气是强烈的，

碾着新谷的场院辘辘地响着，

多么美丽，多么丰饶……

没有人能够忘记她。

我必定为她而战斗到底。

男女合：

土地，原野，我的家乡，

你必须被解放！

你必须站立！

合：

我必定为她而战斗到底。

土地，原野，我的家乡，

你必须被解放！

你必须站立！

你必须被解放！

你必须站立！

女领：

我必须看见一个更美丽的故乡

出现在我的面前——

或者我的坟前。

而我将用我的泪水，

洗去她一切的污秽和耻辱。

男女合：

而我将用我的泪水，

洗去她一切的污秽和耻辱。

众合：

而我将用我的泪水，

洗去她一切的污秽和耻辱。

三、聚焦片段，学习抒情

（一）学习直接抒情

师：这则诵读稿的内容，是从《土地的誓言》第二段中节选出来的。其中，反复诵读的是哪几句？

生：我是土地的族系，我不能离开她。我是土地的族系，我不能离开她。

生：土地，原野，我的家乡，你必须被解放！你必须站立！

生：我必须看见一个更美丽的故乡，出现在我的面前——或者我的坟前。而我将用我的泪水，洗去她一切的污秽和耻辱。

师：大家有没有注意到，在这几个片段中，有一个代词"她"，你觉得指的是什么？

生："我是土地的族系，我不能离开她。"从这句话来看，"她"指的是土地，是故乡。

师：土地、故乡，我们可以用"它"来指代，可作者为什么用了"她"这个指代女性的词语？

生：这一段开头有一句话："土地是我的母亲"，作者把土地比作母亲。

师：你从这个"她"字，能读出作者什么样的情感？

生：我读出了作者把故乡看作母亲，表达了对故土深深眷恋之情。

师：一个小小的代词里居然也饱含着作者的深情。这段文字中，还有一个代词和"她"指向同一个意思，你发现了吗？

生："土地，原野，我的家乡，你必须被解放！你必须站立！"这里的"你"应该指的是"土地，原野，我的家乡"，和"她"意思相同吧。

师：既然意思相同，作者为什么由"她"，而转用"你"了呢？

（生沉默思考。）

师：我们把这句话中的"你"换成"她"，朗读比较一下，看哪个效果好？

生：（朗读）土地，原野，我的家乡，她必须被解放！她必须站立！

生：我觉得还是用"你"更好。用上"你"，读起来像是两个人情绪激动了，站起来面对面地大声说话一样。如果换成"她"，就像谈论别人的事情，没有那么直接，没有那么迫切。

师：此处用"你"这个代词，要表达怎样的情感呢？

生：这里表达了作者解放故乡的坚定信念，也表达了甘愿为故乡解放而奉献一切的决心。

师：请大家阅读单元写作《学习抒情》，了解直接抒情和间接抒情的含义和表达效果。

（屏显。）

常见的抒情方式有两种：直接抒情和间接抒情。作者不借助别的事物，直截了当地表明自己的情感，即为直接抒情；没有直白的抒情语句，而把情感渗透在叙述、描写和议论中，由读者慢慢体会，则是间接抒情。

师：你觉得这几个反复朗读的片段，采用了哪种抒情方式？

生：这几段文字都采用了直接抒情的方式。

（二）学习间接抒情

师：请大家朗读以下片段，从中能读出作者怎样的情感？

（屏显。）

男领：

秋天，

银线似的蛛丝在牛角上挂着，

粮车拉粮回来，

麻雀吃厌了，这里那里到处飞。

稻禾的香气是强烈的，

碾着新谷的场院辘辘地响着，

多么美丽，多么丰饶……

没有人能够忘记她。

我必定为她而战斗到底。

生：我读出了农民丰收的喜悦。"麻雀吃厌了，这里那里到处飞。"这句话写麻雀这里那里都吃厌了，到处飞，说明这正是丰收的季节。

师：用你的声音来传递这种喜悦吧，你会选哪个词语？

生：我觉得读"到处"的时候，可以拖点音，就像左顾右盼地看见麻雀一样。

生："稻禾的香气是强烈的，碾着新谷的场院辘辘地响着"，这里有声音，有香气，可以想象得出人们在场院忙里忙外的身影。

生："银线似的蛛丝在牛角上挂着"，有蛛丝，难道牛儿很久没耕地了吗？

师：牛儿犁地、松土、施肥之后，秋天终于又出来帮忙收获了。

生：老师，我觉得这段话里单拿出一句来，并不稀奇。可是，把这些景物放在一起，组成一个秋收的画面，就特别美了！

师：你得的太好了！画面组合，这让我想起了马致远的《天净沙·秋思》。

（生纷纷抢着背诵《天净沙·秋思》。）

师：天色黄昏，一群乌鸦落在枯藤缠绕的老树上，发出凄厉的哀鸣。小桥下流水哗哗作响，小桥边庄户人家炊烟袅袅。"枯藤老树昏鸦，小桥流水人家"，这十二个字，就画出了一幅深秋僻静的村野图景。诗人把平淡无奇的客观景物，巧妙地连缀起来，将诗人的无限愁思自然的寓于图景中。《土地的誓言》里画面组合中写了哪些景物？

生：《土地的誓言》中写蛛丝、牛角、粮车，写麻雀、稻禾、场院，这平淡无奇的几句话，写出了人们丰收的喜悦。

师：这画面里，有色彩，有声音，有香气，作者从多种感官角度写故乡的景色，因此也调动了我们想象。我们似乎还能听到牛儿"哞哞"的声音，能够看到人们忙碌的身影。作者的回忆为什么这么清晰，这么亲切？

生：因为作者对故乡饱含着深深地眷恋。

师：这段文字作者运用了什么抒情方式？

生：作者运用了间接抒情，借助对故乡景物的描写，表达了对故土深深地眷恋之情。

（三）小结

师：直接抒情的效果强烈、鲜明，间接抒情则含而不露、耐人寻味，都表达了对土地的深情。在这段文字中，作者兼用两种抒情方式，段落开头和结尾采用直接抒情，中间部分的回忆则采用间接抒情方式。

四、两段连读，求同比异

师：课文总共只有两段，这两段有何异同？

生：两段文字结构相同，都是先直接抒发对故乡的思念之情，然后对故乡展开回忆和描述，最后再直接抒情。

师：这两段结构相同，选取的景物是否相同？

生：回忆中选取的景物是不同的。第一段选取了东北所特有的物产，第二段写的是春秋两季的景物。

师：老师发现这篇《土地的誓言》，就是端木蕻良写给关东原野的赞美诗。所以，老师把第一段也改成了一首诗。我们一起来朗读，体会作者对家乡的热爱之情吧！

（屏显。）

《土地的誓言》（第1段）诵读稿

男领：

对于广大的关东原野，

我心里怀着挚痛的热爱。

群读：

对于广大的关东原野，

我心里怀着挚痛的热爱。

女领：

我无时无刻不听见她呼唤我的名字，

我无时无刻不听见她召唤我回去。

男领：

我有时把手放在我的胸膛上，

我知道我的心还是跳动的，

我的心还在喷涌着热血，

因为我常常感到它在泛滥着一种热情。

男领：

当我躺在土地上的时候，

当我仰望天上的星星，

手里握着一把泥土的时候，

或者当我回想起儿时的往事的时候，

女领：

我想起

那参天碧绿的白桦林，

标直漂亮的白桦树在原野上呻吟；

男领：

我看见

奔流似的马群，

听见蒙古狗深夜的嗥鸣，

和皮鞭滚落在山涧里的脆响；

女领：

我想起

男：红布似的高粱，金黄的豆粒，黑色的土地，

女：红玉的脸庞，黑玉的眼睛，

男：斑斓的山雕，奔驰的鹿群，

女：带着松香气味的煤块，带着赤色的足金；

男：我想起幽远的车铃，晴天里马儿戴着串铃在溜直的大道上跑着，

女：狐仙姑深夜的谰语，原野上怪诞的狂风……

男：这时我听到故乡在召唤我，

女：这时我听到故乡在召唤我，

合：故乡有一种声音在召唤着我。

男领：

我常常把手放在大地上，

我会感到她在跳跃，

和我的心的跳跃是一样的。

它们从来没有停息，

它们的热血一直在流，

在热情的默契里它们彼此呼唤着，

终有一天它们要汇合在一起。

合：

在热情的默契里

它们彼此呼唤着，

终有一天

它们要汇合在一起。

五、群文联读，迁移写作

师：你认为作者用哪些方法写出了对土地的深情？

生：作者列举东北景物时，叠印出一个又一个画面，像电影镜头一样闪现，展现东北大地的丰饶美丽。

生：在形容景物、物产时，作者用了许多富有特色的形容词。

生：作者还运用了排比、比喻的修辞手法，使文章感情表达更充沛，使景物描绘更形象、生动。

生：文章从听觉、视觉、嗅觉等多角度，来描绘东北景物、物产，给人以耐人寻味的感觉。

师：请你阅读老舍的《想北平》和冰心的《我的故乡（节选）》，作者都描绘了自己心目中故乡的模样。请你勾画出最能表达作者热爱故乡的语句。

生：在《想北平》中，老舍先生深情地写道："我真爱北平。我爱我的母亲。"老舍先生爱自己的母亲，但这种发自内心的爱却无法言传，只能付诸行动，用"微微地笑着"或者"欲落泪"来表达先生对母亲爱得深沉。

生：在《我的故乡（节选）》中，冰心说："但福州在我的心里，永远是我的故乡，因为它是我的父母之乡。我从父母亲口里听到的极其琐碎而又极其亲切动人的故事，都是以福州为背景的。"

师：眷恋故土，这是一种具有共通性的感情，端木蕻良眷恋的关东原野，老舍眷恋许久未回的北平，冰心眷恋"父母之乡"福州，如果这种情感碰上国家的内忧外患，眷恋乡土就有了让人产生共鸣的强烈的爱国色彩。

师：在《土地的誓言》里，作者以饱满的热情描绘了他那美丽而丰饶的家乡。你的家乡是什么样的？你对它怀有怎样的情感？请你以《乡情》为题，写一篇作文。不少于500字。

附：佳作展示

乡情

宋瑞嘉

我的故乡，是一个美丽的地方。虽然是乡下，很多人会觉得那里很土，很落后，但在一派繁华的车水马龙和楼房幢幢中生活久了，真正去到那儿，体会到的是朴实，是自然。

一颗枣树晃入我视线，第一条羊肠小道出现在不远处，第一个包头巾的老人缓缓走来。我知道，那是我的老家。当第一颗冬枣被摘下，第一个枣摊已摆好，第一缕枣的清香钻进我鼻息。我知道，那是我的故乡——沾化。

我喜欢老家的春天，那是我儿时最美的景，自然地，那在我心中永远是最美的景。故乡的春季是新绿色的，是碧色，抑或是彩色，生机勃勃。

111

放眼望去，雪大多都化了，只有些顽固的还没化，冻在一起呈块状，一块又一块，灰灰的。大片大片的枣林子，那些枯了一冬的树枝，抽出了嫩嫩的小芽，仿佛是枣树终于得到了自己可爱稚嫩的小宝宝。大片星星点点的新绿洒满了整个视野，洒满了整片枣林，也洒满了我的心。

除了这难忘的大片新绿，我还记得有一个湖泊，因为离家有些远，所以只在小时某个春天随奶奶去过一次。那时是个可爱的初春时节，水碧波荡漾，水面平静得像一块碧玉，或祖母绿的宝石。徐徐春风吹来，水面掀起了一圈又一圈涟漪，绕在水面，波光粼粼。这圈圈的涟漪，荡漾在湖中，荡漾在那个初春，也荡漾在我的记忆中。

当然了，春天只是单一的绿色调，又怎能算是春？但枣树没有艳丽的花儿，装点不了整个春天，而家家户户的孩子们，就像花儿，悄悄地把枣乡的春，装点得就连百花齐放都比这逊色上几分。各色的花衣裳，娇小的身子，在林子中嬉闹，原本只有新绿色的枣林子一下子就生机盎然了。但百花齐放逊色的，不在色彩，不在数量，也不是带来芬芳的香气，而是那玲珑欢快，从四面八方传来的欢笑声啊！这正是花没有也不会有的，春天的生机。这些笑声中，有我小时的美好记忆。我也曾与他们一起嬉闹，穿着我自己的花衣裳，做一朵装点家乡春天的花。这一朵朵花儿，绽放在枣树林，绽放在欢乐中，也绽放在我的童年。

家乡的春季，家乡的风景，家乡的枣林，家乡的一切！都有我与家乡的情。我打开记忆之门时，我踏上那片土地时，我走近那片枣林时，我咬下甘甜的枣子时，我与家乡的情，就越来越浓，越来越浓……

文章综合运用了直接抒情和间接抒情的方式，突出了乡情的主题。开篇直接抒情，家乡的美是"朴实的，自然的"，结尾用一组排比句表达出对家乡的热爱。文章主体部分，采用间接抒情方式。小作者先写家乡的全景，由一棵枣树引入，继而写羊肠小道、包头巾的老人、冬枣摊、枣的清香，家乡的风貌全方位地呈现在读者面前。接着，分别聚焦家乡的枣林、湖泊和孩子们，主要从视觉角度写出春天色彩的斑斓，如冬雪灰灰的底色，枣树上星星点点的新绿，湖泊荡漾的碧波，而孩子们的花衣服更是"装点春天"。小芽如"小宝宝"，湖面如"碧玉""宝石"，孩子们像"花儿"，这些比喻的运用，也给文章增添灵动色彩。（曹静点评）

【反思评议】

如何打通作文的壁障

广东省东莞市清溪镇海德双语学校　张　娟
新疆生产建设兵团十二师头屯河农场学校　雷春艳

当前一些老师总认为，"阅读是吸收内化，作文是倾吐表达"，所以在课堂上把两者生硬地割裂开来进行教学。而曹静老师自觉地在课堂上把阅读和写作结合，开发了《〈春〉里那些不能少的句子》《写出鲁迅的精神》《课文里的那些"距离美"》等一堂又一堂好课，让学生随堂仿写，课后修改，学生的作文水平显著提高。这得益于曹老师的前瞻性目光，她早就树立的"跟课文学写作"的观念，并在省市课题立项研究。这样数年来，坚持研究实践，积累了大量素材和经验。下面本人就《跟＜土地的誓言＞学写乡情》谈谈收获，希望也能从中获得启迪和智慧。

一、"读"中创情境，建设写作的生态环境

王君老师在《一路修行教作文》里写道，"与其说我在教孩子们写作文，不如说我在努力为孩子们建设一种理想的写作生态环境。"其实创设写作的生态环境跟朗读有着密切的关系，特级教师孙春成也说，"每讲一课，都应该好好指导学生有感情地朗读文本。"曹静老师在课堂上，聚焦式诵读、连读、分读、男女合、众合读，用各种形式的读，涵咏出本文的质量，为课堂的终点——写作，铺就一条梯级鲜明的路。就这样在读中品，在读中悟，在读中分享，如唐末段安节《乐府杂录》说的，"善歌者必先调其气。既得其术，即可致遏云响谷之妙也。"学生的情感发酵，写相似的东西，就会蓬勃而出。这样给学生营造朗读空间，也是为写作创设"生态环境"，完成读、写、创的情感教育主线。因此，这堂课带着特有的襟怀和担当精神。

二、技巧巧点拨，教给创作的基本方法

叶圣陶先生说，"语文教材无非是例子，凭这个例子要学生能够举一反三，练成阅读和作文的熟练技能。"《土地的誓言》是文质兼美的教材例子，如何让

学生"举一反三"，应用于文。曹老师不仅在诵读中带领学生品析鉴赏，其后结合单元写作要求教给方法，还指导学生模仿运用，让学生既有感性认识，又有了理性认识。比如，在"聚焦片段，学习抒情"这一环节，分别让学生了解直接抒情和间接抒情的区别，再引导学生对两种抒情方式进行综合运用，彰显了本堂课的目的和意义。

从老师的提问、展示，学生的快速回答，可见学生在正确的引导下不仅能够辨识哪里是间接抒情哪里是直接抒情，还具有审美能力。比如学生的回复"我觉得这段话里单拿出一句来，并不稀奇。可是，把这些景物放在一起，组成一个秋收的画面，就特别美了！""因为作者对故乡饱含着深深地眷恋。"他们能够捕捉到当时的作者的生存状态，所以当学生自觉地走进作品情境，他们的目光就带上了审美世界的自觉，而不是简单地图解时代。我们看学生的习作，那种高水准地掌握了两种抒情方式，并且综合运用的本领，真让人惊叹。比如宋瑞嘉同学的《乡情》，"放眼望去，雪大多都化了，只有些顽固的还没化，冻在一起呈块状，一块又一块，灰灰的……大片星星点点的新绿洒满了整个视野，洒满了整片枣林，也洒满了我的心""除了这难忘的大片新绿，我还记得有一个湖泊，因为离家有些远，所以只在小时某个春天随奶奶去过一次……这圈圈的涟漪，荡漾在湖中，荡漾在那个初春，也荡漾在我的记忆中""当然了，春天只是单一的绿色调，又怎能算是春……这一朵朵花儿，绽放在枣树林，绽放在欢乐中，也绽放在我的童年"这些语言，从广义概括"洒满了我的心"，到抽象概括"也荡漾在我的记忆中"，再聚焦具象概括"也绽放在我的童年"，既有生命的沉潜，更具岁月的深度体验，这一切来自于课堂的诵读涵咏，来源于生命对生命的悲悯……

三、知识广积累，能力速提升

在课堂的末梢，曹老师带学生总结了课文的写作技巧之后，迅速地转入课外诗文连读，通过老舍的《想北平》、冰心的《我的故乡（节选）》等一组群文展示，比读出它们与课文类似的写作技巧，比如抒情方式、修辞手法，意象组合等等。教师能够节选最契合课文的部分，详细点拨，使学生的理解更加透彻。语文课堂不能"只见树木，不见森林"，适当引入素材，开阔眼界，"让学生进行独立的脑力劳动"也正是课堂的价值。

　　学生们具有的独立精神的文字，是与文本有效对话、写作方法的轻松点拨及深度地拓展功夫密不可分的。正像王君老师的课堂，"在这里诞生的文字，像一棵棵树，每一棵都有自己的根，都能开自己的花，都可以结自己的果。这些树，共同组成了一个大森林。"我相信凭着曹静老师的钻研精神，作文的壁障不再令人担忧了。

驿路梨花处处开

——《驿路梨花》

【执教名师】

卢桂华，胶州市初级实验中学语文教师，副校长。齐鲁名师，青岛市初中语文名师工作室主持人，荣获"青岛名师""青岛市学科带头人""青岛市教学能手"等称号。

近年，致力于语文阅读教学研究，主持承担国家级课题"课程整合理念下语文矢量阅读策略研究"以及市级课题"指向语文核心素养的深度阅读研究"等多项课题，执教国家、省级、市级优质课、公开课20余节，在国家、省、市各级教育报刊发表教育教学论文30多篇。

【课文述要】

《驿路梨花》是统编版七年级下册第四单元的第二篇课文，本单元的阅读主题是"修身正己"。所选的文章从不同的角度展现了中华美德以及时代对这些美德的呼唤。

小说通过记叙发生在哀牢山深处一所小茅屋的故事，生动地展现了雷锋精神在少数民族地区生根、开花、发扬光大的动人情景，再现了西南边疆少数民族乐于助人、热情好客的淳朴民风，歌颂了互帮互助的良好社会风貌。

本单元大概念教学要求让学生在略读中体会精神内涵，《课标》要求：养成默读习惯，有一定速度，阅读一般的现代文，每分钟不少于500字。能较熟练地运用略读和浏览的方法，扩大阅读范围。对课文的内容和表达有自己的心得，能提出自己的看法，并能运用合作的方式，共同探讨、分析、解决疑难问题。学生在《叶圣陶先生二三事》中已经习得了略读的方法，在本课的学习中需要进一步熟练运用。

七年级的学生已经有一定的小说阅读能力，但是在分析本文记叙的巧妙构思时还需要教师引导。另外，本文人物原型的时代性强，学生由于年龄和时代的限制，很难理解"雷锋精神"的实质，需要老师搭建好理解支架。

在教学时，我以"小茅屋的主人是谁"为主线，通过四问小茅屋的主人是谁，由对文本的分析转入对于精神的传承，紧密联系生活实际，让学生从文本中找到共鸣之处，感悟助人为乐的朴实民风，获得精神上的洗礼，将内在的精神转化为实际的行动，提高自我的公德意识。

【教学实录】

任务一　学会略读　知大意

师：上课，同学们好！

生：老师好！

师：同学们，看，这是一张六十多年前的老照片，中间这位解放军叔叔名字叫彭荆风，这是他1955年在澜沧哈尼寨与哈尼族儿童的合影。当时他跟随部队进入云南建设边疆，西南边疆少数民族乐于助人、热情好客的淳朴民风深深打动了他，这段特殊的经历成为他记忆中的宝贵财富。

1977年的一个下午，他在读宋诗时读到陆游诗句"驿路梨花处处开"，记忆的闸门瞬间打开，于是写下了《驿路梨花》这篇小说。现在让我们一起走进文本看看本文写了一个什么故事呢？

请大家略读课文，并提取关键信息，复述故事内容。

在此我要提醒大家：在学习《叶圣陶先生二三事》时，我们已经学过略读这种读书方法了，谁再给大家提醒一下要求？

生：略读的要求是"两动""四不"，"两动"是动眼、动脑；"四不"就是不出声、不动唇、不指读、不回视。

师：非常棒！上节课我们也提到在略读的初始阶段，一般的略读速度是每分钟四百字左右，这篇文章有两千字左右，你想给大家设定几分钟呢？

生：4分钟吧！

师：好的，我统一设定4分钟。（出示PPT）

略读是一种通过快速阅读文章了解内容大意的阅读方法。

略读侧重观其大略，粗知文章的大意。

略读的主要特征是选择性阅读。

师：时间到。谁来复述故事？

生：（复述。）

我和老余在山上游玩的时候，（然后）晚上没有去处就找了一个小房子。（然后）就在里面烧水做饭，（然后）就住在那里一起猜测主人，（然后）来了一个瑶族老人，我们以为他是主人，向他道谢，（然后）发现他也是过客，他告诉我们一个叫梨花的姑娘是主人，（然后）来了一群哈尼小姑娘，我们以为他们是主人，他们说自己不是主人，是梨花姐姐让她们来照料小屋的，（然后）告诉我们主人是解放军叔叔。

师：谁来点评一下？

生：他光说然后，然后……

生：（笑。）

师：对，复述的时候要注意语言的凝炼，去掉结后，结合记叙人要求来复述关注什么人？在什么地方？发生了什么事儿？

生：我和老余在深山行走，晚上没有去处就找了一个小房子。在里面烧水做饭并住在那里，一起猜测主人是谁？当晚，瑶族老人来送米，我们以为他是主人，向他道谢。他告诉我们上个月自己在老林里迷路时来小屋吃用了东西，打听到对门山头上一个叫梨花的哈尼姑娘是小屋主人；第二天，来了一群哈尼小姑娘，我们以为她们是主人，她们说自己不是主人，是在梨花姐姐出嫁后才过来照料小屋的，小屋是10多年前解放军叔叔盖的。

师：很好，加上了时间、地点，线索清晰了，事件概括得也很到位，关键信息提取得不错，语言干净利落了很多，为你点个赞。谁能用一句话概括故事？

生：本文写了作者和伙伴在哀牢山深处借宿在一个小茅屋，在寻找屋主人是谁的过程中，明白是梨花姑娘照料小屋，解放军建小茅屋的故事。

师：为什么是作者和伙伴呢？书上怎么说？

生：我和伙伴。

师：二者有什么不同吗？这个问题我们后面再探讨。你对文本理解很透彻，一下子说出了一个关键词"小茅屋"。课前让大家预习课文，同学们提出的问题非常集中，我们一起来看一下。（屏显）

1. 小茅屋的主人到底是谁？现在是谁？（19人）

2. 文中为什么写了那么多梨花？为什么用"驿路梨花处处开"做题目？和文章主题有什么关系？（13人）

3. 这座小茅屋的东西从哪里来的，为什么不怕坏？真实吗？（5人）

任务二　一问主人，明内容

师：那我们就从第一个问题入手，小茅屋的主人到底是谁？我们在问主人之前，先看看这是一座怎样的小茅屋？你从中感受到什么？

生：我从"简陋的小屋。草顶、竹篾泥墙，没有灯，门上写着：请进，床上铺着厚厚的稻草"，感受到热情。

师：我喜欢你说"厚厚的"这个词，在后文还有一个词，"软软的（干草铺）"，这些又让你感受到什么呢？

生：小屋的主人非常用心，小屋很舒适。

师：不错。虽然简陋但处处体现着主人的用心、周到。

生：我从第十二自然段我和老余用滚烫的洗脚水洗过脚后，躺在软软的草上聊天，感受到这是一个温暖的小屋。主人很贴心，很温暖。

生：老师，这还是一间富足的小屋，屋内墙上写着：屋后边有干柴，梁上竹筒里有米，有盐巴，有辣子。缸里装满了水。让人感受到幸福。

师：是呀，故事发生的背景是50年代，我们的爷爷奶奶那一代人大部分生于那个时代，大家都听过他们讲那时候的故事吧。

生：嗯，很穷，吃不饱。

生：我爷爷说吃观音土。

师：对，那时很多人在温饱线上挣扎，而这简陋的小屋里却啥都不缺，那小屋的主人是谁呀？这么土豪？

生：（笑）没有主人。

师：怎么会没有主人呢？这些都是谁准备的呢？

生：瑶族老人、哈尼姑娘、梨花姑娘、解放军。

生：解放军早走了。

生：但小茅屋是解放军盖的。

师：很好，有争议。那我们具体了解一下这些人物分别与小茅屋有过什么故事？以表格的形式统计出来。

（老师给出例句：我和老余 深山投宿见茅屋 / 向人学习修茅屋。）

人物	事件	按时间顺序排序
我和老余	深山投宿到茅屋 / 向人学习修茅屋	5
瑶族老人	扛来大米赠茅屋	4
哈尼姑娘（梨花的妹妹）	接过任务管茅屋	3
解放军	方便路人建茅屋	1
梨花姑娘	深受感动料茅屋	2

师：现在大家告诉我小茅屋的主人是谁？

生：解放军。

师：为什么？不是没有主人吗？

生：因为解放军建的小屋！

师：有道理。那文中作者是直接说出来茅屋的主人是解放军么？

生：不是。

师：那大家讨论一下，作者设了哪些悬念？其中有哪几次误会？先独立思考，然后小组讨论，小组讨论时小组长做好分工，有人组织、有人发言、有人记录。

生：一开始我和老余猜是瑶族老人，老人说不是。

师：我们可以这样表述：第一次误会是我和老余误会瑶族老人是主人。还有吗？

生：第二次误会是我和老余还有瑶族老人，都猜是哈尼姑娘梨花是主人，这是又一次误会。

师：非常棒，一共有两次误会。作者又设了哪些悬念呢？首先我们一起来读一个小贴士（出示 PPT）。

悬念即读者、观众、听众对文艺作品中人物命运的遭遇、未知的情节的发展变化所持的一种急切期待的心情。目的是吸引读者的注意力，使读者自觉不自觉地进入文章所创设的情景之中。

师：找一找文中的悬念吧。

生：小屋的主人是谁呢？这是设了第一处悬念。

师：第一处悬念引出了第一次误会。

生：第 17 段"主人家是谁？"这是第二处悬念。

师：第二处悬念引出了第二个误会。然后梨花妹妹告诉我们，是解放军建的茅屋，她接过姐姐的任务照料茅屋。这是解开了误会。文章通过两次误会两次悬念告诉我们，小茅屋的主人是解放军。

有第三处悬念吗？

生：没有。

师：当梨花妹妹讲道："房子是解放军叔叔盖的"的时候，同学们有没有产生疑问呢？

生：我觉得是解放军叔叔为什么要盖房子？

师：对，这就是小说隐含的第三处悬念——解放军为什么要盖房子呢？同学们，这些误会和悬念有什么好处呢？

生：层层设疑，引发读者的兴趣。

师：这种把最初发生的事情，放在最后来写的记叙顺序叫倒叙。文章还用了另外一种记叙的顺序，是什么呢？

生：插叙。插入了瑶族老人送粮食的原因和哈尼姑娘照顾小屋。

师：用倒叙和插叙有什么好处呢？

生：使文章的情节丰富又波澜起伏有变化。

师：对，这也是小说常用的写法。谜底好似是解开了，茅屋的主人是解放军。这只是读文的第一重境界：看山是山，看水是水。谁建的屋子，屋子主人就是谁。可读文章还有第二重境界：看山不是山，看水不是水。那老师再问一次，茅屋的主人，只有解放军么？

生：（小组讨论思考后回答）瑶族老人送来了米，梨花姐妹照料小屋，我和老余也修葺了屋子，大家都把自己当成了主人，所以人人都是主人。

师：你说得特别棒，他们都把自己当作了主人。甚至很多文中没有写到的，像我和老余、瑶族老人一样得到小屋庇护又来回报小屋的人，他们都是小屋的主人。也就是说，只要是怎样的人？就能成为茅屋的主人？

生：无私奉献、助人为乐、淳朴热情。

生：只要你有这种雷锋精神，你，就是茅屋的主人！

师：文章在哪里提到雷锋精神？

生：解放军说是雷锋同志教我们这样做的。

师：也就是说他们传承的是一种雷锋精神，作者卒章显志，点出主题。一群人物，两个误会，三处悬念，环环相扣，层层递进，到了小说的最后，通过哈尼族小姑娘的述说，我们终于知道了事情的原委。他们之间没有主次之分，解放军学雷锋建小屋——梨花姑娘被感动照料小屋——梨花妹妹接过姐姐的任务继续照料小屋——瑶族老人、我和老余回报小屋。此时，我们就不难想到为什么看似没有主人的小屋会那么舒适和富足了。因为大家都把自己当成了小屋的主人。

任务三　二问主人，赏梨花

师：同学们，小说塑造人物是有典型性和代表性的，解放军、梨花姑娘、梨花妹妹、瑶族老人、我和老余，我们看这几个人物作者选得有什么特点吗？

生：这里有老人、有孩子、有瑶族人、也有哈尼族人。

生：有军人有平民。

生：有当地人，还有我和老余是外地人。

师：也就是说，这些人只是云南哀牢山军民的一个缩影和代表，小屋能时时保持富足的状态，肯定还有很多不在文中出现的人在做这件事情。这种精神的传承，作者用了一句诗来概括。

生：驿路梨花处处开。

师：驿路是什么意思？

生：这里指过往行人所走的道路。

师：为什么是处处开呢？王国维曾在《人间词话》里说过：以我观物，故物皆着我之色彩。诗文中的景物往往渗透着作者的情感，譬如我们以前学过陶渊明笔下的菊花象征隐逸者，周敦颐的莲花象征君子，那么，作者笔下的梨花在文中又有怎样的象征义呢？找出文章与梨花有关的内容，小组诵读并讨论赏析。

生：第一处在第4段和第6段，"白色梨花开满枝头，多么美丽的一片梨树林啊！""山间的夜风吹得人脸上凉凉的，梨花的白色花瓣轻轻飘落在我们身上。""一弯新月升起了，我们借助淡淡的月光，在忽明忽暗的梨树林走着。山间的夜风吹得人脸上凉凉的，梨花的白色花瓣轻轻飘落在我们身上。"这是我和老余初遇梨林，看到的梨花。陡峭大山中淡淡月光下的梨花林，洁白，美丽。它出现在人们需要帮助的时候，带给人希望和温暖。

师：你的朗读为我们再现了梨花林的优美景象，仿佛身临其境。分析也很到位，这处描写同时也起到了点题，为故事的情节展开做铺垫的作用。

生：第二处在27段，"这天夜里，我睡得十分香甜，梦中恍惚在那香气四溢的梨花林里漫步，还看见一个身穿着花衫的哈尼小姑娘在梨花丛中歌唱……"这是梦中梨花。日有所思夜有所梦，作者把花和人自然地结合在一起，表达对梨花小姑娘助人为乐精神的赞美之情。

师：这处描写照应文题的同时也加深了第二次误会，推动情节发展。

生：还有第三处在37段，"我望着这群充满朝气的哈尼小姑娘和那洁白的梨花，不由得想起了一句诗：'驿路梨花处处开。'"充满朝气的哈尼小姑娘与洁白的梨花融为一体，花与人交相辉映，赞美了梨花姑娘。

生：这句话一语双关，既指自然界的梨花，也指梨花姑娘，更指梨花精神，赞美梨花姑娘心灵美。

师：好一个一语双关，让我们一起来读。

生：我望着这群充满朝气的哈尼小姑娘和那洁白的梨花，不由得想起了一句诗："驿路梨花处处开"。

师：这处描写升华了文章主题，再次点题，首尾呼应。同学们，还有吗？老师提示一下，还有一处在 24、25 段。

生："我到处打听小茅屋的主人是哪个，好不容易才从一个赶马人那里知道个大概，原来对门山头上有个名叫梨花的哈尼小姑娘……多好的梨花啊！"这是写人。由此，景物的"梨花"和人物的"梨花"建立起关联。

师：点评精妙。

师：作者为什么用这么多笔墨来写梨花呢？大家讨论一下。

生：梨花是文章的线索，文章围绕梨花展开，巧妙的和课题相呼应。

师：说得好！使文章结构严谨，浑然一体。我们作文中也要学习这种方法。

生：在作者笔下，这既是自然界的梨花：开满枝头、洁白如雪；又是梨花姑娘，助人为乐，充满朝气。

生：还是雷锋同志助人为乐精神的象征：盛开无华、代代相传。

生：我觉得也是边疆民族优良民风的体现：朴实热情、知恩图报。

师：是的，同学们，让我们回到前面同学的困惑，作者用驿路梨花处处开做题目的原因也就清晰明了了。作者通过这四处梨花的描写，一步步推动了情节发展，也由景及人，一步步丰富了梨花的内涵。到最后一处对于梨花的描写更是借助诗歌，将作者的情感推向极致。

"驿路梨花处处开"，我们用一句直接、明确表达主题的话可以怎样说？

生：雷锋精神大发扬。

生：雷锋精神代代传。

生：雷锋精神有你我。

师：从哪些方面可以看出雷锋精神大发扬？

生："处处"可以指时间跨度大，可以指空间范围的广阔。

生：还可以指男女老少的各民族群众。

师：是的，雷锋精神在时间中穿行，在空间辐射，在各族人民心中扎下了根，这正是这篇文章主题的"新"和"深"，是主题之美。

可以说，梨花有多美，人心就有多美。梨花有多圣洁，人心就有多圣洁。作者不仅仅是在写梨花，更是借梨花，写一类助人为乐的普通人，写一种代代相传的雷锋情。而小茅屋实际是一座精神之屋。

任务四　三问主人，知作者

师：这也是作者写本文的初衷。请大家略读以下资料。（出示 PPT）

作者在西南边陲生活过多年，亲自感受到当地淳朴的民风，尽管这篇文章是虚构的，但字里行间无不闪烁着浓浓的生活气息。作者在谈此文的写作时，曾满含深情地说："云南边疆民风淳朴，尽管当地的人们没有把学雷锋的口号挂在嘴上，但他们却一向有助人为乐的好习俗，好客、热情、关心他人……我经常想起那里许许多多朴实的人和事，我想到了我曾见过的那深山大岭里只是为了方便旅人的小茅屋，默默为茅屋打柴、背水的哈尼族人，以及为了后来的旅客，临行前都要为小茅屋做点事的先行者。想到这些，一股无形的力量迫使我立即拿起笔来。"

"文革"中我经受了许多磨难。打倒"四人帮"后，我本来有许多痛苦的遭遇可以写，特别是在 20 世纪 70 年代末"伤痕文学"特别走红，我的 7 年监狱生活更是走俏的题材，但是我却没有写这些。

因为作家总是急于抒写他最关注的事，所以我"文革"后写的第一篇作品是传递美好情感的《驿路梨花》。我愿不断发现生活中的美，并传播给更多的朋友。

师：同学们，至此大家是否明白了作者为什么会写这篇文章，你觉得作者身上有这种梨花精神吗？

生：有。

师：那么他是否是小屋的主人呢？

生：我觉得是，因为他创造了美，传播了爱。

师：说得真好。发现和传播生活中的美 ——我想这就是作者写这篇文章的真正用意吧。为了这个目的他虚构了这篇文章，写下了这篇小说，所以前面同学说作者和老余，可以吗？

生：小说中的人物是虚构的，文中的"我"不是作者本人。所以只能说"我"和老余。

师：谢谢你替我们解决了前面的问题。让我们一起来看 PPT，请大家快速略读。

彭荆风说："为了帮助青少年成长，向雷锋同志学习是很有必要。但，我不满意那些平铺直叙的图解式的文章；反对那种用口号代替行动、用政策代替人物性格的写法，那只会把雷锋精神写歪、写干瘪，不能有效地对青少年产生潜移默化的作用。我认为既然是文艺创作，那就必须从生活中来，用自己深受感动的故事和人物去感染读者。

师：所以他用了小说这种创作形式，用了悬念与误会的手法。南非前总统曼德拉说过："当我走出囚室迈向通往自由的监狱大门时，我已清楚，自己若不能把痛苦与怨恨留在身后，那么其实我仍在狱中。"彭荆风不但把痛苦与怨恨留在了身后，而且还努力去发现和传播生活中的美，他不但解放了自己，也幸福了别人。

任务五　四问主人，会践行

师：同学们，你愿意做一朵梨花传承这种精神，做茅屋的主人吗？如果70年后，年轻一代照料小屋的哈尼族小姑娘想再一次修葺这个小茅屋，做个景点，你想为她或者这个小茅屋做点什么呢？

生：这里没有灯，我就安上路灯。

生：绿化一下，种上梨树。

生：给接上自来水，安上煤气灶。

生：煤气灶不安全（笑）。

生：画一幅梨花的画，贴在小屋里。

生：在密林深处加上指示牌，告诉大家有这样一处地方。

生：做个海报，宣传一下。让大家都来献爱心……

师：感谢同学们的热情和"奇思妙想"，然而再多的想法也毕竟只是想法，只存在我们的想象中。课后，请大家在生活中观察一下班级中的事务、老师、同学等，哪些需要你发扬梨花精神，那你去试着做一做；或者你发现了班级中哪些同学自觉发扬了这种精神，请学习本文的写法，记在日记本上。括号以前做的也可。

生：（笑。）

师：后天的语文课我们集体交流。

师：我们常常无法做伟大的事，但是我们可以用伟大的爱去做些小事。其实雷锋不是活在传说里，梨花不仅开在驿路上，他在我们生活学习中的方方面面，让我们一起努力，让梨花精神开在我们教室，也盛放在我们心中。

【反思评议】

驿路"四问" 润德有声

山东省烟台市福山区崇文中学　林英波

新疆生产建设兵团十二师高级中学　韩　梅

　　《驿路梨花》是一篇传统经典美文，阔别多年又重新选进中学语文课本。彭荆风同志在谈《驿路梨花》的创作时曾说过，他"是怀着抒发自己对一代新人的崇敬心情来写作的"。正因为作家笔端饱蘸着这种美好的感情，短篇小说《驿路梨花》的创作，流露出浓厚的抒情色彩，有散文的韵味。

　　本单元大概念教学要求是让学生在略读中体会精神内涵，提炼两个关键词是"略读"和"美德"。作为语文课文来讲，故事很通俗，道理很浅显明白，学生自己都能完全看得懂，但对于文章巧妙的构思和驿路梨花的深刻内涵却需要教师深入引导，尤其是关于"雷锋精神"如何落地根植于学生心中，也是学中的一个难点。所以卢老师在进行教学设计时关注从以下三个方面展开教学。

一、学习略读，培养能力

　　语文学习，既要突出人文性，亦应突出工具性，所有的熏陶、感染都要在学生具有阅读的基本知识和基本能力的基础上去做。略读是非常重要的一种阅读方法，是学生广泛阅读的基础。对于七年级的学生来说，尤其是基础薄弱地区的学生，没有一定的阅读基础很难提升阅读速度。在《叶圣陶先生二三事》一文学习的基础上，卢老师进一步引导学生巩固略读的方法。略读的主要特征是选择性阅读，不要只言片语上纠缠，不追求对所有细节都理解，只要能以最快的速度精知文意，不打断阅读思路。高度集中注意力，是提高略读效率的关键，于是卢老师给了学生充分的时间学习略读。

　　本文是记叙性文本，根据文体特征，"观其大略，粗知文章的大意"，就要了解故事梗概，明确：什么人？在什么地方？发生了什么事儿？让学生带着问题略读，在规定的时间内达成略读目标，通过略读实践，培养略读能力。

二、基于学情，问题引领

　　问题是阅读思维的起点，问题解决过程就是阅读理解和思维发展过程。从阅读的本质来看，有效的阅读也在于文本激活了读者的主体知识和情感思维，使读者产生了问题，从而进入沉思的过程。一般而言，阅读课堂教学中耗时最多的就是师生围绕文本解读进行问答。而问答活动的收效如何，取决于教师提出问题的质量，更取决于学生的最近发展区。

在了解学生的预习困惑后，卢老师对教学设计进行了调整，以"小茅屋的主人是谁"这一关键问题为切入点和主线，通过四问小屋主人把课堂引向深处。

首先，让学生对小茅屋有个认识，提出一个问题："这是一个怎样的小屋，你有什么感受"？这样的提问，不仅让学生从文中找出感性描述，而且有了一定的理性认识，学生谈到"简陋但舒适""富足"等对小屋的认识，谈到主人的用心等感受。

然后，通过四问小屋主人是谁一线贯之：一问小屋主人是谁？学生谈到是解放军。过程中引导学生理解文章构思之美，明确两个误会三处悬念。二问小屋主人是谁？学生能认识到瑶族老人送了米过来，梨花姐妹照料小屋，我和老余也修葺了屋子，大家都是小屋的主人。此过程中引领学生深入理解"驿路梨花处处开"的内涵，揭示主题。三问小屋主人是谁？老师问作者是否是小屋的主人呢？学生说是，因为他创造了美，传播了爱。引出本文写作的背景及作者的初衷与目的，加深学生对于美德更深层次的认识，更好地和作者及文本产生共鸣。到最后四问小茅屋的主人是谁？你愿意做小茅屋的主人吗？让学生产生主人翁意识，参与其中，产生共鸣。

"小屋主人是谁"一线贯之，使课堂行云流水，向语文更深处漫溯。

三、紧贴文本，润心无痕

美德类文章主题的提炼、德育目标的落实最怕口号式喊出来。彭荆风说"为了帮助青少年成长，向雷锋同志学习是很有必要。但我不满意那些平铺直叙的图解式的文章；反对那种用口号代替行动、用政策代替人物性格的写法，那只会把雷锋精神写歪、写干瘪，不能有效地对青少年产生潜移默化的作用。我认为既然是文艺创作，那就必须从生活中来，用自己深受感动的故事和人物去感染读者。"

我们的教学同样是这样，在设计之初，卢老师就在考虑如何能让德育目标的实现真正做到润心无痕。为此，她决定贴着文本，让学生在文本中穿行，感受渗透在字里行间的情感美。首先，从对小茅屋的认识入手，引领对茅屋主人的初感受；其次，通过具体分析每一位主人的做法，深入理解屋主人的无私；之后，把作者的创作意图揭示出来，感受作者传递真善美的高尚情怀；到最后，通过"处处"一词的分析，让学生明白雷锋精神在时间中穿行，在空间辐射，在各族人民心中扎下了根。这正是这篇文章主题的"新"和"深"，是主题之美。可以说，梨花有多美，人心就有多美。梨花有多圣洁，人心就有多圣洁。作者不仅仅是在写梨花，更是借梨花，写一类助人为乐的普通人，写一种代代相传的雷锋情。让学生明白小茅屋，实际是一座精神之屋。雷锋精神不是活在传说里，梨花不仅开在驿路上，他在我们生活学习中的方方面面。学生在不知不觉间受到精神的熏陶，从而实现润心无痕的教育效果。

八年级篇

百万雄师过大江
——《消息二则》

【执教名师】

商宗伟，枣庄市第十五中学语文教师，枣庄名师，齐鲁名师，山东省教科院优秀访问学者，山东省远程研修初中语文省级专家工作坊主持人。

主张"追求有内涵的语文课"，多次执教省市级优质课、公开课，主持参与多项市级以上教育科学规划重点课题，在各级各类报刊发表教育教学论文30多篇，2017年3月出版专著《师说新语——语文课堂实践与探索》，荣获山东省教育科学研究优秀成果奖等奖项。

【课文述要】

　　《消息二则》分别为《我三十万大军胜利南渡长江》《人民解放军百万大军横渡长江》，作者是中国共产党的伟大领袖毛泽东主席，涉及的历史事件是渡江战役。渡江战役是解放战争时期一次具有决定性意义的重大战役。在此之前，经过辽沈、淮海、平津三大战役，国民党反动政权已经失去战略防御能力，但仍有204万兵力据守长江以南，并借和谈烟幕，构筑长江防线，企图依托长江天险，与人民解放军隔江对峙。中共中央早已洞悉国民党政府意图，于1949年4月20日午夜，在国民党政府拒签和平协议后，发布《向全国进军的命令》。第一则消息，仅用不到200字就将渡江战役第一天的基本信息、战场态势表述得清清楚楚，而又极具震撼力，同时对战役的未来走向做出了准确预判。第二则消息，对具有决定性意义的22日的战况进行了及时、详细报道。从渡江兵力、渡江区域、三路大军渡江的进展及中西两路敌军毫无斗志的原因等方面，全面报道渡江战役第一阶段情况，反映了这一伟大战役的磅礴气势。这两则消息同时也体现出毛主席作为一位文章高手的大家手法，作为一位战略大家的气度风范。

　　在列入统编教材之前，这两则消息也曾入选其他版本教材。本单元整体教学编排与学生此前所学单元的明显不同在于，这一单元采取的"活动·探究"任务驱动的形式，可以说是初中生接受、进行的新样式语文学习活动。本单元具体任务有三：一是新闻阅读，二是新闻采访，三是新闻写作。学习任务由阅读、口语交际到写作，由课内到课外，体现了语文探究活动的综合性、实践性、开放性。综合本单元具体任务及课文本身特点，我们认为，《消息二则》作为本单元首篇课文，而且是红色消息的典型范本，其"活动·探究"重点更适宜放在"新闻阅读"这一重点任务之上，其教学重心在于把握消息的形式结构、理解消息的核心特征、揣摩作者的情感思想。需要看到的是，课文本身提供了一些旁批，这里旁批的功能和其他单元自读课文的旁批功能是有差异的，我们认为，其主要作用在于给学生提供阅读和思维的支架、桥梁、纽带，让学生通过这些最基本的旁批了解、把握消息的形式结构、主要特点和情感内涵。也就是通过《消息二则》的阅读实现对新闻阅读最基本的教学要素的学习、梳理。

【教学实录】

师：同学们，大家知道今年是新中国成立多少周年吗？

生：72周年。

师：好，下面请大家看一段短视频《百万雄师过大江，而今迈步从头越》。

（学生看视频。）

师：这段视频，就是当年人民解放军百万雄师过大江的场景，可以说气势恢宏，锐不可当。当年，我们的领袖毛泽东主席为此撰写了两则著名的消息，也就是我们今天要学习的课文《消息二则》。消息，是新闻体裁的一种。今天，我想和大家一起，尝试用专业的视角来阅读消息。请大家翻开教材，看第一则消息《我三十万大军胜利南渡长江》。

一、把握形式结构

师：我们先了解一下新闻的六要素，新闻的六要素与记叙的六要素基本相当（屏幕呈现）——

○ "何时"（时间）

○ "何地"（地点）

○ "何人"（人物）

○ "何故"（起因）

○ "何事"（经过）

○ "如何"（结果）

师：好，下面请同学们结合课文旁批快速阅读这则新闻，梳理这则消息的六要素。

（学生速读课文。）

师：好，大家参考旁批之后想一想，假如给你两三秒钟的时间读这则消息，你会读哪一部分内容？

生：读标题，因为标题交代了"何人""何事"。

师：对，消息的标题要准确概括消息的主要内容，尽可能重点突出、简洁醒目，突出最具新闻价值的要素。你觉得这则消息中哪些关键词最能引人注目？

生："三十万""胜利"。

师：为什么？

生："三十万"表明我军阵容壮大，"胜利"突出战果辉煌。

师：没错。假如给大家5秒左右的时间读这则消息，你又会读哪一部分内容？

生：读电头、导语，它交代了"何人""何时""何事"。

生（补充）：还有"何地"。

师：电头本身不算正文，是对消息稿件发出单位、时间、地点的说明，大多放在稿件开头，用括号或比较显著的字体区别于正文。导语则是用最简要的文字，集中呈现最重要、最新鲜或最有特点的新闻事实，提示消息的要旨，吸引读者进一步阅读文章。导语一般是消息开头的第一句话或者开头部分的段落，能够简明扼要地揭示消息的核心内容。好，如果给你更充分的时间更为细致地来了解这则消息，你还会读哪一部分内容？

生：读导语以下的主体，因为它对"何事"以及"如何"有详细的叙述。

师：对，主体是消息的主要部分。它承接导语，具体叙述新闻事实，提供更详尽的信息。有时还要阐述导语所揭示的主题，或者回答导语提出的问题。可见，要快速了解一则消息的内容，我们需要看标题、读导语，而要了解详细内容则要看消息的主体。下面我们看一下一则消息的正文组成（屏幕显示）——

导语：用最简要的文字，集中呈现最重要、最新鲜或最有特点的新闻事实，提示消息的要旨，吸引读者进一步阅读文章。一般是新闻开头的第一句话或者开头部分的段落，能够简明扼要地揭示新闻的核心内容。

主体：消息的主要部分，相当于消息的躯干。承接导语，具体叙述新闻事实，提供更详尽的信息。有时还要阐述导语所揭示的主题，或者回答导语提出的问题。

背景：消息发生的社会背景、自然环境等因素。

结语：消息的最后一段或一句。阐明消息所述事实的意义，使读者对消息的理解、感受加深。

背景、结语有时候暗含在主体之中。

师：好，同学们，课文旁批对这则新闻的导语和主体进行了简要说明，那么，它的背景和结语你能快速找到吗？

生：背景是"国民党反动派经营了三个半月的长江防线，遇着人民解放军好似摧枯拉朽，军无斗志，纷纷溃退"。

师："摧枯拉朽"什么意思？

生：枯草朽木受到摧折，比喻腐朽势力被迅速摧毁。

师：好，这一句可以视为这则新闻的背景，国民党的腐朽、反动统治已日落西山，国军军无斗志，而我军英勇作战势如破竹，这则新闻的背景是暗含在主体中的。不过，我觉得这个背景还不全面，还应该加上一点——

生："长江风平浪静"。

师：没错，为什么要加上这一点呢？

生：长江风平浪静是当时的自然条件，风平浪静更有利于我军渡江。

师：是的，我军得天时、地利、人和，所以才能"万船齐放直取对岸"。最后，毛主席在消息结尾发出战斗号召"人民解放军正以自己的英雄式的战斗，坚决地执行毛主席朱总司令的命令"，这也是这则消息的——

生：结语。

师：请同学们用同样的办法，快速阅读《人民解放军百万大军横渡长江》，圈点这则消息的主要内容，特别是正文的结构组成要素。

（学生速读《人民解放军百万大军横渡长江》。）

师：好，谁先说说这则新闻的导语？

生：导语是"人民解放军百万大军，从一千余华里的战线上，冲破敌阵，横渡长江"。

师：导语一目了然，还有哪一部分比较好找？

生：结语部分，"我军前锋，业已切断镇江、无锡段路线"。

师：结语一般在最后。这一句是说东路军进展情况的，可以代为全文的结语。那么，这则新闻的主体部分呢？

生：从导语之后应该都算吧。

师：再具体点说，叙述了几路大军横渡长江的情况？

生：三路大军。

师：写三路大军的顺序是怎样的？

生：先写的中路军，再写的西路军，最后写的东路军。

师：这三路大军中，遭遇敌军抗阻最大的是那一路？

生：东路军。

师：那么，这里，我想问大家一个问题，为什么叙述三路大军时先写中路军，再写西路军，最后写东路军呢？东路军将士遇敌顽抗，劳苦功高，把他们放在最前面写不是更合适吗？为什么先写中路军呢？

生：因为中路军首先突破，首先发起进攻。

师：对，这是新闻、消息的时间序列问题。那么为什么接着写的是西路军而不是东路军呢？

生：西路军和中路军进军情况相似，所遇敌情一样，所遭遇的抵抗甚为微弱。

师：是的。但是，大家注意到了没有——东路军发起渡江战役的进攻时间和西路军是怎样的？

生：相同的，"同时发起"。

师：既然时间相同，为什么不先把东路军放在前面与西路军一起来叙写呢？其中原因何在？

生：东路军"敌军抵抗较为顽强"，战斗比较激烈。

师：从原文可以看出，东路军的战况和前面两路大军是有差异的，遇到阻力相对更大、战斗更为激烈，打得相对更为艰难。但是，虽然面对这样的情况和遭遇，我东路大军还是怎么样？

生："至发电时止，我东路各军已大部渡过南岸，余部二十三日可以渡完。"

师：短时间就克敌制胜是吧？所以啊，把东路军放在最后来压轴是最合适不过了，既符合实际，又能表现出我人民解放军的——

生：勇敢，英勇。

师：还有一点，大家需要注意，如果把东路军放在最前面写，那么关于东路军的情况就会变成这则消息的什么部分？

生：导语。

师：把东路军的战况——即使是概括性的战况前置作为导语合适吗？为什么？

生：不合适。因为东路军只是三路大军的一部分，而导语需要对整个新闻的核心内容进行概括揭示。

师：说得很好，这就叫不仅要"知其然"还要"知其所以然"。刚才我们的探讨其实是对主体部分内容的展开。那么，这则新闻的背景有没有？在哪儿呢？

生：此种情况，一方面由于人民解放军英勇善战，锐不可当；另一方面，这和国民党反动派拒绝签订和平协定，有很大关系。国民党的广大官兵一致希望和平，不想再打了，听见南京拒绝和平，都很泄气。

师：这两句话，是在讲述西路军和中路军进展顺利时穿插进来的，讲述了我军渡江进展顺利的原因，可以视为这则消息的重要背景。那么这个背景的位置能不能换一下，比如换到东路军后面作为结尾，或者干脆放在消息最前头？大家讨论一下。

（学生讨论。）

生：东路军遇到的情况和前面两路有所不同，敌军抵抗较为顽强，所以把这个背景放在东路军后面写不太合适、不完全对应。

师：前面咱们对这一点讨论过了是吧。那么，把这个背景干脆前置多好！吸引读者注意力嘛！

生：放在最前面感觉别扭。

师：怎么别扭？放在最前面的话，它就成了什么？

生：导语。

师：对。但是导语的功能是什么？（屏幕显示回顾）——

导语是用最简要的文字，集中呈现最重要、最新鲜或最有特点的新闻事实，提示消息的要旨，吸引读者进一步阅读文章。一般是新闻开头的第一句话或者开头部分的段落，能够简明扼要地揭示新闻的核心内容。

——那么，背景前置可不可以？

生：不可以。

师：还有，消息的最大特点是时效性强、真实客观，消息的背景部分往往牵涉"旧闻"、同时还大多使用议论等表达方式，所以，"背景前置"不仅会破坏消息的规范结构，也会影响消息的时效性和真实客观性。这一点大家需要有所了解和注意。好，同学们，这里后置不可，前置不可，那干脆舍去行不行啊？舍去这两句话，我看也丝毫不影响事件的叙述嘛！

生：不讲这两句，就看不到我军横渡长江进展顺利的原因。

师：对头！还有，强调国民党拒绝和谈、南京拒绝和平、国民党广大官兵一致希望和平厌恶战争，更是要表明一个意思，一种性质，表明怎样的意思和性质？

生：表明国民党一意孤行不得人心。

师：表明我军发起渡江战役是具有合理性、正义性的，是吧！消息背景的表达需要恰到好处，一般暗含在主体之中。综上所述，阅读消息，必先明确消息的基本要素，能够梳理消息的结构组成，特别是对正文部分导语、主体、背景、结语的把握非常重要。

二、理解核心特征

师：消息是迅速、简要地报道新近发生的事件的一种新闻体裁，它的最大特点是时效性强和真实客观（屏幕显示）——

时效性强：必须报道新近发生的事情，突出及时性。

真实客观：要用事实说话，叙述准确而精要，表达简洁有力。

这一点，从消息的语言中我们可以有所感受。下面，我们以《人民解放军百万大军横渡长江》为例，一同管窥消息的两大核心特征。请看课文旁批一"时间、地点、人数及事件发展趋势等，叙述得准确而精要"，请你列举对应的语句进行分析，每个同学至少找出两处进行批点分析。

（学生回读批点。）

师：好，哪位先来说说？

生："新华社长江前线二十二日二十二时电"这个电头时间非常具体明确。

师：电头本身就有时效性。从中我们能看出通讯社的名称和发电时间。本则消息的发电时间是二十二日二十二时，它报道的是什么时间的战况？

生：二十日夜至二十二日二十二时。

师：时间表述准确精要、毫不含糊，除了电头之外，还有哪些具体印证？

生：二十日夜起，长江北岸人民解放军中路军首先突破安庆、芜湖线，渡至繁昌铜陵、青阳、荻港、鲁港地区，二十四小时内即已渡过三十万人。"二十四小时内即已"强调了具体时间。

师：这里如果改动一下，不要这个具体时间了，改成"共渡过三十万人"可不可以？

生：不可以。因为这个具体时间突出表明了我军行动的迅速。

师：这个具体时间，既是对实际情况的如实表述，也隐含着作者对我军行动迅速的褒扬，对吧？好，继续。这种表述的精准不一定限于时间的表述，还有什么？

生：地点，人物。

师：说说。

生："西起九江"后面注明了"不含"，这也体现了准确性。

师：说得好。"不含"说明"九江"不包括在渡江范围内，体现消息报道的真实、客观。继续。

生：至发电时止，该路三十五万人民解放军已渡过三分之二，余部二十三日可渡完。"至发电时止"是时间的限制，"三十五万""三分之二"叙述了中路军的渡江人数。

师：不错。同学们再看文章结语处的旁批三"晚间的消息，报道当天下午的战况，时效性很强"，好，让我们聚焦相关语段（屏显）——

至发电时止，我东路各军已大部渡过南岸，余部二十三日可以渡完。此处敌军抵抗较为顽强，然在二十一日下午至二十二日下午的整天激战中，我已歼灭及击溃一切抵抗之敌，占领扬中、镇江、江阴诸县的广大地区，并控制江阴要塞，封锁长江。我军前锋，业已切断镇江无锡段铁路线。

师：下面，大家再看一下，老师对这段文字进行了改动，你看看其中有哪些明显改动？这些改动可不可以，为什么？（屏显）——

我东路各军已大部渡过南岸，余部很快可以渡完。此处敌军抵抗较为顽强，然在二十一日下午至二十二日下午的整天激战中，我已歼灭一切抵抗之敌，控制扬中、镇江、江阴诸县的广大地区，并占领江阴要塞，封锁长江。我军前锋，业已切断镇江无锡段铁路线。

生："至发电时止"被去掉了，余部"二十三日"可以渡完被改成了"很快"。

师：这样删改可否，我觉得倒是不碍大局嘛。

生：不行，"至发电时止"是时间的限制，去掉显得不严肃。"二十三日"改成"很快"显得太笼统、不具体。

师：说得很好。消息在时间表述上的精准，既是突出其时效性强的需要，也是真实客观的需要，含糊不得。下面还有哪些改动，可不可以？

生："我已歼灭及击溃一切抵抗之敌，占领扬中、镇江、江阴诸县的广大地区，并控制江阴要塞，封锁长江"句子中的"及击溃"被老师去掉了，"占领"和"控制"调换了位置。也不可以。

师：说说。

生："歼灭及击溃"包含两种情况，一种是把敌人消灭掉，一种是把敌人打散、敌人失去了战斗力，如果把"击溃"去掉就变成了把敌人全部消灭掉了，和实际不相符。

师：正确！这里恰恰体现出消息的什么特征？

生：真实性、客观性。

师：消息必须真实客观，不能有所掩盖或者编造。那么，大家感觉"占领"和"控制"又有什么区别呢？

（生默然、思考。）

师：好，我来说一下，"占领"是指占据了这个地方，扬中、镇江、江阴诸县的广大地区已被我军解放，为我军所有，所以用——

生：占领。

师：那么"控制"在消息中表明的情况是怎样的呢？它表明的是什么？

生：江阴要塞还没被攻下来，还在敌军手中。

师：不过不能任意活动或超出这一范围，所以用"控制"来表述。江阴已被我军控制，敌军要想从长江逃走已无办法，所以毛主席又用了"封锁"一词。与此同时，我军已堵住了敌人从铁路逃跑的退路，对铁路线毛主席则用了"切断"一词。可见，用词严谨的背后，恰恰是消息表达真实客观的需要。

三、揣摩作者情态

师：与此同时，大家需要思考的是，在这些词语背后，有没有一种情感浸润其中呢？大家不妨把这段话再读上三遍，揣摩字里行间作者的情感所在，注意朗读时品味加点词、划线词的意味、语气（屏显）——

我东路三十五万大军与西路同日同时发起渡江作战。所有预定计划，都已实现。至发电时止，我东路各军已大部渡过南岸，余部二十三日可以渡完。此处敌军抵抗较为顽强，然在二十一日下午至二十二日下午的整天激战中，我已歼灭及击溃一切抵抗之敌，占领扬中、镇江、江阴诸县的广大地区，并控制江阴要塞，封锁长江。我军前锋，业已切断镇江无锡段铁路线。

（生朗读语段三遍。）

师：你读出了怎样的情感？

生：我感觉到一种胜利在望的激动和喜悦。

生：我读出了人民解放军的英勇无畏、勇往直前。

生：从刚才的朗读中我发现，文中多次出现"我""我军"等第一人称。

师：你读得很仔细。用第一人称更容易让读者感受到这则消息是作者在和自己分享听闻人民解放军突破长江天险之际的喜悦和感慨。

在文字的背后，我们的领袖可以说是豪情满怀、胸有成竹。这种情感、思想就是隐含在字里行间的作者的态度与倾向。大家再看，你从上述语段划线的时间中读出了什么没有？

生：感觉时间很紧，我军行动很迅速。

师：是啊，这些表示具体时间的数字看起来很平常，实际却营造着一种激荡人心的力量，战线如此之长，部队如此庞大，时间如此紧迫，进军却如此——

生：迅速！

师：兵贵神速！这些连贯的数字背后，其实也有一种激情在荡漾。大家再看课文第二处旁批，"这里对西路军战况的描述，哪些地方体现了作者的主观态度"？请找出相关语句读一读品一品。

（生圈点阅读。）

生：和中路军所遇敌情一样，我西路军当面之敌亦纷纷溃退，毫无斗志，我军所遇之抵抗，甚为微弱。"纷纷溃退""毫无斗志""甚为微弱"几个词语显露出国民党军队的不堪一击。

师：在字里行间可以看到解放军攻势的迅猛凌厉，揣摩出毛主席对我军顺利进军的信心十足，充满自豪之情。还有没有类似的典型语句——包含值得揣摩的感情色彩？

生：战犯汤恩伯二十一日到芜湖督战，不起丝毫作用。汤恩伯认为南京江阴段防线是很巩固的，弱点只存在于南京九江一线。不料正是汤恩伯到芜湖的那一天，东面防线又被我军突破了。"不料正是汤恩伯到芜湖的那一天"，具有很大的嘲讽性。

师：汤恩伯是谁，为什么要把他的名字挑出来？

生：汤恩伯是到芜湖督战的。

师：督战的，国民党高官。汤恩伯本来是怎么想的？

生：他认为"南京、江阴段防线是很巩固的，弱点只存在于南京、九江一线"。

师：结果却恰恰相反，出乎汤的意料，他认为很巩固的防线却被我军迅速什么了？

生：突破！

师：这不是极大的嘲讽又是什么！如果把这个地方改成不提汤恩伯的名字和具体时间，就没有这个效果了。好，让我们在阅读消息之后再反顾消息的标题"人民解放军百万大军横渡长江"，你觉得这个标题是不是也有一种情感隐含其中呢？谁试着说说？

生："百万大军""横渡长江"充满豪气。

生："百万大军""横渡长江"能让读者想象出一幅浩浩荡荡的画面。

师：是的，由"横渡"我们能够感受到百万大军渡江的气势，一个"横"字就表现了江面上大军如潮的宏大场面。为此，毛泽东主席还写下著名的《七律·人民解放军占领南京》（屏显）——

七律·人民解放军占领南京

毛泽东

钟山风雨起苍黄，百万雄师过大江。

虎踞龙盘今胜昔，天翻地覆慨而慷。

宜将胜勇追穷寇，不可沽名学霸王。

天若有情天亦老，人间正道是沧桑。

（生齐读。）

师：百万雄师过大江，这就是中国革命史上的渡江战役，这就是伟人毛主席。从主席的两则消息中，我们可以读出我军所向披靡的英雄气概，可以读出领袖高瞻雄视的伟大气魄。只有这样的伟人，才能写出这样的文字，也只有这样的阅读，才能读出消息背后的人与情。接下来请大家速读下面的材料，说说你的发现。

● 1918 年 10 月，"北大新闻研究会"成立。在李大钊建议下，毛泽东参加了这个研究会，开始了他的新闻学启蒙教育。第二年，26 岁的毛泽东在湖南创办《湘江评论》，在长沙掀起爱国运动。这是他新闻履历的起点。

● 1921 年初，毛泽东在讨论"个人生活方法"时说："我可愿做的工作：

一教书，一新闻记者，将来多半要赖这两项工作的月薪来生活。"可见，当记者曾是青年毛泽东的理想之一。

● 1945 年到 1949 年，是国共较量决胜的时期，也是毛泽东一生中为新华社撰写新闻最多的时期。因为最高指挥官的特殊地位，他掌握情况最全、知悉信息最快，加之掌控全盘、博古通今，因此写起稿件来得心应手、气势磅礴，每每出手，都是旷世绝作。

●纵观毛泽东一生，与新闻工作结缘 60 余年，被称为"新华社首席记者"和"级别最高的记者"。据新华社老记者成一先生回忆，毛泽东写作十分勤奋，不仅速度快，而且准确、鲜明、生动，一天为新华社写两三篇稿件是常有的事。有一次，毛泽东写完稿件之后，问旁边的新华社工作人员："你们说谁是最好的新华社记者？"大家都露出了会心的微笑。

●新华社成立 70 周年前夕问世的《毛泽东等老一辈革命家为新华社撰写的新闻作品》，集结了毛泽东、周恩来等老一辈革命家的许多新闻作品，其中 58 篇是毛泽东撰写的。

生：毛主席善于写新闻，和新闻有很深的缘分。

师：是的，毛主席一生和新闻结下了不解之缘。经典作品绝非凭空而来，站立在它们背后的，往往还有非凡的作者、伟大的情怀。好，老师在此也来个"乘胜进击"，考问大家一个问题，既然毛主席的《七律·人民解放军占领南京》是一首豪情满怀、振奋人心的诗词，那么，把其中部分诗句穿插、融合到《人民解放军百万大军横渡长江》或者《我三十万大军胜利南渡长江》这两则消息之中，岂不更好？可否？

生：不好，感觉有些不伦不类。

师：嗯。这样下来，消息的抒情意味就怎么样了？

生：太浓。

师：太浓，而且过于明显，而消息的一个核心特征是什么？

生：真实客观。

师：消息的真实性、客观性要求杜绝明显的抒情以及不必要的议论、背景描述等，作者的情感、思想是隐含在文字背后的，需要我们在阅读时揣摩体味。这就是消息写作基本原则的把握、基本尺度的平衡问题。作为新闻大家的毛主席是不会犯这样的低级错误的。回顾我们今天的学习，主要强调了三个重点：一是把握消息的内容结构，二是理解消息的核心特征，三是揣摩作者的情感思想。三者紧密联系、三位一体。好，课后给大家留个作业，阅读毛泽东主席的另一则消息《中原我军解放南阳》，完成文后提出的问题。

中原我军解放南阳

新华社郑州1948年11月5日电　在人民解放军伟大的胜利的攻势下，南阳守敌王凌云于四日下午弃城南逃，我军当即占领南阳。

南阳为古宛县，三国时曹操与张绣曾于此城发生争夺战。后汉光武帝刘秀，曾于此地起兵，发动反对王莽王朝的战争，创立了后汉王朝。民间所传二十八宿，即刘秀的二十八个主要干部，多是出生于南阳一带。

在过去一年中，蒋介石极重视南阳，曾于此设立所谓绥靖区，以王凌云为司令官，企图阻遏人民解放军向南发展的道路。上月，白崇禧使用黄维兵团三个军的力量，经营整月，企图打通信阳、南阳间的运输道路，始终未能达到目的。最近蒋军因全局败坏，被迫将整个南部战线近百个师的兵力集中于以徐州为中心和以汉口为中心的两个地区，两星期前已放弃开封，现又放弃南阳。

从此，河南全境，除豫北之新乡、安阳，豫西之灵宝，阌乡，豫南之确山、信阳、潢川、光山、商城、固始等地尚有残敌外，已全部为我解放（编者注：河南全省共有一百一十一座城市，我军已占一百〇一座，敌仅余十座）。

去年七月，南线人民解放军开始向敌后实行英勇的进军以来，一年多时间内，除歼灭了大量的国民党正规部队以外，最大的成绩，就是在大别山区（鄂豫区）、皖西区、豫西区、陕南区、桐柏区、江汉区、江淮区（即皖东一带）恢复和建立了稳固的根据地，创立了七个军区，并极大地扩大了豫皖苏军区老根据地。除江淮军区属于苏北军区管辖外，其余各军区，统属于中原军区管辖。豫皖苏区、豫西区、陕南区、桐柏区现已连成一片，没有敌人的阻隔。这四个军区并已和华北连成一片。我武装力量，除补上野战军和地方军一年多激烈战争的消耗以外，还增加了大约二十万人左右，今后当有更大的发展。

白崇禧经常说："不怕共产党凶，只怕共产党生根。"他是怕对了。我们在所有江淮河汉区域，不仅是树木，而且是森林了。不仅生了根，而且枝叶茂盛了。

在去年下半年的一个极短时间内，我们在这一区域曾经过早地执行分配土地的政策，犯了一些策略上的"左"的错误。但是随即纠正了，普遍地利用了抗日时期的经验，执行了减租减息的社会政策和各阶层合理负担的财政政策。这样，就将一切可能联合或中立的社会阶层，均联合或中立起来，集中力量反对国民党反动统治势力及乡村中为最广大群众所痛恨的少数恶霸分子。这一策略，是明显地成功了，敌人已经完全孤立起来。在我强大的野战军和地方军配合打击之下，因守各个孤立据点内的敌人，如像开封、南阳等处，被迫弃城逃窜。

南阳守敌王凌云统率的军队是第二军、第六十四军以及一些民团，现向襄阳逃窜。襄阳也是国民党的一个所谓"绥靖区"，第一任司令官康泽被俘后，接手的是从新疆调来的宋希濂。之后最近宋希濂升任了徐州的副总司令兼前线指挥所主任去代替原任的杜聿明。杜聿明则刚从徐州飞到东北，一战惨败，又逃到了葫芦岛。王凌云到襄阳，大概是接替宋希濂当司令官。但是从南阳到襄阳，并没有走得多远，襄阳还是一个孤立据点，王凌云如不再逃，康泽的命运是在等着的。

（根据一九四八年十一月九日《人民日报》刊印）

研讨与练习

1.圈点找出这则消息的导语、主体、背景和结语（其中导语、背景、结语分别用横线、波浪线、双横线标出）。

2.请看消息中下面这段话，其中划线的地名进行简略处理，改成"除豫北、豫南一些地方尚有残敌外"可不可以，为什么？后面括号内编者注具体数字的补充说明是不是有些多余，为什么？

从此，河南全境，除豫北之新乡、安阳，豫西之灵宝，阌乡，豫南之确山、信阳、潢川、光山、商城、固始等地尚有残敌外，已全部为我解放（编者注：河南全省共有一百一十一座城市，我军已占一百０一座，敌仅余十座）。

3.文中加点词语有什么共性，能否删除？综合全文看，这些词语有什么表达效果？

4.联系上下文，比较下面两组句子，说说哪一句的表达效果更好，一并陈述理由。

A.白崇禧经常说："不怕共产党凶，只怕共产党生根。"他是怕对了。我们在所有江淮河汉区域，不仅是树木，而且是森林了。不仅生了根，而且枝叶茂盛了。

B. 白崇禧经常说："不怕共产党凶，只怕共产党生根。"他是怕对了。我们在所有江淮河汉区域，不仅建立了根据地，而且扩大了根据地。我们的根据地不仅巩固了，而且赢得了广大群众的拥护与支持。

【反思评议】

教出红色经典消息的语文味儿、中国味儿

山东省烟台市福山区崇文中学　王　燕
新疆生产建设兵团十二师 104 团学校　李　爽

统编版语文教材八年级上册第一单元的《消息二则》是初中学段学习新闻的典型范本。此前，学生虽然在生活中经常接触新闻，但很少真正去了解新闻这种文体的形式结构、形式特点、表达内涵，也很少尝试进行新闻的书面写作练习。

在目前的《义务教育语文课程标准》中，对新闻教学的主要要求是和说明性文章并联在一起的，"阅读新闻和说明性文章，能把握文章的基本观点，获取主要信息"，而对于新闻采访与写作——在既往教材中也鲜有体现。必须看到的是，统编教材对于新闻的学习要求、学习标准较之以往有所提高，在新闻阅读的同时增加了新闻采访和新闻写作，并且统合为一个单元的整体性的"活动·探究"任务，这就决定了我们在教学本文时更需要有"全息"的格局和认识，从而深刻、恰当把握部编教材教学意图，达成对整个单元整体再到具体课文正确的理解，方能进行有效、恰当的教学实施。

有的执教者把《消息二则》首先设计为作为引导学生通达消息写作的范本，这样一种处理，很大程度或者只是从单一课文可以承载的教学功能上进行考虑的，没有从单元整体教学任务的视角进行综合权衡、审视，或者很可能在教学起点的定位和把握上有所失当，上来就把单元内第一篇课文当成"模子"或者"引子""用件"导向新闻的写作，步子迈得未免有点急有些快，而没有突出"新闻阅读"在整个模块学习中具有的起点效应。先读后写，由读而写，学生如果对消息的形式结构、核心特征、隐含情态等没有充分的阅读理解和先期铺垫，直接导向"新闻写作"，很可能一方面造成课文学习、理解的不通透，有损课文的核心教学价值，一方面也不利于学生实现后续学习任务有效的顺承与递进。

　　与此同时，需要看到的是，《消息二则》是 1949 年 4 月 22 日人民解放军横渡长江取得胜利之后毛泽东主席亲自撰写的新闻稿，在浩如烟海的消息作品中，为什么要选这样两则消息作为八年级学生初步、正式学习新闻的范本？当新闻记者是毛泽东主席少年即有的梦想，走上革命道路之后，他又用武装斗争的枪杆子和新闻宣传的笔杆子，领导革命队伍打败了国民党反动派，而他本人则在革命生涯中写下诸多经典性的新闻作品。人民解放军渡江战役，是打垮国民党反动统治、建立新中国的先声，在中国革命史上具有重要的战略意义，毛主席的这两则消息，本身既具有消息作品的典范性，又具有非同寻常的历史意义。所以，选取领袖的两则消息作为中国初中生新闻学习的范本，既有语文意义，也有中国意义。作为毫无疑义的红色课文，它们所承载的学科知识及其蕴含的教育价值可谓紧密关联。用流行的通俗一点的说法就是，它是工具性和人文性的统一，二者不能割裂。这是审视选文价值、核心教学价值的锁钥所在。

　　由此，反观本节课的教学，在目标设定、教学重点、课文核心教学价值的把握上可以说是恰如其分、拿捏精准的，整体达到了一种理性的动态的平衡。

　　教材对"新闻阅读"这一任务的教学目标中明确提出要"学习读新闻的方法"，"方法"怎么来？这个单元突出的一个学习要求就是"探究"，要让学生去动脑思维、探索，但是，探究不是一放了之，不是给出几个任务、几个步骤然后让学生自己看着整，它的前提是要对学生进行基本方法上的引导。怎么读，从哪儿入手，把握什么，怎么去把握，这些都需要老师引导的。统编语文教材主编温儒敏教授强调，新教材的编写和使用就是要让学生"多读读好"，这就要用好教材，节约课内时间，提高教学效率。

　　有鉴于此，从本课的教学来看，执教者采用了整合理念，针对本单元"任务一 新闻阅读"的教学，较好地以教材现有课文内容为凭借，围绕单元目标精心组织课程内容，指导学生在深度学习教材选文的基础上，选取与主题相关的毛主席新闻作品设计课后作业、进行拓展阅读，意在加强对消息阅读基本方法策略的习得应用，针对阅读新闻强化把握形式结构、理解核心特征、揣摩作者情态三个基本点。三则红色经典篇目的学习，打通了课内外的有机衔接。所以，综合来看，《消息二则》的教学，既体现了教读引导的示范作用，又达成了阅读策略和方法的迁移运用，促进了学生在红色经典消息层面的"类阅读"。

消息本是非文学文本，但是，非文学文本也要教出语文味儿。这样两则出自开国领袖手笔的红色消息，它又有着浓浓的中国味儿。所以，面对《消息二则》，教出红色经典消息的语文味儿、中国味儿，理应成为我们不懈的努力和追求……

将军母亲别样爱　非凡立意诉衷肠

——《回忆我的母亲》

【执教名师】

　　王晓磊，1979年6月出生，临沂莒南县人，高级教师，齐鲁名师，日照市学科带头人，现任日照市岚山区实验中学副校长，担任"山东省互联网＋教师专业发展"工程省级指导专家。

　　多年践行"生本语文"教学理念，着力构建基于学生"听、说、读、写、思"的本色语文课堂，多次执教省市级公开课。获评山东省语文优质课一等奖、山东省基础教育教学成果奖、全国作文教学优秀成果奖等。所撰写的多篇教育教学论文在语文专业刊物上发表，主持完成多项省、市级规划课题。

【课文述要】

《回忆我的母亲》是朱德同志在母亲钟太夫人去世后，以极其悲痛的心情写下的一篇回忆录，是一篇感情真挚、文笔朴素的回忆性散文，收录在部编教材八年级上册第二单元中。本单元还有《藤野先生》《列夫·托尔斯泰》《美丽的颜色》三篇文章，这些文章或深情回忆，叙述难忘的人与事；或怀景仰之情，展现人物的品格与精神。这类"回忆性散文、传记"文章感情醇厚，内涵深刻，艺术表达有特色，有助于学生了解别样人生，丰富生活体验。

这篇文章写作背景极其特殊，写于1942年，正值全民族抗战时期，延安此时正处在整风运动之中，作为八路军总司令、戎马倥偬的将军，他既从为人子的角度去追忆对母亲的思念，又从广阔的社会背景中去追忆一位平凡母亲的事迹和对自己一生的影响。此文发表在《新华日报》，当时的主要读者是八路军战士，作者在选材方面，应该说经过了仔细的考量。既能从平凡的家境事例中表现母亲的品质，又能在更广阔的社会背景下凸显一位平凡母亲对朱德这位马克思列宁主义者，中国无产阶级革命家、政治家、军事家，中国共产党、中华人民共和国的主要领导人的影响。了解这些时代背景、写作目的、选材角度等，能更有助于学生把握此文与其他回忆母亲文章的区别。

本文的最大特点就是选材精当、事例典型，并以时间先后为顺序，以人物特征为线索选材、组材，且条理清晰。文章回忆了母亲勤劳的一生，赞颂了母亲勤劳俭朴、宽厚仁慈、坚忍顽强的优秀品质，抒发了作者对母亲的深深怀念和无限敬爱的感情，也表达了作者尽忠于民族和人民，尽忠于党来报答母亲深恩的决心。

本文列入统编教材八年级上册第二单元第二篇教读课文，单元人文主题为"了解别样人生，丰富生活体验"，本单元语文要素维度的训练重点是"了解回忆性散文、传记的特点"（如：内容真实、事件典型、注重细节描写等），其次是"学习刻画人物的方法，品味风格多样的语言，提高文学鉴赏能力"。基于此，引领学生学习此文，既要把握课文主要内容，梳理事例，感受母亲形象，又要关注具体语言环境中蕴藏在字里行间的深情，细腻描写中体现的多元人物个性品质。同时，还要总结"回忆性散文"在独特的视角、精彩的细节、深刻的思想和好的语言等方面的关键学习要素，掌握由学一篇到会一类的阅读规律。

【教学实录】

一、创设情景，导入新课

师：在浩瀚的文学作品中，关于描写母爱亲情的诗句或文章可以说不计其数，谁能说几句相关的诗文或句子？

生：慈母手中线，游子身上衣。临行密密缝，意恐迟迟归。谁言寸草心，报得三春晖。 ——孟郊《游子吟》

生：儿行千里母担忧。

生：母亲啊！你是荷叶，我是红莲，心中的雨点来了，除了你，谁是我在无遮拦天空下的荫蔽？ ——冰心《荷叶母亲》

师：《诗经·小雅》云："无父何怙，无母何恃？"这句诗的意思是说：没有了父母的孩子可以去依靠和依赖谁呢？父母在，人生尚有来处；父母去，人生只剩归途。记得老舍先生在《母亲》中说："人即使活到八九十岁，有母亲便可以多少还有点孩子气，失去了慈母便像花插在花瓶里，虽然还有色有香，却失去了根。"今天就让我们走近伟大的无产阶级革命家、八路军总司令朱德同志的文章《回忆我的母亲》，去感受一位将军笔下的伟大母爱亲情。（板书课题）。

二、初读课文，感知母亲

师：请同学们默读课文，用一句话概括文章大意。

（PPT 出示）任务一：默读课文，一句话概括文章大意。

（生默读课文，概括文章大意。）

师：谁来用一句话概括文章大意。

生：本文主要回忆了朱德母亲一生的重要事迹和优秀品德以及对作者的教育和影响。

师：还有要补充的吗？

生：本文主要回忆了朱德母亲一生的重要事迹和优秀品德以及对作者的教育和影响，表达了作者对母亲的深切感激和怀念。

师：这位同学的概括，加了作者的感情。作为一篇回忆性散文，这样的概括更完整。

师：谁能带着这种对母亲的深切感激和怀念之情读读文章的第一段和最后一段。

（生读。）

师：谁来点评一下？

生：她读得很有感情，在她对"爱""悲痛""勤劳""永远的回忆"这几个音词的重读中，她读出了作者对母亲深沉的爱，对母亲去世的悲痛和怀念之情。

师：那好，带着这份理解我们一起来读读这两段。

（生齐读。）

三、跳读课文，认识母亲

师：下面请同学们跳读课文，用笔划出表明时间的词语，思考：这些时间写了母亲所做（或经历）的哪些事情？

（PPT 出示）任务二：跳读课文，概括母亲所做（或经历）的事情。

时间	母亲所做（或经历）的事情

（生跳读课文，完成表格内容填写。）

（学生小组内交流。）

（小组代表展示汇报，其他同学补充、修正。）

时间	母亲所做（或经历）的事情
作者小时候（记忆时起）	"整日劳碌着"，煮饭、种田、种菜、喂猪……
1895-1900 年前后	被逼退佃、搬家，遭遇天灾
1905 年	节衣缩食，借债供我读书
1908 年	支持朱德参加革命
1919 年	离开土地就不舒服，回家继续劳动
大革命时期 1924-1927 年	独立支持一家人的生活
抗战以后	过着勤苦的农妇生活
1944 年	86 岁高龄仍"不辍劳作"

四、品读课文，读懂母亲

师：同学们，请根据我们所找到的这些母亲所做（或经历）的事情，或结合文中某个具体的句子、某处最细腻的描写，谈谈你对朱德母亲个性品质的理解。

（PPT 出示）任务三：品读课文，结合文章事例或句子，谈谈你对朱德母亲个性品质的理解。

生：我从第 4 自然段"母亲把饭煮了，还要种田，种菜，喂猪，养蚕，纺棉花"句子中的"还要"，第 7 自然段"每天天还没亮，母亲就第一个起身"句子中的"每天""第一个"等词语中，感受到了朱德母亲勤劳能干的优秀品质。

师：能抓住关键句子中的重点词语去理解，很好。你来说。

生：第 5 自然段："母亲这样地整日劳碌着。""我到四五岁时就很自然地在旁边帮她的忙，到八九岁时就不但能挑能背，还会种地了。""我从私塾回家，常看见母亲汗流满面地烧饭，我就会把书一放，挑水或放牛去了。"这些句子表面看是写"我"帮助母亲劳作，母亲教我生产知识，其实是从侧面反映了母亲的辛劳、任劳任怨。

师：你既关注了对母亲的描写，又注意到了侧面描写对突出人物品质的作用，非常好。你来说。

生：我从第 6 段："儿时虽然生活艰苦，但母亲仍能用巧手调制出美味的食物。"读出了母亲的聪明、能干。从"母亲还会亲手织布做衣，而且怎么穿都穿不烂"，读出了母亲的能干和勤俭持家。

师：这确实是一位既聪明能干，又勤俭持家的母亲。你来说。

生：我从第7自然段，"母亲性格和蔼，没有打骂过我们，也没有同任何人吵过架。""虽然自己不富裕，还周济比自己更穷的亲戚。"句子中，感受到了朱德母亲的宽厚仁慈、随和善良的特点。

师：在你说的这些句子中，我也感受到了这超越了一般母亲的善良、仁慈，母亲困难情境中对别人的"周济"，我想表现出的不仅仅是宽厚仁慈的品质，更是心系众生的情怀。你来说。

生：我从第8自然段遭遇天灾，被逼退佃、搬家中，感受到了朱德母亲的坚强不屈、爱憎分明。

生：我也从母亲对穷苦农民的同情和对为富不仁者的反感中，体会到了朱德母亲的爱憎分明。

师：我想，正是这种爱憎分明的情感，坚强不屈的品质，影响了朱德。你来说。

生：我从第9、10、12段中，母亲节衣缩食培养"我"读书、支持"我"参加新军和同盟会，感受到了朱德母亲的识大体、有远见、深明大义。

师：是啊，这是一位多么有远见、深明大义的母亲！

生：我从第11、12段，无论何时，母亲都过着勤苦的农妇生活，"不辍劳作"，感受到了朱德母亲对革命的支持和对劳动的热爱。

师结：同学们对文中体现的母亲这么多美好的品质概括得很全面。不知同学们有没有发现，作者为了表现母亲的这些品质，是把自己的母亲放在了两个情境中去选材描写的，谁来说说看，是哪两个情境？

生：应该是家庭生活环境和广阔的社会环境。

师：还有要补充的吗？（生都摇头）那就是都同意这种观点了？

生：是的。

师：那老师还想问，这两个情境中刻画的母亲形象分别是怎样的？

生：我觉得刻画的是勤劳的母亲形象和有远见的母亲形象。

生：我觉得刻画的是勤劳仁慈的母亲形象和深明大义的母亲形象。

生：我觉得是勤劳的母亲形象和支持革命的母亲形象。

师：你们表述的观点我觉得都不错，相比，我更赞同勤劳的母亲形象和革命的母亲形象。

五、赏读课文，感恩母亲

师：正是这"双重"母亲形象，影响着朱德，所以他在回忆往事后，深情地写道："我应该感谢母亲。"请同学们结合课文具体内容，说说"我"从母亲身上得到了哪些教益。

（PPT出示）任务四：结合课文具体内容，说说"我"从母亲身上得到了哪些教益。

生：第5段，"我到四五岁时就很自然地在旁边帮她的忙，到八九岁时就不但能挑能背，还会种地了。记得那时我从私塾回家，常见母亲在灶上汗流满面地烧饭，我就悄悄把书一放，挑水或放牛去了。有的季节里，我上午读书，下午种地；一到农忙，便整日在地里跟着母亲劳动。这个时期母亲教给我许多生产知识"。从这些地方，可以看出，母亲让"我"学会劳动。母亲潜移默化地影响了"我"，使"我"从小养成了爱劳动的习惯。

生：第7段，母亲那种勤劳俭朴的习惯，母亲那种宽厚仁慈的态度，至今还在"我"心中留有深刻的印象。这里可以看出，母亲教会"我"勤劳俭朴、宽厚仁慈的品格。

生：第8段，母亲沉痛的三言两语的诉说以及"我"亲眼见到的许多不平事实，启发了"我"幼年时期反抗压迫追求光明的思想，使"我"决心寻找新的生活。这句话就说明了这对于朱德以后选择了革命这条路，离不开他母亲的影响。所以说，母亲是"我"反抗压迫的启蒙者。

生：第10段，"我决心瞒着母亲离开家乡，远走云南，参加新军和同盟会。我到云南后，从家信中知道，我母亲对我这一举动不但不反对，还给我许多慰勉。"这里可以看出，母亲理解、支持"我"的正义行为，给了"我"前进的动力。

生：第13段中母亲吃苦耐劳，整日劳动，生产前一分钟还劳动，母亲教给"我"养成勤劳的习惯。

生：鼓励"我"走上革命道路。

生：第9、10段中母亲反对地主、豪绅，支持"我"参加革命，"我"拥有了革命的意志。

生：还给了"我"一个强健的身体。

生：第 14 段，"我应该感谢母亲，她教给我与困难做斗争的经验。我在家庭中已经饱尝艰苦，这使我在 30 多年的军事生活和革命生活中再没感到过困难，没被困难吓倒。"从这里可以看出，字里行间充满了作者对母亲深深的感激和怀念之情。

生：我觉得文中第 14、15 段总括了"我"从母亲身上得到的教益："教给我与困难做斗争的经验""给我一个强健的身体，一个勤劳的习惯""教给我生产的知识和革命的意志，鼓励我以后走上革命的道路"。

师：你的总结的确很全面，母亲对朱德的影响是巨大的，朱德对母亲的感激和怀念也是真诚和永远的。你能带着这种理解，有感情地读一读吗？

（PPT 出示。）

我应该感谢母亲，她教给我与困难做斗争的经验。我在家庭中已经饱尝艰苦，这使我在 30 多年的军事生活和革命生活中再没感到过困难，没被困难吓到。母亲又给我一个强健的身体，一个勤劳的习惯，使我从来没感到过劳累。

我应该感谢母亲她教给我生产的知识和革命的意志，鼓励我以后走上革命的道路。在这条路上，我一天比一天更加认识：只有这种知识，这种意志，才是世界上最可宝贵的财产。

（生读。）

师朗读指导。（此部分的朗读基调应该是深沉的，语气是气缓声沉，朗读时吐气要缓慢，声音低而深沉，这样才会让人感受到失去母亲的悲痛之情和对母亲深沉的感谢之情。）

（生再读。）

（生齐读。）

师：在母亲的影响下，朱德成长为一个怎样的人呢？哪位同学说说你对朱德的了解？

（生谈。）

（PPT 出示）作者链接

朱德：1886 年生，字玉阶。四川仪陇人。伟大的马克思主义者，伟大的无产阶级革命家、政治家、军事家，中国人民解放军的主要缔造者之一。中华人民共和国开国元勋，1955年被授予元帅军衔。1976年7月6日在北京逝世，终年90岁。朱德的一生，是为共产主义事业奋斗的一生。他为中国革命和建设事业建立了不朽的功勋，受到全党、全军和全国各族人民的衷心爱戴。

师：我们再读读部分纪实作品片段，看能不能体会到朱德从母亲身上得到的教益。

（PPT出示）资料链接：体会朱德从母亲身上得到的教益。

（1）朱德在指挥之余，还从事纺织、排字、种菜、做饭、写诗和讲学，不仅为自己的部队讲解军事战略和战术，而且向妇女班讲授如何储存蔬菜。

——史沫特莱《伟大的道路》

师：读出了什么？

生：母亲教给幼时朱德生产知识对他的影响，让他既有军事家的战略，还有生活的烟火气。

（PPT出示）资料链接：体会朱德从母亲身上得到的教益。

（2）"朱德爱护他的部下是天下闻名的。自从担任全军统帅以后，他的生活和穿着都跟普通士兵一样，同甘共苦，早期常常赤脚走路，整整一个冬天以南瓜充饥，另外一个冬天则以牦牛肉当饭，从来不叫苦，很少生病。"

——《红星照耀中国》

师：读出了什么？

生：母亲仁爱之心、坚韧不屈精神对朱德的影响。

（PPT出示）资料链接：体会朱德从母亲身上得到的教益。

（3）四渡赤水时，天空正下着细雨，路面泥泞光滑十分难行。当时弹雨纷飞，战斗打得十分激烈。正在这时，朱德总司令出现在前沿阵地上，雨水淋湿了他的衣裳，浓密的眉毛挂着水珠，卷起的裤腿沾满了泥浆。打到黄昏，战斗仍然很激烈，阵地上硝烟弥漫。肖华再次劝说："总司令，你年岁大，路不好走，还是先走一步吧。"朱德抹抹脸上的雨水简单地答一声"不行！"继续指挥战斗。

——《长征》

师：读出了什么？

生：母亲对朱德革命意志的影响，教给了他与困难做斗争的经验。

师：同学们，读完这些纪实作品片段记录，你们用刚才的回答印证了朱德母亲对他生活、精神、革命等诸多方面的影响，正因如此，使他度过了战争年代许多艰苦岁月，并建功立业。

六、拓展阅读，鉴赏母亲

师：这样一位革命母亲和其他文学作品中的母亲又会有怎样的不同？请同学们快速默读手中的拓展阅读材料：老舍《我的母亲》，看看同样是回忆母亲的散文，两篇文章中，母亲形象、文章立意等方面又会有怎样的不同。以后读这类散文又会有哪些启发？

（PPT出示）任务五：对比阅读老舍《我的母亲》，鉴赏两篇回忆性散文中母亲形象、文章立意等方面的不同。

（生读。）

生：我觉得老舍的《我的母亲》这篇文章中，突出表现的是母亲勤劳朴实、善良宽容、乐于助人、意志坚强等性格与伟大无私的母爱，也正是母亲的这种人格力量对老舍的思想性格产生了深刻影响。而朱德的《回忆我的母亲》既表现了她勤劳能干、任劳任怨、勤俭持家、宽厚仁慈、随和善良等勤劳母亲的性格；又突出表现了她坚强不屈、爱憎分明、有远见、深明大义等革命母亲的特点，也因如此，启发了幼年时期的朱德反抗压迫，追求光明，寻求救国新道路。

生：我非常同意刚才这位同学的观点，老舍的文章更多的从母亲的身世、经历、性格、遭遇中，让我们感受到了一位有典型东方女性特征，平凡而伟岸母亲形象对老舍的影响。而朱老总的文章中，除了让我们感受到了那种有着勤劳、善良、仁慈等诸多烟火气息母亲形象外，更多的是感受到一位爱憎分明、有远见的革命母亲对朱老总这位共和国将军的培养和熏陶。

师：大家说得都不错。谁再从文章立意方面谈谈。

生：在文章立意方面，我觉得两篇文章还是有很大不同的。朱德的这篇文章，主要突出的是母亲对他走上革命道路的影响，而老舍的文章重点突出的是母亲对他性格形成的影响。

师：还有要补充的吗？

生：我认为朱德的这篇文章"立意不凡"，朱老总虽然对母亲有海一般的深情，但他没有简单地从狭隘个人的角度去构思，而是把母亲作为"千百万劳动人民中的一员"这一高度，赋予了母亲这一中华儿女孕育之本的伟大形象，提炼了广阔的社会内涵。

生：朱德的这篇文章虽然是在母亲离世后而写的，表达了为人子那份正常的对母亲养育之恩感谢、怀念之情。但通过查阅资料，我还发现，这篇文章当时发表在解放区的《新华日报》上，主要是给八路军战士们看的，所以从立意角度，我觉得这篇文章革命性就很强。

师：的确如此，当时还正值延安整风运动，所以朱老总的这篇回忆性散文还具有鲜明的教育目的和意义。因而文章最后，他把对母亲的爱与对民族和人民的热爱、对革命事业的忠诚有机结合起来，把对母亲的爱上升到对党和人民的热爱。这也应该是他博大的胸怀、高尚的革命情怀的体现。

师：带着这些理解，请大家有感情地齐读第16段，读出作者对母亲的感恩之情，读出作者对党和人民的热爱之情。

（生读。）

师：谁再来说说老舍的文章？

生：老舍作为平民的儿子，著名作家，他在文章中对母亲的回忆就主要是从个人情感出发，字字含情，且在语言方面也是口语和书面语相结合，朴素亲切，很有表现力。

生：老舍的这篇文章能选择生活经历中感受很深的事去写，并能把深沉的感情寄寓在平实简朴的语言中，读来亲切，令人动容。

师：你说得非常好！陆文夫曾说过："真情实感是为散文"。而"回忆性散文"，就是以散文的基本形态为基础，在叙述上用回忆过去的方式，对过去发生的事件进行阐述，回忆描写。所以读这类文章，要关注文章中的典型事例、细腻描写及议论抒情。这种独特的视角、精彩的细节、深刻的思想和风格多样的语言正是我们读"回忆性散文"类文章要学习的关键要素。（下课铃响起。）

师：同学们，这节课我们通过朱老总的这篇文章，归纳了如何去赏读回忆性散文。这节课就到这里。课后推荐同学们课外阅读几本描写母亲的优秀作品。

（PPT出示）

推荐篇目——

邹韬奋：《我的母亲》

赵丽宏：《母亲和书》

胡适：《我的母亲》

【反思评议】

独特视角识散文　任务驱动悟真意

山东省烟台市福山区崇文中学　黄大通

新疆生产建设兵团十二师 222 团农场学校　侯艳红

《回忆我的母亲》是部编教材八年级上册第二单元中的一篇感情真挚、文笔朴素的回忆性散文。由于本文时代和内容与学生的现实生活有一定的距离，教学时应该从什么角度去引领孩子走进文本，理解文本背后传递的信息，掌握由学一篇到会一类的阅读规律，是王老师在设计本课时一直思索的几个问题。

叶圣陶说，"教材无非是例子"。怎么能用好这个例子，王老师除了对上面几个问题进行了思索，还结合语文课程标准，对标要求，明晰所在单元教学提示，并对此文的写作目的、选材的角度、谋篇布局的匠心等一系列问题，进行了追问和仔细地探究：此文写于 1942 年，正值全民族抗战时期，延安此时正处在整风运动之中，作为八路军总司令，写此文，仅仅是想表达对母亲思念和追忆吗？这个特殊年代，会不会还有其他的教育目的？课文预习提示中透露的延安各界为钟太夫人隆重举行的追悼会，以及中共中央、毛泽东同志的挽联内容，是不是也在告诉我们这位革命母亲的不同寻常？这篇文章当时发表在解放区的《新华日报》上，主要读者是八路军战士，面对这样的读者群体，如果你是朱德，你会选取哪些生活片段或典型事例去写呢？朱老总又是如何将一位平凡母亲放在广阔的社会背景中去追述对自己一生的影响呢？作者是不是因为这群特殊读者才这么写的呢？读者能不能从其他纪实作品中，找到朱德从母亲身上得到的教益？文体相同的其他写母亲的回忆性散文，所塑造的母亲形象、文章立意等方面又会和此文有怎样的不同？

正是这样的追问，让王老师在细究中思路逐渐清晰起来。

基于此，他设计了以任务来驱动学习的五个环节：

一、初读课文，感知母亲：引导学生整体把握课文主要内容，感受母亲形象，把握文章的感情基调，明确开头结尾的巧妙安排。

二、跳读课文，认识母亲：以时间为纵轴，引领学生对母亲所做（或经历）的事情进行梳理，从而总结回忆亲人类散文的典型事例选材视角、结构图式等。

三、品读课文，读懂母亲：让学生走进文本，在具体的语言环境中体味蕴藏在字里行间的深情，在细腻的描写中理解人物多元的个性品质，从而内化理解勤劳母亲和革命母亲"双重"形象。

四、赏读课文，感恩母亲：引导学生在探寻"我"从母亲身上得到了哪些教益中，理解作者的写作意图及文章思想情感。并透过文本链接部分纪实作品片段，让学生去印证朱德母亲对他生活、精神、革命等诸多方面的影响。

五、拓展阅读，鉴赏母亲：引导学生通过比较阅读，体会"回忆性散文"在独特的视角、精彩的细节、深刻的思想和好的语言等方面的关键学习要素，掌握由学一篇到会一类的阅读规律。

在具体的教学中，他感受到了孩子的无限可能，每一次驱动任务，都成了他们探寻文本"密钥"的牵引；每一次思维的碰撞，都点燃了他们与作者、与文本的深度对话。但由于受老师课堂驾驭能力的影响，本节课学生在语言的品位、人物鉴赏等方面还显不足，若能深度推进，对理解此类"回忆性散文"效果会更佳。

王老师的课让我们进一步反思、追问，不断探寻文本阅读的规律，用心关注学生认知和需求，通过任务驱动，让学生在文本理解中悟出真意。

永恒的精神与风骨
——《白杨礼赞》

【执教名师】

张鹏，生于1982年，淄博淄川人，毕业于山东师范大学，文学硕士，齐鲁名师。多次主持参与多项省市区级教育科学规划课题，获山东省省级教学成果奖、山东省教育科研优秀成果奖、淄博市教学成果奖。

主张语文教学的生态化建设，从初中作文的"生态化写作"入手，创新作文教学思路，精研有实效的作文教学方略，在《语文教学通讯》《语文知识》《教学与管理》等教育期刊发表论文多篇。

【课文述要】

《白杨礼赞》是一篇典范的散文作品，也是一篇老课文。在部编教材八上第四单元中与《背影》《散文二篇》《昆明的雨》等文一起组成了一个丰富多彩的散文专题，展示了散文开阔的文学世界，以及独特的审美魅力。该文写于1941年抗战相持阶段，在特殊的社会背景下，作者赋予了白杨以精神与风骨，使白杨在文学作品中以新面貌出现，呈现出别样的风姿，鼓舞了当时的抗日军民。《白杨礼赞》树立了一种新的抒情散文的经典范式，并引领了一个特定的历史阶段写作潮流，这是与其独特的风格分不开的。

一方面，本文语言明快，通俗易懂，带有强烈的抒情意味，传播性强。民国时期以周作人、林语堂等为代表的散文大多带有明清文人小品的清雅风格，与盆景、书画等艺术形式相似，带有封建文人的生活情调。这类作品，多在文人圈子中流传赏鉴，不适合在普通民众中阅读传播。《白杨礼赞》在抗战的大环境下，独树一帜，在语言风格上实现新的突破，更加通俗易懂，更加适合民众的欣赏。在语言形式上，四字词语、长句短句间用，增加了错落有致的韵律感；排比句、反问句的使用，增强了抒情气势。这就让该文带上了极强的传播优势，实现在民众中广泛传播效果。

另一方面，运用象征手法，丰富作品意境内涵，创造了新的文学意象。自然之物在审美主体的感悟、体验之下会带有人的感情色彩，故王国维说，"以我观物，故物我皆着我之色彩"。作者茅盾在西北之行之后对边疆人民在中国共产党的领导下所做的艰苦卓绝抗争有了新的认识，对这片土地和人民也有了新的认识和感受。于是，北方土地上的代表性事物——白杨就成为这一切的形象化受体。白杨树从此在文学世界中有了新的内涵，形成对传统文学作品中杨树的文学意象的新突破，产生更久远的影响力。

新的风格，新的意义，新的形象，都在特定的历史时期，让广大人民了解到更多的北方人民抗日斗争的风貌，以宣扬抗日精神，凝聚民族力量，形成强大的舆论宣传攻势，至今读来仍然让人心潮澎湃，感受到其独特的时代精神的感召力。

整体把握"白杨形象"，品评本文的独特魅力，需要引导学生由浅入深地分析文本，品味语句，感受白杨在特定环境下作者赋予白杨独特的象征意义。

【教学实录】

师：白杨树在我们生活中随处可见，平凡至极，但有一位作家却从它身上看到了一种不凡的精神，不凡的力量！这位作家是——

生：茅盾！

师：我们今天呢，就一起走近茅盾眼中的白杨，学习《白杨礼赞》。

《白杨礼赞》在文学史上有着重要的意义，它开创了散文的另一种写法，在以后很多年里，成为我国散文创作的一种经典范式，甚至还形成了一个散文流派——"白杨树派"。

现在，让我们从题目开始本课的学习。谁能告诉我，"白杨礼赞"的"礼赞"的含义？

生：我认为"礼赞"就是"歌颂""赞美"。

生：我觉得"礼赞"要比"歌颂""赞美"要更加崇敬。

师：嗯，对，"礼赞"原本是一个佛教用语，用来表示"对佛法的礼拜"。现在，我们多用来表示"以崇敬的心情称赞表扬"。那么，作者是怎样礼赞白杨的呢？礼赞了白杨的哪些方面呢？下面，我们详细来探讨。

一、印象·白杨

师：请大家朗读课文，然后说一说，你从文中获得的白杨"初印象"。

（生朗读课文。）

生：我认为在课文中第三段写了对白杨的"初印象"。

师：是怎样的呢？

生：我感觉白杨树很孤独。

师：哦，为什么呢？

生：大家看，"要是你猛抬眼看见了前面远远有一排——不，或者甚至只是三五株，一株，傲然地耸立，像哨兵似的树木的话……"，不管有多少棵，我总感觉还是很少。

师：有那么种感觉。大家再读读课文，看下白杨树是在怎样的环境下生长的。

生：高原，望不到边，很辽阔。

生：而且，很单调。

师：所以，白杨树虽然带给作者以打破单调的"惊奇"，但同时也带给了读者以——

生：孤单，孤独的感觉。

师：对，但你觉得假如你是白杨树，你会孤独吗？

生：也许会。

师：但是在茅盾先生的笔下，大家看"傲然地耸立，像哨兵似的树木"，我似乎感觉到，文中的白杨是带有崇高的使命感的白杨。是吧？

生：是的。

师：也就是说，《白杨礼赞》从一开始就让我们看到了一个"不平凡"的"白杨"形象，正如文章第一段所写——

生：白杨树实在不是平凡的，我赞美白杨树！

师：这种不平凡是白杨树自身就具有的吗？还是作者赋予它的？

生：是作者赋予它的。

师：对，也就是说，从一开始作者就对白杨持有一种情感态度。这就是本文的——感情基调！

二、形象·白杨

师：刚才我们分析了白杨带给我们的初印象，大家思考一下，作者是站在一个什么位置去观察白杨的呢？

生：是远望吧？第三段说，"要是你猛抬眼看见前面远远有一排"，可以看出是远望。

师：说得对，让我们再次走近白杨，细细观察白杨。

（全班按照幻灯片要求齐读第五段。）

那是力争上游的一种树，（男生合读，女生合读重复）笔直的干，笔直的枝。（男生合读）它的干呢，通常是丈把高，像是加以人工似的，一丈以内绝无旁枝。（女生合读）它所有的丫枝呢，一律向上，而且紧紧靠拢，也像是加以人工似的，成为一束，绝无横斜逸出。（男生合读）它的宽大的叶子也是片片向上，几乎没有斜生的，更不用说倒垂了；（女生合读）它的皮，光滑而有银色的晕圈，微微泛出淡青色。（男生合读）这是虽在北方的风雪的压迫下却保持着倔强挺立的一种树。哪怕只有碗来粗细罢，它却努力向上发展，高到丈许，二丈，参天耸立，不折不挠，对抗着西北风。（男女生合读）

师：大家读完后的感受如何？

生：我感觉白杨树能够带给人以力量。

生：我也有同样的感觉。

师：那么，白杨在你眼中是怎样的形象呢？大家可以用下面的句式来回答。

我看到了一株 _____ 的白杨，它 _____。

（学生思考并记录。）

生：我看到了一株正直的白杨，它不惧风雪，傲然挺立。

生：我看到了一株向上的白杨，它枝干向上，叶片向上，追逐着阳光。

生：我看到了一株团结的白杨，它枝叶紧紧靠拢，努力生长。

生：我看到了一株顽强的白杨，它不惧压迫，倔强挺立。

生：我看到了一株充满正能量的白杨，它生机勃勃，催人奋进。

师：大家说得都很好！总之，用原文语句来回答，白杨树已经变成了一株——

生：不平凡的树！

师：我们前面说过，作者开篇就奠定了基调，说"白杨树实在是不平凡的，我要赞美白杨树"。带着这样的崇敬之情，赞美之情，作者远望白杨，心生惊奇。而在这一段中，作者又是采用怎样的视角去观察白杨的呢？

生：我觉得作者这次是靠近了仔细观察白杨了，他看得特别仔细。

师：嗯，确实是这样的。大家再仔细读，好好琢磨，作者从哪个角度去观察白杨的。大家看这些语句：

笔直的干 笔直的枝 丫枝一律向上 片片向上 参天耸立

生：我觉得是从下往上的看。

师：那就是仰视。仰视白杨，才能表达作者内心敬意，才能充分地感受白杨所散发出来的感染人的力量。那么，我们说，白杨树美不美？

生：美！

师：白杨树长得整齐划一，也是一种美吗？白杨树的颜色单调，也是一种美吗？

生：好像不是一样的美。

师：在文中，作者是如何评价白杨树的美的？

（生读课文。）

它没有婆娑的姿态，没有屈曲盘旋的虬枝，也许你要说它不美丽，——如果美是专指"婆娑"或"横斜逸出"之类而言，那么白杨树算不得树中的好女子；但是它却是伟岸，正直，朴质，严肃，也不缺乏温和，更不用提它的坚强不屈与挺拔，它是树中的伟丈夫！

师：文中提到了两种美，分别是哪两种？

生：一种是"好女子"，一种是"伟丈夫"。

师：你能不能概括一下他们分别是一种怎样的美？

生：我认为"好女子"是一种柔美，姿态好看，而"伟丈夫"则是一种像男人的一种有担当、有责任的大气的美！

师：用两个词来概括的话就是，一个阴柔，一个——

生：阳光。

生：阳刚！

师：一个内敛，一个——

生：奔放。

生：大气。

师：在中国传统的审美观念里，花花草草的美往往是这样的：

> 疏影横斜水清浅，暗香浮动月黄昏。
>
> ——宋·林逋
>
> 只恐夜深花睡去，故烧高烛照红妆。
>
> ——宋·苏轼
>
> 无力摇风晓色新，细腰争妒看来频。
>
> ——唐·杜牧

（学生齐读。）

师：大家思考，古诗词里的花草的这种美是一种怎样的美？有什么特点？

生：我认为古诗词中的花草的美都非常像古代的美女的那种美。

师：那是一种怎样的美呢？

生：很娇贵，弱不禁风的样子。

生：有一种脂粉气。

师：这就是茅盾所说的"好女子"的那种美。你觉得作者喜不喜欢这种美？

生：不喜欢。我感觉作者很排斥这种美。

师：从哪里可以看出来？

生：文中说"如果美是专指'婆娑'或'旁逸斜出'之类而言，那么白杨树算不得树中的好女子。"从"如果"和"专指"两个词可以读出，对于这种美的大流行是有些不满的。

师：嗯，说得好！清代的龚自珍简直就是茅盾先生的知音，他在《病梅馆记》中批评了世人这种几乎病态的审美追求（PPT展示）——

> 以曲为美，直则无姿；
>
> 以欹为美，正则无景；
>
> 以疏为美，密则无态。

龚自珍由此发出了"文人画士之祸之烈至此哉"的感叹！

师：再回过头来，看《白杨礼赞》中白杨，对比龚自珍先生对批评的世人对美的偏好，我们可以概括出几个特点？

生：直！

生：正！

生：还有——密！

师：很好！作者似乎专为打破这种美的"专指"而来！他要为白杨这种普通而又不平凡的美鸣不平！

文中两类树，两种美，在两相对照中，展现出白杨的独特的美，以及作者对白杨树的敬意与赞美。这种手法，我们称之为什么手法？

生：对比手法。

师：嗯，是的。后文还有一处对比，谁能告诉我？

生：是文章最后一段，作者拿贵族化的楠木和白杨树作对比。

师：意在表达何种含义呢？

生：对那些看不起民众的那些人的批评，对白杨树的赞美。

师：由此，我们发现：对比总是要突出某一方，来表达作者的情感与思想倾向。

三、抽象·白杨

师：大家有没有发现，我们在分析白杨的形象的时候，作者在肯定白杨树外形的特有的美的时候，更加注重的是——

生：白杨树内在的美。

师：白杨树内在的美是指什么呢？

生：白杨树的精神。

师：能具体一点吗？

生：白杨树的"伟岸、正直，朴质，严肃，也不缺乏温和，更不用提他的坚强不屈与挺拔了"。

师：大家思考一下：白杨树的这种精神是白杨树与生俱来的吗？

（学生思考并讨论。）

生：我认为这些精神就是白杨树与生俱来的，它生来就是这样的，因为白杨就是这样的一种树。

生：我也这样认为，我感觉白杨树就是比其他的树更顽强。

师：那之前的人为什么没有发现白杨的这种精神并赞美呢？大家看我国古诗词中是这样写白杨树的：

白杨多悲风，萧萧愁杀人。（《古诗十九首》）

棠梨花映白杨树，尽是死生别离处。（唐·白居易）

同学们阅读这两句诗，思考一下：古诗词中的白杨形象跟《白杨礼赞》中的形象一样吗？

生：不一样。那就是作者赋予白杨树的精神。

师：作者赋予白杨以精神，也需要现实中加以升华。这又与现实白杨的哪些方面有关呢？比如，有同学提到白杨树"更顽强"，是指在什么样的情况下"更顽强"呢？

生：在更恶劣的生活环境下。

生：西北的高原上。

生：北方风雪的压迫下。

生：积雪初融的高原上。

师：在波澜壮阔的大背景下，在恶劣的生存环境下，白杨树获得了精神上的升华。也就是说，在茅盾的笔下白杨树发生了一个转变：由现实中的白杨转变为精神上的白杨。

师：我们继续往下读，你会发现作者并没有止步于此，而是进一步让白杨升华。大家一起读下面的段落：

当你在积雪初融的高原上走过，看见平坦的大地上傲然挺立这么一株或一排白杨树，难道就觉得它只是树？难道你就不想到它的朴质，严肃，坚强不屈，至少也象征了北方的农民？难道你竟一点也不联想到，在敌后的广大土地上，到处有坚强不屈，就像这白杨树一样傲然挺立的守卫他们家乡的哨兵？难道你又不更远一点想到这样枝枝叶叶靠紧团结，力求上进的白杨树，宛然象征了今天在华北平原纵横决荡，用血写出新中国历史的那种精神和意志？

（PPT展示，学生齐读。）

师：在这里白杨树的形象又发生了哪些变化呢？

生：在这段话中，作者又让白杨树象征了北方的农民和哨兵。

师：是。

生：它还成为一种精神的象征。

师：具体是什么呢？

生：象征了"民族解放斗争中不可缺的朴质、坚强、力求上进的精神"。

师：同学们回答得很全面了。我们再梳理一下，在茅盾先生的引领下，白杨树从一种普通的树、并不美的树，成为一种有着独特美的树，再进一步又赋予其象征意义。前面我们说，特殊的生存环境使白杨获得了精神的升华，那又是什么让白杨树获得象征意义的呢？

生：应该是跟作者有关吧？

师：能否详细说说？

生：我觉得是跟作者所处的环境有关。

师：是什么环境呢？

生：老师，我觉得是抗战时期的特殊环境。课本上"预习导读"中说，本文写于1941年抗日战争相持阶段。

师：对，你说的这个我们可以称之为创作的社会背景或历史背景。"预习导读"中还有作者自己的一句话："《白杨礼赞》非取材于一地或一时，乃是在西北高原走了一趟（即赴新疆，离新疆赴延安，又离延安至重庆）以后在重庆写的。"在孙昌熙、朱德发著《中国新文学作品选评》中还有这样一段话：

这篇散文写于中国人民抗日战争最艰苦的时期。由于中国国民党顽固派消极抗日，积极反共，抗日民族统一战线濒于分裂的局面，中国共产党则抗起民族的希望，领导全国人民同日本侵略者进行着艰苦卓绝的战争。1940年5月，茅盾离开新疆返回内地，受朱德同志邀请前往延安。在延安参观讲学期间，亲身体察了解放区军民的斗争生活，看到了抗日军民团结战斗的精神风貌，留下了深刻的印象。皖南事变后，作者借礼赞西北高原上的白杨树，来表达对北方抗日军民热爱和赞美之情，便写下了这篇著名的抒情散文《白杨礼赞》。

（PPT展示，学生自行阅读。）

师：这是茅盾写《白杨礼赞》的缘起，不仅仅交代了本文写作的时代背景，还写了一段作者自己的经历。亲眼看到了中国共产党领导的军民的艰苦抗战情形，也看到了国民党的消极抗战与黑暗。在这种情况下，作者最想在文中表达的是什么？

生：对国民党反动派的批评！

生：对国民政府无能的讽刺！

生：对共产党领导的抗日军民的赞美！

生：对中国人民在抗日战争中所表现出来的顽强精神的赞美！

生：对质朴的北方民众的歌颂！

生：我觉得茅盾先生此时想表达的心情应该是很复杂的，既有对国民党反动派的批评，也有对中国共产党领导的抗日战争的赞美。

师：同学们的分析都非常有道理！那么作者在文中有没有达成这一写作目标呢？

生：达成了！比如，作者对"好女子"的那种美并不是很满意，对楠木的批评。我觉得这些都是在讽刺批评国民党反动派。

生：我觉得他说的对楠木的批评的说法不准确。文中说"让哪些看不起民众、贱视民众、顽固倒退的人们去赞美那贵族化的楠木吧"，很明显，"看不起民众"的那些人才是作者的批判对象，这些人代表的就是国民党反党派。

师：我支持你的看法。请同学们继续发言！

生：作者对白杨的赞美显而易见的是对中国共产党及其抗日军民的赞美。白杨的生存环境，白杨精神意义的抒发都暗示着这一主题。

师：你的回答中提到一个词是"暗示"，这种手法我们可以直接用文中的一个词来表达：

生：是象征。

师：对，是象征。我有一个问题，茅盾先生为什么不直接写文章表达自己的这种思想感情呢？直接抒发不是更加痛快吗？大家说说自己的看法。

生：我觉得是条件不允许吧？

师：什么叫"条件不允许"呢？

生：我觉得当时应该还是国民党的实力更大一些，批评国民党，支持赞美共产党的做法，一定会引起国民党的反感。

师：嗯，联想的很有道理。请大家再阅读"预习"导读部分，大家看《白杨礼赞》的写作地点在哪里？

生：重庆。

师：对！重庆是当时的国民党的统治区域。在这样的环境中表达与统治者不一样的思想，大家猜想，这文章能发的出去吗？发出去之后有什么后果？

生：应该发表不了，即使发表也有可能会给作者带来牢狱之灾。

师：对。那么，茅盾先生运用象征手法就起到了怎样的作用？

生：巧妙地表达自己的思想。

生：含蓄地表达自己的感情。

生：隐晦地表达自己的想法。

师：不仅仅如此，从写作的角度来讲，象征手法的运用使文章的立意更加高远深刻，并且把抽象的精神品性化为具体可感形象，丰富了文章的内涵。我们可以这样说，作者借助象征手法：

（PPT 展示。）

> 塑造了一个形象
> 讴歌了一个人群
> 赞美了一种精神

师：这个形象是——

生：白杨树的精神形象。

师：作者讴歌的人群是——

生：北方的农民。

生：守卫家乡的哨兵。

师：并不准确。

生：是中国共产党领导下的抗日军民。

师：嗯，比较全面了。那这种精神是——

生:是文中所说"我们民族解放斗争中所不可缺的朴质、坚强、力求上进的精神"。

师:这种精神刚健有力、阳光向上、顽强不屈、团结奋进,仅在当时看来是一种"抗日精神",我们再从现在的眼光看,那就是一种民族的精神,是一种"天行健,君子以自强不息"的民族精神。

四、现象·白杨

师:请看张伟忠博士《又见白杨》一文有关分析。

(PPT展示。)

这是中华民族历经磨难而仍然屹立于世界民族之林的一种文化性格和精神象征,它激励人心的功能,半个多世纪后仍未减退。茅盾先生发现并发掘了白杨精神,白杨也因此具有了不朽的象征意义和激励功能。从此白杨树就不仅仅是一自然之物,而是和古诗中的月亮一样成为一种文学意象,反映了一个时代、一个民族的伟大精神。这种精神和形象的契合,又是那么自然。

——《语文学习》2009年第4期

师:请大家结合课文阅读品味这段文字,说一说茅盾先生的《白杨礼赞》给我们留下了一笔怎样的精神遗产?

(学生默读思考。)

生:我觉得茅盾先生给我们留下了一个散文写作的风格。

师:什么风格呢?

生:赋予事物以象征意义,并借此抒发自己的思想和情感。

师:这是对我们写作的借鉴。

生:我觉得他改变了我们看待白杨的态度,白杨树从一种默默无闻的树成为一种有了特殊含义的树。

师:你说的特殊含义的树是具体指什么呢?

生:就像古诗词中的梅花、菊花一样,白杨经过茅盾先生的笔获得了自己的象征意义。

师:哦,我明白了,你说得很好,也就是说白杨也拥有了一种独特的文化意蕴。

生:我觉得张伟忠老师的文中也提到了"从此白杨树就不仅仅是一自然之物,而是和古诗中的月亮一样成为一种文学意象",我觉得可能在以前文学作品中的意象是没有白杨的，这是茅盾先生首创。

师：嗯，是这样的，我们前面讲过了白杨在古诗词中的形象一般是凄凉的，伤感的。这样昂扬向上的白杨形象确实是茅盾先生的首创。请大家继续发言。

生：我觉得《白杨礼赞》在茅盾写作的那个年代一定鼓舞了很多中国人起来抗争，去争取抗战的胜利。这种精神上的鼓舞是其他人其他作品所不能达到的。

师：你是说《白杨礼赞》起到了政治宣传的作用是吧？

生：是的。

师：很有道理，那我想问大家，这篇文章在我们当下还有没有这种鼓舞人心的力量？

生：我觉得有！

生：应该还有！

师：在哪些方面呢？

生：我觉得《白杨礼赞》读起来铿锵有力，本身就很有激情和力量。

师：是啊，尤其是文中常用的四字成语，有气势的排比句。大家接着说！

生：我觉得每个人在读这篇文章的时候都会想到中国历史上的那一幕幕，那些为国家和民族献出生命的人，都会感受到这种力量的鼓舞。

生：我觉得我们生活在现在，也是需要白杨精神的。

师：比如说……

生：当疫情来临的时候，我们国家涌现出了很多英雄人物，还有好多好多的普通人，大家团结一心共同渡过难关。

师：对，靠紧团结，力争上游！请大家接着说！

生：在中印边境上，保卫我们国家领土安全的将士们，他们不畏困难，不怕牺牲，我觉得这也是一种白杨精神。

师：对，坚强不屈，倔强挺立！请继续！

生：我看到新闻上说，那些科学家、医学家们日夜奋战，为国家、民族研制新的科技产品，开发疫苗等等，我觉得也是一种白杨精神！

师：对，努力向上，力争上游！

大家看，白杨的精神其实一直都在，他没有随着抗日战争的胜利、民族解放斗争的胜利而消失，而是又以一种新的形式出现在我们的身边。尤其是我们国家目前面临着复杂的国际形势，"贸易战""经济战"的阴云不散，我们仍然需要一种昂扬的斗志和自强不息的精神。这也许就是"白杨精神"在新的形势下的最佳注解！

今天的课就上到这里，下课！

生：老师，再见。

（屏幕显示 课后作业。）

1. 当下，人们在丰厚的物质条件下，逐渐丧失了积极进取的精神，喜欢追逐具有阴柔之美的娱乐明星，阅读那些唯美的、奢靡的语言风格而缺乏积极健康内容的文学作品。

结合本课中白杨之美，对此你有何看法？

2. 漫步校园，白杨参天，绿柳拂面，梧桐蔽日，清荫满地。我们与之朝夕相处，春天里走过，秋日里走过，那些健美的身影，是否也曾触发过你的情思？

选择一种树木，运用象征手法，写出你心中的那种情愫。

【反思评议】

传承经典魅力　重构红色课堂

山东省烟台市福山区教体局　石卫坚

新疆生产建设兵团十二师五一农场学校　陈春艳

《白杨礼赞》是一篇在特定历史时期产生的散文作品，其独特的审美风范形成了一种散文写作的新范式，也造就了一种特殊的文化现象，有其独特的价值所在。但教授这一课，仍然面对着很多难题：首先，该文与当下流行文学的审美取向大异其趣，现代散文柔美、唯美，往往更能俘获青少年读者的心。其次，与现代散文多关注普通人的情感世界不同，《白杨礼赞》一文关注社会生活和民族精神面貌的主题与学生的生活有了不小的距离感。其三，从表面上看，该文通俗易懂，明白如话，实则内涵丰富，学生的阅读易止于文本浅层，无法获得更深的审美愉悦。而部分教师也因与其个人阅读兴趣与本文异趣而拒绝对其作深层次阅读与文本分析，仅仅是就文本而谈文本，从而枉顾学生理解的现状，或回避文本解读直接以读代品，或直接粗暴地增加历史素材而背离了语文教学的学科特质。总之，《白杨礼赞》一文的教学呈现出一种滞后于时代的状况，这不仅仅是一种文本资源的浪费，也是一种文学传承的断代，更是白白丧失了一个对学生实施德育的绝佳机会。

重构《白杨礼赞》的教学课堂，需要对其进行教学价值的重新挖掘与确定。从语文的学科特点来说，一个文本的教学价值主要无非是由这几个层面组成：一是语言文字层面，对文本中出现的语言现象进行把握，从而对学生起到积累语言素材，提升语言感知能力的作用；二是文学审美层面，帮助学生打破语言的外壳，感受其独特的审美风范，品味作家风格；三是从写作层面，发现作家的写作技巧，积累写作经验；四是文化层面，破解作品的文化密码，丰富学生的学习体验。

就《白杨礼赞》来说，该文词汇量丰富，运用了大量的四字成语，排比句式，等等，但因其出现在八年级上册，处于该学段的学生已经有了基本的语言积累，学生完全可以在老师的点拨下自己去积累学习，而不应该成为教学重点。从散文的审美教学上来说，《白杨礼赞》这篇课文与之前所学的《丁香结》《一棵小桃树》《紫藤萝瀑布》等咏物抒情的散文风格截然不同，审美意趣也别有特色。而因为时代的隔阂，学生完全接受不到其审美的熏陶。因此，发现该文独特审美价值应该可以成为本课的重要教学价值之所在。此外，《白杨礼赞》之所以被一代代读者传阅，与其穿越时空的时代精神有分不开的关系，理解这一点有助于在课堂上培养学生正确的价值观，实事求是的态度，深厚的民族情感。据此，张老师将《白杨礼赞》的教学价值定位在以下几个方面：

> 刚健有力的美学风范
>
> 开阔高远的散文境界
>
> 昂扬进取的时代精神
>
> 象征对比手法的运用

实现这些教学价值，他主要采用了以下的方法：

一、借助"好女子"与"伟丈夫"的对比，深入体会白杨的刚健之美

"好女子"的审美趋向实际上是代表着绝大多数中国知识分子的审美趣味，把花草树木女性化，赏玩其美妙的姿态和艳丽的花朵。如北宋林逋写梅花"疏影横斜水清浅，暗香浮动月黄昏"；苏轼写海棠"只恐夜深花睡去，故烧高烛照红妆"；杜牧写柳树"无力摇风晓色新，细腰争妒看来频"。这些古诗词中多把植物拟人化，以展示其阴柔之美。龚自珍的《病梅馆记》中有对古人这种

审美情趣的描述，"曲为美，直则无姿；以欹为美，正则无景；以疏为美，密则无态。"文中虽然是写人们对梅花的审美倾向，但这种审美也是具有代表性的，书画、诗词、盆景中这种审美观比比皆是。在这种传统的审美观下，白杨树是很难称得上美的，正如茅盾所言"白杨树算不得树中的好女子"。古人称"好"，多指美色，然而白杨树无"美色"可言，自然不美，但作者的言辞之中是透着对这种审美观的不平之气的，"如果美专指'婆娑'或'旁逸斜出'之类而言，那么……"

于是，张老师把古典诗词中典型的女性化形象的名句专门拿出来，让学生在品味感受文中的白杨的直观形象之后，去鉴赏其不同的美。学生很容易感受到二者之间的差异，对比之下，拥有"坚强不屈与挺拔"的"伟丈夫"白杨树兼具外在的阳光之美与内在的刚健之美。尤其是在严酷的环境下，"在北方风雪的压迫下却保持着倔强挺立"的傲然风骨，大有松树的"大雪压青松，青松挺且直"的风韵，与其他婀娜多姿的梅花、柳树等的美截然不同。作者也一直在强调"白杨不是平凡的树"，也谈到是"极普通的树"，老师就可以引导学生，生活中有许多这样普通而又平凡的事物，只要有发现的眼睛，有审美的眼光，就能发现世界的美好，生活的美好，让学生用自己独到眼光去观察世界，打破审美固化的思想观念。

二、借助"两个环境"分析，感受《白杨礼赞》开阔的散文境界。

王国维谈词，认为"词以境界为最上，有境界则自成高格"。其实，散文也是一样，有境界的散文给人以开阔博大的审美体验，让人获得有价值的人生启示。古人写山水，范仲淹的《岳阳楼记》和欧阳修的《醉翁亭记》在境界上都冠绝一时，在时空建构上的纵横捭阖，在精神世界中也走向更高的层次，超出了隐逸文人的小情趣，拥有了更开阔的天下情怀。明清时期的小品文则在境界上低落了不少，成了文人手中赏玩的"盆景"。民国文人林语堂、周作人等依然延续了这一脉写作风范，在散文创作上多写文人的风雅生活。而抗战时期的散文创作，要么消极低沉，要么采用了讽刺幽默的笔调。因此，较于同时期的散文，茅盾的《白杨礼赞》境界则呈现出一番不一样的风格，境界上有了很大的提升，更加高远。

《白杨礼赞》中写白杨生长的背景，博大壮阔的黄土高原，"扑入你视野的，是黄绿错综的一条大毯子"，"扑"字所传达的雄壮、伟大的高远气象让人眼前为之一亮。在后文中，作者不断地将这一背景扩大，由"高原"扩大到"西北""北方"，甚至是"华北平原""新中国"。读者感受到的是作者的视野不再局限于一时一地，而是腾挪多变、虚实结合地展现出了白杨树生存环境的波澜壮阔的图景。

这种意境上的提升也跟茅盾运用象征手法赋予景、物以高远的象征意义有很大关系。白杨树在传统诗文中，多伤感悲凉之意，如"白杨多悲风，萧萧愁杀人"，"棠梨花映白杨树，尽是死生别离处"等，而极少有《白杨礼赞》这样用来象征一类人，一个民族，一个民族的精神，与之相对应的是个人形象的隐退，自我意识与情感升华为对一种昂扬向上的精神的崇敬之情。个人之"小我"融汇到国家民族的集体的"大我"之中，"以我观物，故物皆着我之色彩"，情感表达强烈，充满渲染的韵味，这是一种更加"宏壮"的境界。

可以这样说，现实中白杨残酷的生存环境造就了其坚韧的自然品格，而象征意义中的白杨则是植根于抗日战争中艰苦的社会历史环境中。借助对"两个环境"的分析，一方面让学生把握文本，另一方面则让学生从文本中走出回归茅盾先生真实的写作环境，白杨的精神也就呼之欲出了。《白杨礼赞》的散文境界也就是在这种超越中实现了拓展。

三、回归现实生活，找寻"白杨精神"的时代价值

赋予散文以时代意义是中国散文的传统。唐宋时期的古文运动就把"文以载道"当作散文写作的，其"载道"的主张实际上就是要求散文创作要把握时代的主旋律，为正确的政治方向服务，起到有价值的舆论导向作用。1941年，我国处于抗战的关键期，相持阶段的特殊历史时期，文学创作理应响应时代的召唤，发挥出其作用。在这一时期，爱国主义、民族主义自然成为散文创作的主旋律，阳刚正气的，坚强不屈的民族精神是能够给当时的中国人民以强大的精神力量的。

茅盾积极投身抗战文学的创作，参加"全国文艺界抗敌协会"，到敌人后方去，响应"文章入伍"号召。《白杨礼赞》就是在这样的背景下创作的，茅盾远赴西北，经过延安回到重庆，抗日根据地的火热抗战局面和国统区的消极抗战的态度让他感触颇深，对于国家前途和命运的历史选择走向他心里已经有了明晰的观念。因此，在《白杨礼赞》中他压抑不住对北方中国共产党领导的

抗日斗争的崇敬之情，这种崇敬之情倾泻在文字中，寄托在白杨树身上，"靠紧团结""力求上进""坚强不屈""倔强挺立"的"精神和意志"在作者的眼中不仅仅是"农民""哨兵"的精神，大而化之，当时的全中国都需要这种精神，有了这种精神才可能会有抗战的胜利和民族的独立。因而，这实际上就是"天行健，君子以自强不息"的民族精神。"文章合为时而著"，为时代发声，顺应历史的潮流，让文章为时代高歌，并积极参与推动历史的进程就是《白杨礼赞》的时代精神。它昂扬进取，延续了中华民族精神的惯性，具有强烈的民族解放和独立的意识。

老师在授课过程中向学生传达这一点的时候，要让学生尽量回归当时的历史情境下，感受民族生死存亡的紧迫感，才能理解《白杨礼赞》的时代精神。当然，教师不能仅仅满足于本文在特定历史时期的时代意义，毕竟经典的作品是有穿透历史的价值和意义的，一旦失去其现实意义，这个文本的价值也将会黯然失色。那么，引导学生思考《白杨礼赞》在当下的时代精神和意义是有必要的。尤其是在当下，我国处在经济的转型期，改革开放的深水期，中美"贸易战"的现实应该让更多的人看到我们国家和民族所具有的历史使命：要认清自己，充满自信，以昂扬的斗志和自强不息的精神去面对我们所处的困境。这是每一个中国人所应该有的精神，也是《白杨礼赞》所具有的时代精神的当代阐释。

至于文中的对比象征的手法运用，张老师采取的策略是还原其"工具性"，服务于大的教学主题，融入课堂教学的细节中，而没有单独拿出来当作重要"知识点"来给学生讲解，以避免教学的空洞与枯燥。

"延安精神"代代传
——《回延安》

【执教名师】

满在莉，高级教师，山东师范大学硕士研究生导师，齐鲁名师。获山东省特级教师、济宁市杏坛名师、济宁市优秀教师等荣誉称号。

获全国首届"教育艺术杯"课堂教学大赛一等奖，多次在全国执教公开课，对外讲座几十场。公开发表论文十余篇，参编论著三部，参与四项国家级、省级课题研究，倡导"一个学生的心灵就是一个美好世界"的教育观。

【课文述要】

《回延安》这首诗，采用陕北民歌"信天游"的形式，使用了富有地方色彩的词语，展示出浓郁的陕北风情。诗人贺敬之16岁到延安，进入鲁迅艺术学院文学系学习，17岁加入中国共产党，后来参与创作了著名的新歌剧《白毛女》，又离开延安，奔赴人民解放的新战场，于1956年回到阔别十年的延安，参加西北五省（区）青年造林大会。大会期间，诗人受到革命老区人民的热烈欢迎，看到延安城的巨大变化，诗人激情澎湃，情不自禁地写下了这首著名的《回延安》。

《回延安》这首经典诗歌已入选苏教版七年级下册、长春版语文教材八年级下册，本课所讲的是选入部编教材八年级下册第一单元的第2课。

本诗抒情性极强，情感直白、热烈、豪迈，适合朗读。因此本节课就以"读"贯穿，让学生在各种形式的读中获得真实的体验，体会诗人喷薄的情感，领会"延安精神"，并把她发扬光大，达到诵读红色经典、传承革命精神的目的，为学生的终身成长培根、铸魂。

本单元的要求是，注意体会作者是如何根据需要综合运用多种表达方式的；还要注意感受作者寄寓的情思，品味作品中富有表现力的语言。根据单元目标和本课重点，本课设置了以下四个活动，以达成目标：

第一个活动是说读——感受诗歌特点；

第二个活动是概读——把握诗歌大意；

第三个活动是品读——赏析诗歌写法；

第四个活动是悟读——学习延安精神。

对学生理解有困难的部分，提供范例，并注重方法的指导，让学生有"据"可寻、有"法"可依。

【教学实录】

（播放民歌《山丹丹花开红艳艳》。）

师：我们先来听一首民歌《山丹丹花开红艳艳》，听完之后谈谈你的感受。

生：这首歌声音很嘹亮。

生：调子很高昂，轻快。

生：歌曲中很明显地表达了对毛主席的爱戴之情。

师：大家理解的都很到位。这首脍炙人口的歌曲是陕北民歌，采用信天游的形式颂扬红色政权，全曲用西北人民的方言生动地描绘了中央红军到达陕北的革命史实。现在我们来学习著名作家贺敬之以信天游的形式写成的诗歌——《回延安》，看看中国的革命圣地延安给作者留下怎样的温暖记忆。

（板书课题。）了解作者贺敬之。

（屏幕显示，学生齐读。）

贺敬之，现当代诗人、剧作家。山东峄[yì]县（今枣庄市）人。1940年到延安，进入鲁迅艺术文学院学习。1945年，与丁毅合作创作歌剧《白毛女》，此剧1951年荣获斯大林文学奖。80年代任中华人民共和国文化部部长。主要诗歌集有《朝阳花开》《乡村的夜》《放歌集》《贺敬之诗选》等。

师：本课的学习目标是（生齐读）：

（屏幕显示）

1. 说读，感受诗歌特点；

2. 朗读，把握诗歌的形式内容；

3. 品读，赏析诗歌的语言特点；

4. 悟读，体会诗人情感，学习延安精神。

师：下面开始第一个活动：说读——感受诗歌特点。

（屏幕显示，学生齐读要求。）

朗读这首诗，谈谈你对这首诗的认识。

阅读提示：可以和以前学过的诗（包括古诗和现代诗）比较一下，在形式、内容、情感上有什么不同？

（屏幕显示。）

资料助读：注意加点字的读音。

白羊肚手巾 dǔ　　炕上坐 kàng　　窑 yáo　　　糜子 méi

油馍 mó　　　脑畔 pàn　　　眼眶 kuàng

（学生大声朗读，不会读的字音可以看屏幕上的"资料助读"。）

师：大家读书声渐渐小了，谁先来发言？这首诗和以前学过的诗歌有什么不同？

生：和刚才听的那首歌一样，很有激情，直接抒发对延安的热爱。

生：这首诗两行一节，每一节都押韵。

师：你的发现很有价值，这也是信天游的主要特点。请大家继续发言！

生：运用多种修辞手法，有比喻、拟人，还有夸张。

生：有些用词和我读过的诗不一样，比如：不说"几回"，而说"几回回"。

师：你很善于发现，也善于比较，非常好。大家看还有没有类似的用法？

生：树根跟、羊羔羔、眼框框、白生生等。

（生在书中圈画。）

师：是的。采用叠词、口语、方言等，这些词语的运用是"信天游"特有的方式，因为它主要是口头传唱，比较接地气，易于百姓接受。

刚才大家的发现归纳起来就是"信天游"的特点，一起来了解。

（屏幕显示，找一生来读。）

信天游，也叫"顺天游"，流行于陕北的一种民歌。曲调淳朴、高亢、悠长、节奏自由。歌词一般两行一节，一节一韵，诗行错落有致，读来高亢悠远。有的一节表达一个简单独立的意思，有的几节构成一组，表达比较复杂的意思。信天游形式自由，常用来抒情、亦可叙事。经常运用比兴手法，贴切、自然，增强了诗的音乐性；联想丰富，感情深切。

（屏幕显示。）

《回延安》是用陕北民歌"信天游"的格式写的。

章法上：两句一节，节数不定。

韵律上：本节押韵，或一韵到底。

语言上：七言为基本句式，可长可短。

艺术上：多用"比兴"手法。

师：作者是在什么背景下写的这首诗呢？抒发了怎样的情感？

（屏幕显示，找生读。）

1956 年 3 月，32 岁的贺敬之赴延安参加团中央组织的西北五省（区）青年造林大会，这是贺敬之在新中国成立之后第一次回延安。不同于雪花纷飞的北京，飞机进入了无边的黄土高原，望见窗外奔腾的滔滔延河，贺敬之的心紧张得缩成了一团。近乡情更怯，他曾在延安生活了整整 6 年，是延安人民黄澄澄的小米把他养大。

——丁七玲《为时代放声歌唱——贺敬之传》

1956年，我跟随当时团中央的一位领导回延安……这时我已经离开延安11年了，回去以后感觉很不一样。我本打算写几篇报告文学和一点新闻报道，青年大会要举行一个联欢晚会，说要我出个节目，我说我用"信天游"的方式写几句诗，抒发一下感情。夜里我就一边唱，一边写，写了一夜……当时我是在窑洞里面走着唱着，还流着眼泪。

——贺敬之

（纠正读音"黄澄澄 dèng"。）

师：结合背景谈一谈这首诗抒发了诗人怎样的情感？

生：这首诗就写了作者回到延安时的所见、所闻、所感。

生：抒发了回到延安时的激动心情，我从第二部分"革命的道路千万条，天南海北想着你……"可以看出。

生：老师，他读错了一个字，应该是"里"而不是"条"。

师："里"可以换成"条"吗？道路"千万条"和"千万里"有什么区别呢？

（生思考。）

生：意思有区别，"千万条"指的是数量多，而"千万里"是说距离远。

师：有道理。说明诗人不论走多远，都想念母亲延安。还有要说的吗？

生：这两句都应该押韵，"里""你"。

师：在诗、词中，押韵的字叫韵脚，比如这两句的"里""你"是韵脚，韵脚相同的韵母就是押的韵，这两句就压"i"韵，所以不能换。我们刚才总结这首民歌时就指出，两行一节，节内押韵，每节的上下两句都押韵，多节可连用一韵，也可以换韵。大家看是不是这样？举例体会。

生：第二节韵脚是"放"和"上"。

生："白羊肚手巾红腰带，亲人们迎过延河来。"韵脚是"带""来"。

师：这是诗词歌赋的特点，所以读起来节奏感强，有一种音乐美。当然最早的诗歌总集《诗经》里的《风》，就是民歌，是土风、风谣的意思，来源于民间，都是用来吟唱的。大家齐读第一部分，体会诗歌的音韵美，感受作者热烈的情感。

（生齐读第一部分。）

师：读得感情很充沛。

刚才大家听得仔细、回答全面，说明思考很深入。继续来说这首诗抒发了诗人什么情感。

生：还抒发了见到亲人时的万分激动之情。

生：还有展望延安未来的豪情。

师：这首诗就是以"情"贯穿全诗，分别抒写了回到延安的激情、见到亲人的喜情、展望延安未来的豪情。

（板书"激情、喜情、豪情"。）

体会一下该用什么感情基调来读？

生：激动、深情、豪迈、喜悦、激昂……

师：请大家带着这种理解自选一节放声朗读吧，同时要注意朗读的节奏、重音、情感，然后读给同桌听。

（屏幕显示朗读示例，学生大声地自由地读，同桌互读、互听。）

朗读指导：注意朗读的节奏、重音、情感

（激动地）心口呀／莫要／这么／厉害地／跳，

灰尘呀／莫把我／眼睛／挡住了……

（深情地）手抓／黄土／我不放，

紧紧儿／贴在／心窝上。

几回回／梦里／回延安，

双手／搂定／宝塔山。

（大声地）千声／万声／呼唤你，

——母亲延安／就在／这里！

（喜悦地）杜甫川唱来／柳林铺笑，

红旗／飘飘／把手招。

白羊肚／手中／红腰带，

亲人们／迎过／延河来。

（激动地）满心话／登时／说不出来，

一头／扑在／亲人怀……

（小组派代表选读一部分，学生从节奏、重音、情感等方面评价。）

师：让我们带着这种理解一起朗读全诗，老师读第一部分，南边三个组读第二部分，中间三个组读第三部分，北边两个组读第四部分，全班齐读第五部分。请端起课本、调整坐姿、酝酿好情感……

（师读第一部分，剩下的部分分组读。）

师：下面是第二个活动，看要求：

（屏幕显示。）

概读——把握诗歌大意

概括每节诗的内容，并试着拟个小标题。

师：本诗共五节内容，概括每节诗的内容，并试着拟个小标题，在文字旁边批注，然后小组选代表展示。

（生自读，并做旁批。）

生：

第一部分：写与亲人重逢时的激动和喜悦之情。

第二部分：追忆当年延安的战斗生活。

第三部分：描绘会见亲人的热烈场景。

第四部分：描绘延安城的崭新面貌。

第五部分：歌颂延安的光辉历史，展望前程。

师：同学们概括得很全面。我们还可以更简洁地用标题的形式来归纳。

生：小标题分别为：回延安、忆延安、话延安、看延安、赞延安。

师：以上环节大家非常用心，既能把握诗歌的内容，又能体会到作者的情感。那么作者是借助什么手法来传达情感的呢？

下面我们进行第三个活动：品读——赏析诗歌写法。

（屏幕显示。）

品读——赏析诗歌写法

诗人采用"信天游"这一民歌形式记下回延安时的所见、所闻、所感，抒发了诗人重游革命圣地的无限喜悦和对延安、延安人民及革命事业的无比热爱之情。诗歌是借助什么手法来表达这种情感的呢？

阅读提示：

请结合具体诗句，从描写、修辞等角度赏析，细心揣摩其中蕴含了诗人怎样的情感？

师：大家先看两个示例（屏幕显示）。

示例1：运用比喻的修辞手法。比如："母亲延安就在这里"，将延安比作母亲，表示亲切和敬意。

示例2：运用动作描写。比如："手抓黄土我不放，紧紧贴在心窝上。"，运用"抓""贴"等动词，将重回延安的兴奋之情表露无遗。

学习要求：先自主阅读、批注，然后小组交流，最后在全班展示。

师：先试着读一读，然后用笔圈画出重点句子或词语，并在旁边批注表达的效果。完成之后小组内各自分享阅读成果，最后在全班展示。

（学生品读圈画，老师巡视指导。）

师：第三遍读课文，大家批注的内容就更翔实了，密密麻麻的文字显示了大家的阅读成果，现在给大家分享一下吧。

生：第一二小节用了"莫要""莫把""抓""贴"等词语，表达了诗人回到延安的兴奋之情。

师：主要是通过动作来传递情感。那么动词"抓"能不能换成"捧"？

（生思考。）

生：不能。因为"抓"能体现出诗人回到延安故土的亲切、兴奋之情，把延安当作宝贝，抓住不放；而"捧"只是一个动作，无法更真切地表达诗人的情感。

师：这就是诗歌语言的特色，所谓"一词百情""一字千金"就是这个道理。你能不能把这一部分读一遍？

（生深情地读。）

生：第三小节写到"几回回梦里回延安，双手搂定宝塔山"，这句话用了一个动作"搂"，突出了诗人回到延安的激动之情。

生：我认为这一句还运用了"夸张"的修辞手法。

师：说说你的理解。

生：宝塔山那么高大，诗人能用双手抱住，显然这是不可能的，所以有点夸张。

师：有道理。用这个夸张的动作就是为了表达诗人日有所思，夜有所梦，极其想念延安。

如果我把这两句直接改为"分别之后我多么想念你呀"可不可以呢？

生：不可以。用"搂"这个动作更形象，显示诗人的迫不及待，改完之后就不形象了。

师：这正是诗歌的特点，用形象而丰满的画面，来表达浓郁的情感。

师：大家可以按照刚才两个同学的思路来回答问题。一是抓住关键词，咬文嚼字体会作用；二是看用了什么修辞手法，表达效果是什么。

（二组全体学生起立，齐读第四部分"千万条腿来千万只眼……母亲延安换新衣"。）

组长发言："千万条""千万只""不够"运用了夸张的手法，想到自己生出千万的腿和眼，把延安看个够，表达对延安变化的惊喜之情。

生："头顶着蓝天大明镜"把延安的蓝天比作明镜，照出延安的大变化。

生：还有排比的手法，读起来很有气势，也描写了延安的新变化，表达诗人对延安的赞美之情。

师：二组同学的发言很有创意，既有激情诵读，还有精要赏析，值得表扬。请大家继续发言。

（三组同学读"杜甫川唱来柳林铺笑……一头扑在亲人怀"。）

生：这一部分表达了诗人回到延安的喜悦、激动之情。

生：这一部分运用拟人的手法，从"唱""笑""招"等词看出来，把这些景物拟人化，从而写出诗人的高兴之情。

师：只有诗人高兴吗？还写了谁？

生：还有延安的亲人。听说诗人回来了，他们"迎过延河"，见面就"扑"过来，可见我在延安已经和他们建立了深厚的感情。

师：为什么会有这样的情感呢？或许00后的你们难以理解。诗人曾说："延安决定了我一生，延安是我真正生命的开始。""'母亲'是党，是革命，是延安，延安永远在我心中，革命永远是我的母亲是我的妈妈，我不会变的，不管在什么情况下。"

诗人臧克家在谈到这首诗真切感人的原因的时候，这样说：

（屏幕显示，找生朗读。）

《回延安》情感浓烈，深切动人；字句美丽、朴素，而又自然。我想这是由于诗人对延安生活太熟悉、太热爱，受到的影响太浓厚了，概括起来容易，不求深而自深，不雕琢而佳句自来碰手。

——臧克家《谈贺敬之同志的几首诗》

师：这首诗还用了一种写法，叫比兴。请看资料链接：

比兴是中国诗歌中的一种传统表现手法，比，即比喻；兴，先言他物以引起所咏之物。最早出现在诗歌总集《诗经》里。《关雎》首章就有"关关雎鸠，在河之洲。窈窕淑女，君子好逑。"的句子，以河洲上和鸣的"鸟儿"兴起

"淑女是君子的好配偶"。

"信天游"每节的第一句常用"比"或"兴"，目的都是为了引出第二句的内容来，比兴常常连用。

例如：树梢树枝树根根，亲山亲水有亲人。

说"我"与延安亲人是一家人，就如树的梢、枝、根的关系一样连成一体，有血缘关系。

师：运用比兴手法的句子还有：

（屏幕显示，学生齐读。）

羊羔羔吃奶眼望着妈，

小米饭养活我长大。

东山的糜子西山的谷，

肩膀上的红旗手中的书。

……

杨家岭的红旗阿高高地飘，

革命万里起高潮。

师：大家是否还记得我们初一下学期学的《木兰诗》中也有这种写法吗？

生："雄兔脚扑朔，雌兔眼迷离。双兔傍地走，安能辨我是雄雌？"就是用了比兴的手法。

师：是的，这几首都属于民歌，都运用了"比兴"手法，在形式上都一脉相承，这就是中国文化。给大家推荐诗歌的老祖宗《诗经》，去好好读、好好悟、好好爱吧。

生：老师，我还有一个发现。诗人表达对延安的热爱，除了运用一些手法之外，还写了陕北这个地方的特色。

师：这个发现很有价值，说来听听。

生：白羊肚手巾就是。我看过阿宝唱歌，他头上就戴着白毛巾。

师：看来你是个有心的孩子，能联系自己的经验读诗，已经深得读诗的奥妙了。类似的表现地方特色的景象还有，大家跳读诗句，用笔圈出来。

（生跳读，圈画。）

生："东山的糜子西山的谷""米酒油馍木炭火""白生生的窗纸红窗花"。

生：还有杨家岭、宝塔山、枣园、延河都是延安特有的景点。

师：是的。同学们，延安曾经是中共中央的所在地，是"延安精神"的发源地。作者把每一个地方、每一种事物都烙上了深深的挚爱，我们一起看那里曾经发生过什么。

师：接下来，我们进行下一个活动，悟读——学习延安精神。

（屏幕显示，找一生读。）

资料链接：

材料一：

从1935年到1948年，以延安为中心的陕甘宁边区，是中共中央的所在地。

材料二：

1945年4月，毛泽东在《"七大"工作方针》中指出："陕北是两点：一个是落脚点，一个是出发点。"延安，是中国工农红军长征的落脚点，是夺取全国胜利的出发点。

材料三：

"花篮的花儿香，听我们唱一唱，唱一呀唱；来到了南泥湾，南泥湾好地方，好地呀方……"一首《南泥湾》早已家喻户晓，人人都会哼唱上两句。而作为中共中央在陕北的重要活动之一，正是因为有了南泥湾的大生产，才有了革命军民的情谊。

师：上课伊始，大家结合诗句就领会了诗人对延安的炽热情感，那么再联系这三则材料说一说，诗人为什么会对延安有如此情感？

生：因为延安是中共中央的所在地。

生：因为它是长征胜利的落脚点，当时红军长征之后，抵达延安，才在这里得到休养。就像《南泥湾》里唱的一样，实行大生产，自给自足，自力更生。

师：你很善于利用材料，并且历史知识也很丰富，值得表扬。继续发表看法。

生：是延安的小米饭把我养大。在延安学习、工作的过程中与延安人民结下了深厚的情谊，亲密无间，如亲人。

生：延安不仅满足了我物质上的需求，而且在精神上给予我巨大的帮助。

师：是一种宝贵的精神食粮。那么这是一种什么精神呢？

（生读课前发的链接材料。屏幕显示。）

阅读材料莫耶《延安颂》、祁念曾《延安，我把你追寻》、曹靖华《小米的回忆》、吴伯箫《记一辆纺车》，请大家说说什么是延安精神？请用"延安精神就是……"这样的句式回答。

（每个小组选一个代表，起立轮流发言。）

生：延安精神是小米加步枪的精神，是不怕困难的精神。

生：延安精神是爱国主义精神。

生：延安精神是不怕吃苦的精神。

生：延安精神是积极向上的，乐观主义精神。

生：延安精神是为人民服务的精神。

生：延安精神是自力更生、艰苦奋斗的精神。

生：延安精神是勤俭节约、艰苦朴素的精神。

生：延安精神是默默无闻、勇挑重担的精神。

师：这些精神即使到今天也依然熠熠生辉、值得传扬。今年将迎来中国共产党建党 100 周年。一百年风雨兼程，一世纪沧桑巨变。在这特殊的历史结点，请重温经典，重回圣地，完成下列作业：

（屏幕显示。）

采用"信天游"的形式，写一首小诗，题目为《再回延安》。

师：今天的课就上到这里，下课。

生：老师辛苦了，请您休息吧。

附：学生习作

再回延安
八年级十五班　杨云正

迎着风，踏着沙，
再回延安我的家。

天上的风筝呀高高地飘，
地上的羊儿呀低头吃草。

高山上树木翠绿青葱，
池塘里的鱼儿欢快地游动。
安塞腰鼓的响声脆又响，

羊肉泡馍的味道沁脾香。
清晨延安城中走，
激动的情怀在心头。

一座座桥梁像彩虹，
一辆辆汽车飞如龙。

一座座城市高楼立，
一条条小巷人如织。

忆往昔，十里黄沙无人烟，
看今朝，新生活发展望向前。

百舸争流勇破浪，
开启明天的辉煌！

再回延安
八年级十九班　杨寓淞

一日如一年，一年如一世，
忆起延安讲件事。

黄沙黄土贴心里，
母亲延安就在这里。

米酒油馍安塞鼓，
亲人邀我一起舞。

革命的道路千万里，
手中的担子，心中的梦。

高楼大厦平地起，
对照过去我认不出你。

要想未来更灿烂，
撸起袖子加油干。

开天辟地的英雄史诗，
母亲延安的不朽星辰。

落脚点与出发点，
更是中国的诞生点。

宝塔山下留脚印，
革命精神代代传。

保山保河保延安，
天下太平在心间。

中共中央铆足了劲，
领导我们向前进。

几辈辈人的中国梦，
要用我们的双手去实现。

【反思评议】

德育与智育齐飞

山东省微山县夏镇街道第一中学　满在莉

新疆建设生产兵团十二师西山农场学校　裴晓

习近平总书记在全国宣传思想工作会议中指出，要大力"培养能够担当民族复兴大任的时代新人"，而教科书无疑起着至关重要的作用。今年是中国共产党建党一百周年，挖掘语文教材中的育人因子，充分发挥语文学科的德育价值，成了语文人不可推卸的责任。《回延安》作为红色经典，要充分挖掘其凝聚信仰、传承文化、立德树人等方面的教育价值，引导学生理解并传承延安精神。因此在教学中要把思想感情的传递与语文素养的培养结合起来，让德育与智育齐飞，为学生的终身发展立根、铸魂、启智、润心。

一、探秘写作背景，为学生打通生活与文本的联系

对于诗歌的学习，尤其是这样一首具有浓烈的抒情意味的现代诗，展现的是火热的革命战争年代，虽然在当时包括现在感动着一代又一代人，这是毋庸置疑的，但是作为在互联网社会中成长起来的一代人，很难有代入感，设计不好就会成为鸡肋，教之无味，弃之浪费教学资源。那么，就有必要先让学生了解写作背景，感受那个火热的年代，探求作者对延安炽热情感的原因所在，从而感同身受地去体会诗歌情感。

关于在延安学习、生活的经历，贺敬之自己曾有过回忆和评价，他说："从自然生命来讲，是延安的小米饭、鲁艺的小米饭养育了我，'小米饭养活我长大'是我的真实写照；从政治生命来讲，我是在延安入的党，延安给了我政治生命。延安鲁艺决定了我的一生。"从贺老饱含深情的话语里，我们可以看出，这段生活成了诗人一生中最重要、最难忘的经历，所以诗人也情不自禁地把延安比作自己的"母亲"。它抒发了诗人重回阔别十余年的延安时的激动与喜悦之情，赞颂了延安在中国革命史上的贡献和新中国成立后的变化。"几回回梦里回延安，双手搂定宝塔山。千声万声呼唤你——母亲延安就在这里！"脍炙人口的诗句在几代人中深情传唱，它之所以能打动无数读者的心灵，就在于它对革命圣地延安的真挚情感和对延安精神的礼赞。"回延安"已成为一种

重要的精神象征，提醒中国人民时刻不忘初心，矢志永远奋斗。

二、关注学情需要，挖掘文本的教学价值

这首诗编排在八年级下册第一单元第 2 课，这一单元的要求是这样陈述的：民俗是民间流行的习俗、风尚，是由民众创造而世代传承的民间文化。本单元的课文，或表现各地风土人情，或展示传统节日习俗，从中能看到一幅幅民俗风情画卷，感受多样的生活方式和深厚的民族、地域文化。

学习本单元，要注意体会多种表达方式的综合运用，品味作品中富于表现力的语言，理解民俗的价值和意义。

从品味富有表现力的语言，理解民俗文化这个目标，本课设置了四个学习目标：

1. 说读，感受诗歌特点；

2. 朗读，把握诗歌的形式内容；

3. 品读，赏析诗歌的语言特点；

4. 悟读，体会诗人情感，学习延安精神。

为什么要确定这四个目标呢？作为一首现代诗，虽然在当时包括现在感动着一代又一代人，这是毋庸置疑的。但是作为在互联网社会中成长起来的一代人，对红色经典如何看？作为老师能否真正让红色经典走进学生内心呢？教学设计则至关重要。教什么呢？华东师范大学教授郑桂华说："其实，教学价值的大小不在于教内容还是教表达，而要看教师确定的教学内容需不需要教。学生一读就懂的内容、一看就明白的表达，都是不需要教的。"哪些内容学生一看就懂呢？诗歌的情感是显而易见的。因为诗中有大量直抒胸臆的句子，比如："革命的道路千万里，天南海北想着你……""我"与延安有着永远割舍不掉的感情，表达了"我"对延安母亲的感激之情。像这样的语句直白、热烈，只需学生融入情感体会读就可以了。重点是引导学生理解以"情"贯穿全诗，分别抒写了回到延安的激情、见到亲人的喜情、展望延安未来的豪情；理清以"回延安"为线索，先写回延安时的激动心情，再写投入延安怀抱，追忆延安的哺育之恩，接着写亲人重逢叙旧话新的热烈之情，最后写参观延安新貌的兴奋喜悦，抒写对母亲延安的赞颂祝愿。诗人将过去、现在、将来联系起来，酣畅淋漓地抒发对延安的挚爱之情，这对学生来说是一个显而易见的问题，不需要过多讲解，只需要反复诵读来体会即可。

但因为本诗采用陕北民歌信天游的形式歌颂延安，这一形式对学生来说比较

陌生，所以课是从阿宝唱的民歌《山丹丹花开红艳艳》入手的，让学生在感知歌曲旋律的基础上谈自己的感受，初步领会民歌在音律上、情感上的特点。《诗大序》这样描述言、诗、音乐、歌舞的关系："诗者，志之所之也，在心为志，发言为诗。情动于中而形于言，言之不足故嗟叹之，嗟叹之不足故永歌之，永歌之不足，不知手之舞之，足之蹈之也。"故而诗歌最初就是用来歌之、舞之、蹈之的。这首歌旋律之高亢、嘹亮，情感之浓烈，听完之后学生就有感觉，然后自然引入内容，再让学生朗读全诗，谈谈从形式、内容、情感上与以往的诗歌有什么不同，学生自然能发现一些信天游的特点，诸如：两句一节，节数不定，每节押韵；多用叠词、修辞等，这也是诗歌显著的声音特征，这个环节为下面赏析语言环节做下铺垫。

三、立足语言品味，提高学生的语文素养

诗歌显著的文字特征为语言凝练、精致。而《回延安》作为红色经典，理应充分挖掘文本的人文精神，但绝不能是无本之源，必须植根于"祖国语言文字运用"的土壤之中，不能架空文字自由解读，必须紧紧围绕提升和发展学生的"语言建构与运用"这一核心素养。所以本课将教学重点确定为赏析诗歌语言。

赏析炼字，体会诗歌语言的凝练美。诗歌一般都比较简短，文字也相对精炼。臧克家说："精炼就是使语言表现诗人的思想感情，到了恰到好处的地步。多一节就太多，少一节就太少；多一句不成，少一句不成；多一个字不好，减一个字也不好。最后达到，调换一个字都会使诗句减色的地步。"因此引领学生反复品读诗句，在句子里走个来回，去把玩诗歌的韵味。

比如在开头写回到延安时的激动心情，诗人用了这样几个动词：一个是"手抓黄土"的"抓"，一个是"紧紧儿贴在心窝上"的"贴"。将回延安的兴奋心情表露无遗。作者在这里没有用"捧""揣"等字，而用了一个"抓"，好像"延安"是一个珍贵的宝贝，这样写就把诗人当时那种激动的心情描写得淋漓尽致。诗歌语言的凝练美就是这样体现的。正所谓"一字千金""一语百情"就是为了选择最恰当的字眼，表现出最美的意境。

感知"信天游"的民歌样式，借《诗经》了解诗歌的起源，比兴的作用。比兴的手法，是第一句起兴，有时候两句诗兴、比连用，或比兴、夸张连用，"树梢树枝树根根，亲山亲水有亲人"，以"树"起兴，比喻诗人和延安以及延安的父老乡亲的血肉关系。"羊羔羔吃奶眼望着妈，小米饭养活我长大"，以

"羊羔吃奶"起兴，喻延安对诗人的养育之恩。

拟人、排比、对偶等修辞手法，民歌也经常采用，它们为这首诗增添了亲切、活泼的感情色彩。这首诗里还有不少陕北方言，如多次出现的叠音词"几回回""树根根""羊羔羔""白生生""一口口"等，一些儿化音"紧紧儿""手把手儿"等，都需要结合诗句体会。

四、学习"延安精神"，为学生成长培根、铸魂

延安作为革命圣地，有许多令人瞩目的名胜景点。诗人笔下的宝塔山、延河水、杜甫川、柳林铺、枣园、杨家岭等，或人格化，或取其象征意义，作为一个个别具风采的艺术形象摄入诗篇。诗人还通过对延安人民的衣着"白羊肚手巾红腰带"、待客的"米酒油馍木炭火"、居住的窑洞、土炕以及室内装饰"窗纸红窗花"等事物的描写，勾勒出一幅纯真质朴的风俗人情图，透露出诗歌浓郁的地方色彩。进而引出延安特色、延安精神。这个环节主要采用"1+X"的方法读书，"1"指《回延安》这篇文章，根据单元提示、课文目标完成诗歌的品读；"X"指阅读材料莫耶《延安颂》、祁念曾《延安，我把你追寻》、曹靖华《小米的回忆》、吴伯箫《记一辆纺车》，这些文章不但反映了延安生活的背景，而且揭示了延安精神的内涵，结合资料再来阐释"什么是延安精神"。要让学生深入理解，必须要给学生搭建支架，通过群文阅读来丰富学生的认知。

本课设计的教学理念有两个：

一是"读"，"在读中学、在读中品、在读中思、在读中悟"，以"读"贯穿课堂的始终。说读、概读、品读、悟读等不同形式，而"读"确实也是学习诗歌的不二法门，是学生获得知识的根本途径，是吸收和运用语言的智慧之根。通过读品味诗歌语言，通过读领会诗歌意境。

第二个理念是体现学生主体、学情主导、教师主推的教学理念。在课堂中的每一个环节，教师都是处于"隐身"地位，与学生交流时不再是一种强者尊者的态势，而是更多地让位于学生。在学习的过程中，老师扮演了一个同行者和帮手的角色，而不是居高临下，剥夺学生的主体地位。当学生理解有困难的时候，给学生一个支架，让他们不仅学会，而且会学。比如在品析语言环节，老师提供两个范例，这个支架，给学生进一步品味语言搭好了更上一层的梯子，从而让品读不再停留在表面，而是潜到文字里细品，品出微言大义，品出言外之意。

用生命发出对民主和正义的呐喊
——《最后一次讲演》

【执教名师】

曹忠原，潍坊市育才学校初中语文教师、特色品牌部主任，高级教师，潍坊市教学能手，山东省教学能手，山东省特级教师，齐鲁名师。

倡导"模仿与反复"的语文教学理念，长期致力于语文演讲教育研究，开发并实施《演讲育人》课程。曾作为教育志愿者到贵州省铜仁市万山区进行为期一年的教育扶贫。先后荣获潍坊市政府教育教学成果奖一等奖、山东省基础教育教学成果三等奖、山东省语文优质课一等奖等奖项。

【课文述要】

这是一篇用满腔爱国热忱谱成、用鲜血写就的文字。1946年7月11日，著名爱国民主战士李公朴先生在昆明遇害。7月15日，各界人士在云南大学礼堂召开追悼大会。会上，有特务分子捣乱。面对这种情景，闻一多先生抑制不住满腔怒火，拍案而起，发表了激动人心的讲演。

一、这篇即兴的演说，言出于心，顺理成章

演讲一开始，闻一多先生就义正词严地指出，暗杀李公朴先生，是"历史上最卑劣最无耻的事情"。紧接着，从三个方面痛斥国民党反动派的卑劣无耻：其一，李公朴无罪而遭毒手，足见反动派卑劣无耻；其二，要杀，又不敢"光明正大"地打杀，只会偷偷摸摸地暗杀，更见其卑劣无耻；其三，杀了人，为推脱罪责，反造谣诬蔑，嫁祸于共产党，最是卑劣无耻。三层意思，逐层深入，彻底揭露了反动派制造暗杀李公朴事件的险恶用心。接下去，连用三个"无耻"，反衬三个"光荣"，并联系"一二·一"惨案，高度赞扬了李公朴先生和昆明青年为争取民主和平而英勇献身的革命精神。

第4、5段，首先连用七个"他们"，一针见血地揭露了反动派"这样疯狂地来制造恐怖，""其实是他们自己在恐怖"的虚弱本质；紧接着用十个"你们"当面警告敌人，"人民是打不尽的，杀不完的"，并列举史实证明反动派必然灭亡、人民必定胜利是历史发展的规律；还用十个"我们"自信而自豪地宣布"光明就要出现了"，"我们的光明，就是反动派的末日"。

第6至第11段，先指明李公朴先生牺牲的意义；接着追述云南人民的光荣斗争历史；而后警告反动派，"我们……决不会让你们这样蛮横下去的"，"一个倒下去"，"千百个继起的"跟上来；进而号召进步青年继承先烈遗志，为完成历史赋予的重任而努力奋斗。

最后，表明自己（也是千百个爱国志士）义无反顾，随时准备以身殉志的斗争决心。全文措辞激昂慷慨、正气凛然，充分表现了讲演者坚持正义、追求真理、追求光明高贵品质，不畏强暴、不怕流血、视死如归的斗争精神，以及对前途充满信心、对胜利坚信不疑的革命乐观主义精神。

这是一篇冷峻如铁、热情如火的讲演词，是声讨反动派的檄文，是赞扬烈

士的颂歌，是呼唤斗争的号角。作者在讲演中，揭露什么，歌颂什么，反对什么，赞扬什么，旗帜鲜明；讲演语言短促犀利，贯注着强烈的爱憎感情，具有极大的鼓动性和战斗性。

二、学习本课，落实课程标准

1. 具有日常口语交际的基本能力，学会倾听、表达与交流，初步学会运用口头语言文明地进行人际沟通和社会交。

2. 能就适当的话题作即席讲话和有备的主题演讲，有自己的观点，有一定说服力。

三、学习本课，根据单元学习"任务一"的要求展开教学活动

1. 把握演讲词的主要特点——演讲的针对性、观点鲜明、运用技巧。

本单元四篇演讲词特点鲜明，风格各异。这固然是因为演讲者的个性、职业、教育背景有所不同，但也与演讲的针对性关系密切。阅读时要思考这里的"针对性"包括哪些因素，在演讲词中是怎样体现出来的。

演讲的类型很多，但大都要有鲜明的观点、明确的态度、清晰的思路、充实的内容。阅读时，要注意理解这四篇演讲词的主要观点，特别要关注演讲者是怎样绕观点来设计思路、组织内容的。

为了增强演讲的感染力、说服力，演讲者往往会借助一些语言技巧。仔细品味四篇演讲词的语言，说说演讲者是如何借助语言技巧吸引听众、引起共鸣的。

2. 学习演讲词，不能只是"读"，还要试着"讲"。要在"讲"的过程中进一步理解演讲的特点，体会演讲的"感觉"，为"任务二"写演讲稿和"任务三"举办演讲比赛做些准备。

以小组为单位，每组从本文中任选三个段落，结合阅读所得，研讨怎样演讲才能更好地体现这些演讲词的风格，展现原演讲者的风采。试着在小组内模拟演讲，相互评价、讨论，不断改进提高。每组推选两名同学在全班做展示，一人模拟演讲，一人解说为什么要这样演讲。

【教学实录】

一、积累演讲知识，学习演讲特点

师：上课！

生：老师好！

师：同学们好！请坐下！

师：同学们，"一人之辩胜于九鼎之宝，三寸之舌强于百万之师"这句话说的就是演讲的巨大作用。从今天起，我们将进入第四单元——"活动探究"单元，开启对演讲这一特殊语文实践形式的学习。希望大家认识演讲的特点，掌握演讲的规律，学习讲稿的写作，提高演讲的能力，让演讲走进你的生活，成为你表达情感、发表主张的重要方法，为你架起沟通世界的桥梁，从而唤起更多的人与你一道行动，让这个世界变得更加美好。今天我们先来学习一篇典型的演讲《最后一次讲演》！（板书题目）

师：谁来说一下你了解的关于演讲的知识？

生：演讲又叫讲演或演说，是指在公众场合，以有声语言为主要手段，以体态语言为辅助手段，针对某个具体问题，鲜明、完整地发表自己的见解和主张，阐明事理或抒发情感，进行宣传鼓动的一种语言交际活动。

师：很好。请问你的这个定义的出处是哪里？

生：我查阅的百度百科。

师：很好。网络是我们学习的重要资源，大家要善于利用，为学习服务。

师：演讲这种语言实践活动有什么特点呢？根据预习情况，谈谈你的感受。

生：演讲都有明显的针对性。

师：你从哪里得知？

生：我从任务一"学习演讲词"中得出的认识。

师：很好的学习方法。"活动探究"单元的任务要求，就是重要的学习提示，一定要利用好。

谁还有其他发现？

生：演讲都有鲜明的观点。

师：嗯。

生：演讲都有很强的说服力。

师：还有吗？

生：演讲都使用了语言技巧。

师：对的。我们将在每篇课文的学习中关注这些特点。那么，《最后一次讲演》中的针对性表现在哪里？

（生思考。）

生：这次演讲是针对敌人暗杀李公朴先生的暴行的！

师：嗯。同学们，要了解演讲发生的背景，才能准确把握演讲的针对性。我们知道，抗日战争胜利后，为了维护自己的独裁统治，国民党反动派对要求民主、自由的进步人士疯狂镇压，白色恐怖笼罩了国统区，李公朴等爱国进步人士惨遭杀害。在李公朴的追悼会上，特务又来捣乱，面对敌人的恐吓，闻一多先生怒不可遏，拍案而起，发表了这次针对敌人卑劣行径的"最后一次讲演"，之后被特务暗杀，牺牲在离家不远的深巷中！

二、自读课文，体会情感

师：请大家朗读课文，理解演讲者强烈的情感！

（生自读。）

师：大家都读完了。你从文中读出了闻一多先生怎样的情感？跟你的小组成员交流一下。

（生交流。）

师：请几位同学来展示交流一下你的发现和理解：文中表现了演讲者怎样的情感，你从哪里发现或者体会到的？

生：我从文章中体会到闻一多先生对李公朴先生逝世的沉痛悼念之情。如——

这几天，大家晓得，在昆明出现了历史上最卑劣最无耻的事情！李先生究竟犯了什么罪，竟遭此毒手？他只不过用笔写写文章，用嘴说说话，而他所写的，所说的，都无非是一个没有失掉良心的中国人的话！

反动派暗杀李先生的消息传出以后，大家听了都悲愤痛恨。

生：我从文章中体会到闻一多先生对李公朴先生的歌颂之情。如——

这是某集团的无耻，恰是李先生的光荣！李先生在昆明被暗杀是李先生留给昆明的光荣！

现在李先生倒下了，他的血要换取政协会议的重开！

生：我从文章中体会到闻一多先生对民主与自由的热爱之情。如——

去年"一二·一"昆明青年学生为了反对内战，遭受屠杀，那算是青年的一代献出了他们最宝贵的生命！现在李先生为了争取民主和平而遭受了反动派的暗杀，我们骄傲一点说，这算是像我这样大年纪的一代，我们的老战友，献出了最宝贵的生命！这两桩事发生在昆明，这算是昆明无限的光荣！

生：我从文章中体会到闻一多先生对青年学生和进步青年的赞美与鼓励之情。如——

去年"一二·一"昆明青年学生为了反对内战，遭受屠杀，那算是青年的一代献出了他们最宝贵的生命！

"一二·一"四烈士倒下了，年轻的战士们的血换来了政治协商会议的召开；"一二·一"是昆明的光荣，是云南人民的光荣。云南有光荣的历史，远的如护国，这不用说了，近的如"一二·一"，都是属于云南人民的。我们要发扬云南光荣的历史！

你们看见今天到会的一千多青年，又握起手来了，我们昆明的青年决不会让你们这样蛮横下去的！

历史赋予昆明的任务是争取民主和平，我们昆明的青年必须完成这任务！

生：我从文章中体会到闻一多先生对真理和胜利的渴望与信心。如——

我们有这个信心：人民的力量是要胜利的，真理是永远存在的。历史上没有一个反人民的势力不被人民毁灭的！希特勒，墨索里尼，不都在人民面前倒下去了吗？翻开历史看看，你们还站得住几天！你们完了，快完了！我们的光明就要出现了。我们看，光明就在我们眼前，而现在正是黎明之前那个最黑暗的时候。我们有力量打破这个黑暗，争到光明！我们的光明，就是反动派的末日！

生：我从文章中体会到闻一多先生对特务和反动派的仇恨、憎恶之情。如——

大家都有一支笔，有一张嘴，有什么理由拿出来讲啊！有事实拿出来说啊！（闻先生声音激动了）为什么要打要杀，而且又不敢光明正大地来打来杀，而偷偷摸摸地来暗杀！（鼓掌）这成什么话？（鼓掌）

今天，这里有没有特务？你站出来！是好汉的站出来！你出来讲！凭什么要杀死李先生？（厉声，热烈的鼓掌）杀死了人，又不敢承认，还要诬蔑人，说什么"桃色事件"，说什么共产党杀共产党，无耻啊！无耻啊！

生：我从文章中体会到闻一多先生"横眉冷对千夫指"的视死如归的勇气。如——

我们不怕死，我们有牺牲的精神！我们随时像李先生一样，前脚跨出大门，后脚就不准备再跨进大门！

师：同学们分析地很正确，能结合文章内容进行分析，这种方法很好。我们就是要贴着文本的地面爬行，双手沾满文字的泥土，才能真正理解演讲者的情感世界。

三、朗读课文，表达情感

师：同学们，你能用自己的朗读来表达自己对作者情感的理解吗？下面请自选一段或者几段，读出闻一多先生的情感，读出自己的理解。

（生自读。）

师：下面请同学们在小组内展示一下自己的朗读，相互提提建议，如何能更准确地传达情感？

（小组互评。）

师：请各小组派代表展示朗读成果。可以用你认为合适的朗读技巧。

（生展示。）

生：大家都有一支笔，有一张嘴，有什么理由拿出来讲啊！有事实拿出来说啊！为什么要打要杀，而且又不敢光明正大地来打来杀，而偷偷摸摸地来暗杀！这成什么话？

师：请大家评价一下他的朗读。

生：他读得很有气势，读出了作者的感情。

师：他是如何读出气势的？

生：他把三个感叹句和一个反问句读得慷慨激昂，充满了对敌人卑劣行径的揭露、控诉与斥责。

师：你说得很有道理。最后一句"这成什么话？"，重音应该放置在哪里？

生：我认为重音应该放在"什么"一词上，突出反问的语气，是对敌人的不容辩驳的质问。

师：大家自己读读这句话，体会一下重音的表达作用。

（生自读。）

大家一起读这一段，试着用朗读表现作者情感。

师：谁在来为大家朗读？好的，你来！

生："我们有这个信心：人民的力量是要胜利的，真理是永远存在的。历史上没有一个反人民的势力不被人民毁灭的！希特勒，墨索里尼，不都在人民面前倒下去了吗？翻开历史看看，你们还站得住几天！你们完了，快完了！我们的光明就要出现了。我们看，光明就在我们眼前，而现在正是黎明之前那个最黑暗的时候。我们有力量打破这个黑暗，争到光明！我们的光明，就是反动派的末日！"

师：谁来为他评价一下？

生：他读得抑扬顿挫，跌宕起伏，读出了本段的层次感。

师：你能具体谈一下吗？

生：一开始作者阐述"真理永存"的道理，用坚定而平和的语气读；指出敌人必将灭亡的下场，义愤填膺，语气强烈；阐述目前的处境时，客观公正，语气坚定而平和；表达争取光明的决心，坚定，掷地有声！

师：不错。朗读的技巧（重音、语气等）都要为内容服务，才能读好。"你们完了，快完了！"一句，使用了反复的手法，表达了强烈的情感，在朗读时要注意读出语气上的递进。大家试一试。

（生自读。）

师：请大家根据自己的理解和体会，把这一段文字再读一下。

（生自读。）

四、欣赏视频，学习演讲

师：同学们，影视作品中有很多对《最后一次讲演》的演绎，我们来看一下，从中汲取他们的表现方法，深入理解闻一多先生的情感世界。因为艺术表现的需要，视频中的个别语句可能与课文不一致，咱们只学习其表现方式。

（播放视频，同学观看：闻一多最后一次演讲 - 电视剧 - 高清完整正版视频在线观看 - 优酷 https://v.youku.com/v_show/id_XNTM2ODE1NTQ4.html）

师：同学们，看了刚才的视频，你们有何感想和收获？

生：闻一多先生是伟大的民主战士，他英勇无畏，将生死置之度外。

生：闻一多先生在用生命演讲，我知道了，演讲不是空喊口号，而是自己内心的表白，是用自己的生命唤醒众多的生命。

生：演讲的技巧不是最重要的，情感才是演讲感染人打动人的根本原因。

生：演讲不一定有演讲稿，发自肺腑的言语就是最好的文章。

生：演讲要与听众活动，走进听众心里，唤起他们的共鸣，这才是好的演讲!

生：演讲能振聋发聩，给人以方向，给人以力量，给人以希望。

生：不为演讲而演讲，要为生活而演讲，要为改变生活而演讲。

生：我要学会演讲，用演讲改变世界。

五、练习演讲，提升素养

师：同学们，听到大家的发言，我很高兴。你们被这《最后一次讲演》深深打动了，有了对演讲和演讲者的深刻理解，我想你们已经跃跃欲试了吧？因为演讲稿是用来讲的，不是读的。我们就来试着讲一讲吧。你要化身为闻一多先生，站在李公朴先生追悼会现场，面对广大的进步青年，面对打乱的国民党特务，你来发出正义的呐喊吧!

请同学们自己练习，为了配合情感的表达，可以对演讲中的技巧进行一下设计，如重音、节奏、语气、语速等，肢体语言也要注意运用。可以模仿视频中的一些方法。可讲全文，也可讲片段。稍后在小组内轮流展示。开始吧!

（生自讲，小组交流。）

师：同学们，请各小组推荐代表进行演讲展示，其他人可以进行评价。

一组：单人演讲

这几天，大家晓得，在昆明出现了历史上最卑劣最无耻的事情! 李先生究竟犯了什么罪，竟遭此毒手？他只不过用笔写写文章，用嘴说说话，而他所写的，所说的，都无非是一个没有失掉良心的中国人的话! 大家都有一支笔，有一张嘴，有什么理由拿出来讲啊! 有事实拿出来说啊! 为什么要打要杀，而且又不敢光明正大地来打来杀，而偷偷摸摸地来暗杀! 这成什么话？

二组：单人演讲

今天，这里有没有特务？你站出来! 是好汉的站出来! 你出来讲! 凭什么要杀死李先生？杀死了人，又不敢承认，还要诬蔑人，说什么"桃色事件"，说什么共产党杀共产党，无耻啊! 无耻啊! 这是某集团的无耻，恰是李先生的光荣! 李先生在昆明被暗杀是李先生留给昆明的光荣! 也是昆明人的光荣!

去年"一二·一"昆明青年学生为了反对内战，遭受屠杀，那算是青年的一代献出了他们最宝贵的生命！现在李先生为了争取民主和平而遭受了反动派的暗杀，我们骄傲一点说，这算是像我这样大年纪的一代，我们的老战友，献出了最宝贵的生命！这两桩事发生在昆明，这算是昆明无限的光荣！

三组：单人演讲

反动派暗杀李先生的消息传出以后，大家听了都悲愤痛恨。我心里想，这些无耻的东西，不知他们是怎么想法，他们的心理是什么状态，他们的心是怎样长的！其实很简单，他们这样疯狂地来制造恐怖，正是他们自己在慌啊！在害怕啊！所以他们制造恐怖，其实是他们自己在恐怖啊！特务们，你们想想，你们还有几天？你们完了，快完了！你们以为打伤几个，杀死几个，就可以了事，就可以把人民吓倒了吗？其实广大的人民是打不尽的，杀不完的！要是这样可以的话，世界上早没有人了。

四组：集体演讲

你们杀死一个李公朴，会有千百万个李公朴站起来！你们将失去千百万的人民！你们看着我们人少，没有力量？告诉你们，我们的力量大得很，强得很！看今天来的这些人，都是我们的人，都是我们的力量！此外还有广大的市民！我们有这个信心：人民的力量是要胜利的，真理是永远存在的。历史上没有一个反人民的势力不被人民毁灭的！希特勒，墨索里尼，不都在人民面前倒下去了吗？翻开历史看看，你们还站得住几天！你们完了，快完了！我们的光明就要出现了。我们看，光明就在我们眼前，而现在正是黎明之前那个最黑暗的时候。我们有力量打破这个黑暗，争到光明！我们的光明，就是反动派的末日！

五组：双人演讲

李先生的血不会白流的！李先生赔上了这条性命，我们要换来一个代价。"一二·一"四烈士倒下了，年轻的战士们的血换来了政治协商会议的召开；现在李先生倒下了，他的血要换取政协会议的重开！我们有这个信心！

"一二·一"是昆明的光荣，是云南人民的光荣。云南有光荣的历史，远的如护国，这不用说了，近的如"一二·一"，都是属于云南人民的。我们要发扬云南光荣的历史！

六组：单人演讲

反动派挑拨离间，卑鄙无耻，你看见联大走了，学生放暑假了，便以为我们没有力量了吗？特务们！你们错了！你们看见今天到会的一千多青年，又握起手来了，我们昆明的青年决不会让你们这样蛮横下去的！

反动派，你看见一个倒下去，可也看得见千百个继起的！

正义是杀不完的，因为真理永远存在！

历史赋予昆明的任务是争取民主和平，我们昆明的青年必须完成这任务！

我们不怕死，我们有牺牲的精神！我们随时像李先生一样，前脚跨出大门，后脚就不准备再跨进大门！

师：请对六个小组的演讲进行评价。选出你认为演讲优胜者，指出值得我们学习的长处和优点，也可以指出其缺点和不足。

生：我认为六组演讲最好，特别是最后一段，将闻一多先生的大义凛然的形象塑造出来了，特别感人。

生：我认为三组最好。他的捶桌子的动作配合演讲的语气，非常恰当地淋漓尽致地表现出闻一多先生对反动派的强烈憎恨之情！

生：我认为一组最好。一开场就先声夺人，将全场的气氛调动起来，唤起民众的共鸣，打压了特务的嚣张气焰！

生：我认为五组演讲的不错。两个人分工合作，衔接紧密，恰当地表达了情感。

生：我认为四组演讲得最好，集体演讲，更显气势；但也要注意，不能为了整齐，影响了情感的发挥。

师：同学们刚才的演讲很精彩，评价同样精彩，希望大家在这过程中学到演讲的规律，掌握演讲的方法，提高演讲的能力。

下面请推荐两名代表展示演讲，其他人要根据括号里的提示语言配合演讲的同学，我们共同完成这伟大的演讲。

生二人，分别演讲前后两部分。

生：

最后一次讲演

闻一多

这几天，大家晓得，在昆明出现了历史上最卑劣最无耻的事情！李先生究竟犯了什么罪，竟遭此毒手？他只不过用笔写写文章，用嘴说说话，而他所写的，所说的，都无非是一个没有失掉良心的中国人的话！大家都有一支笔，有一张嘴，有什么理由拿出来讲啊！有事实拿出来说啊！为什么要打要杀，而且又不敢光明正大地来打来杀，而偷偷摸摸地来暗杀！这成什么话？

今天，这里有没有特务？你站出来！是好汉的站出来！你出来讲！凭什么要杀死李先生？杀死了人，又不敢承认，还要诬蔑人，说什么"桃色事件"，说什么共产党杀共产党，无耻啊！无耻啊！这是某集团的无耻，恰是李先生的光荣！李先生在昆明被暗杀是李先生留给昆明的光荣！也是昆明人的光荣！

去年"一二·一"昆明青年学生为了反对内战，遭受屠杀，那算是青年的一代献出了他们最宝贵的生命！现在李先生为了争取民主和平而遭受了反动派的暗杀，我们骄傲一点说，这算是像我这样大年纪的一代，我们的老战友，献出了最宝贵的生命！这两桩事发生在昆明，这算是昆明无限的光荣！

反动派暗杀李先生的消息传出以后，大家听了都悲愤痛恨。我心里想，这些无耻的东西，不知他们是怎么想法，他们的心理是什么状态，他们的心是怎样长的！其实很简单，他们这样疯狂地来制造恐怖，正是他们自己在慌啊！在害怕啊！所以他们制造恐怖，其实是他们自己在恐怖啊！特务们，你们想想，你们还有几天？你们完了，快完了！你们以为打伤几个，杀死几个，就可以了事，就可以把人民吓倒了吗？其实广大的人民是打不尽的，杀不完的！要是这样可以的话，世界上早没有人了。

生：

你们杀死一个李公朴，会有千百万个李公朴站起来！你们将失去千百万的人民！你们看着我们人少，没有力量？告诉你们，我们的力量大得很，强得很！看今天来的这些人，都是我们的人，都是我们的力量！此外还有广大的市民！我们有这个信心：人民的力量是要胜利的，真理是永远存在的。历史上没有一个反人民的势力不被人民毁灭的！希特勒，墨索里尼，不都在人民面前倒下去了吗？翻开历史看看，你们还站得住几天！你们完了，快完了！我们的光明就要出现了。我们看，光明就在我们眼前，而现在正是黎明之前那个最黑暗的时候。我们有力量打破这个黑暗，争到光明！我们的光明，就是反动派的末日！

李先生的血不会白流的！李先生赔上了这条性命，我们要换来一个代价。"一二·一"四烈士倒下了，年轻的战士们的血换来了政治协商会议的召开；现在李先生倒下了，他的血要换取政协会议的重开！我们有这个信心！

"一二·一"是昆明的光荣，是云南人民的光荣。云南有光荣的历史，远的如护国，这不用说了，近的如"一二·一"，都是属于云南人民的。我们要发扬云南光荣的历史！

反动派挑拨离间，卑鄙无耻，你们看见联大走了，学生放暑假了，便以为我们没有力量了吗？特务们！你们错了！你们看见今天到会的一千多青年，又握起手来了，我们昆明的青年决不会让你们这样蛮横下去的！

反动派，你看见一个倒下去，可也看得见千百个继起的！

正义是杀不完的，因为真理永远存在！

历史赋予昆明的任务是争取民主和平，我们昆明的青年必须完成这任务！

我们不怕死，我们有牺牲的精神！我们随时像李先生一样，前脚跨出大门，后脚就不准备再跨进大门！师：请把掌声送给每一位同学！同学们，今天我们一起学习了《最后一次讲演》，了解了演讲的知识和特点，理解了闻一多先生对民主的渴望，对青年的赞颂，对李公朴先生的歌颂，对国民党反动派暗杀李先生的卑劣行径的痛恨与批判。通过学习，我们懂得了演讲要有针对性，要有真情实感，要讲究演讲技巧，在练习中提高了演讲能力。希望你们学习闻一多先生大无畏的英雄气概，学会用演讲的形式歌颂真善美，贬斥假恶丑，用演讲让我们的世界更加美好！

师：下课！

生：老师再见！

师：同学们再见！

【反思评议】

设计探究性活动，在活动中探究

潍坊文华学校　　王方华
新疆生产建设兵团十二师中学　　谢盈欣

本文是一篇红色经典课文，授课过程中要关注其蕴含的红色基因——追求民主、不畏强暴、大义凛然、敢于担当。

本单元是一个关于演讲的活动探究单元，共分为学习演讲词、撰写演讲稿、举办演讲比赛三个任务。曹老师上的这节课是本单元第一课时，是任务一的第一节课，承担着单元总体认知和任务一总体认知的任务，要初步了解演讲的知识与特点。根据课程标准和单元要求，曹老师确定的教学目标包括：了解演讲知识，理解演讲者情感，学习用演讲表达情感，提高演讲能力。

为了达成上述目标，曹老师做了如下教学设计：

首先，通过介绍演讲的巨大作用导入新课，唤起学生对演讲的研讨热情；用检查预习的方式，让学生了解演讲的定义和知识，并引导学生从单元任务要求中发现学习内容，确立学习方向。

结合演讲背景，发现演讲的针对性，进一步了解演讲的特点，也教会学生知人论世的学习方法。

让学生自读课文，体会演讲者的情感世界，把握演讲者的情感倾向，认识演讲者的可贵精神。学生需要结合具体的文本进行分析，贴着文本的地面爬行，深入理解文本。

朗读文本，读出情感。这个环节意在引导学生进行有感情地朗读，加深对演讲者情感的理解和对演讲特点的把握。

学生尝试演讲，体会演讲的特点，提高演讲能力。学生先自己试讲，设计恰当的技巧，帮助表情达意。然后小组内讲评，再到课堂上展示，最后全班合作完成演讲。

这样的设计是为了让学生在演讲中学演讲，在语言实践中提高语言运用能力。不停留在演讲知识的讲述上，而是让学生在学习中自己感悟和体会；不是形而上的理解演讲者的情感世界，而是借助层层递进的读和讲的活动慢慢加深体会。

语文是实践性很强的学科，演讲尤其如此，本单元的设计意图就是让学生在演讲中学习演讲，我们上课要遵从教材编写的初衷，上出符合单元特色的课堂。

曹老师体现了教师为主导、学生为主体的理念，搜集资料、读书、思考、朗读、演讲、评价等，都由学生自主完成，学生成为学习过程的参与者，让学习在课堂上真实发生。

本节课恰当引用影视作品中的相关视频，对学生理解文本情感、学习演讲方法提供了模仿的样本，促进了课堂学习。

本节课运用自主学习与合作学习的方式，提高了学生的参与度与学习热情，以展示的形式作为评价方式，强化了学习效果。

因为受时间限制，本节课对演讲者的论证思路未进行深入探讨，下节课应该再研究。演讲技巧未加全面指导，在进行任务三的活动时，要加强一下。

九年级篇

一等胸怀，成就一等真诗
——《沁园春·雪》

【执教名师】

崔丽梅，山东省潍坊广文中学语文教师，潍坊市"青年教改先锋"，齐鲁名师，山东省远程研修传统文化工作坊主持人。

在《语文建设》《语言文字报》等报刊发表教育教学论文多篇，多次执教市级以上公开课，曾获潍坊市初中语文课堂大赛一等奖、山东省电化教学优质课评选活动一等奖、全国初中语文教师教学基本功大赛优秀课例评比一等奖、全国第二届传统文化与现代语文课堂实践"教育艺术杯"课堂大赛一等奖等奖项。

【课文述要】

本文是统编教材人民教育出版社九年级上册第一单元第一篇课文，这首词颇能代表毛泽东的豪放风格。全词仅 114 个字，就勾画了纵横几万里的北国风光，评论了上下数千年的历史人物，语言精辟、意境雄浑、豪情满怀，被誉为"古今咏雪诗词之绝唱"。诗如其人，正因为伟大领袖拥有这一等的胸怀，才成就了这一等"真诗"。本词不仅是训练学生提高诵读水平、锻炼赏析能力的好素材，更是让学生走近和领略伟人风采，进行励志教育和情感熏陶的绝佳范本。

本单元是"活动·探究"单元，应充分调动学生学习的主动性，基于学情开展诗歌教学，因此采用先学后教，以学定教的方法。《义务教育语文课程标准》（2011 年版）明确指出："诵读古代诗词，阅读浅易文言文，能借助注释和工具书理解基本内容。注重积累、感悟和运用，提高自己的欣赏品位。"九年级学生已经有了一定的积累和欣赏水平，但是诵读和赏析能力仍需要提高。所以教学本课重点提升学生朗读能力和赏析能力。朗读方面，课堂以朗读贯穿始终，读中悟，读中品，读中思，加深理解，步步深入；自读，齐读，分角色读，各种形式的读，读得多样，读出意味。教师在学生的朗读之上拔高，有针对性地指导。赏析方面，深入诗歌精髓之处寻美，引领学生从景物描写、表现手法、炼字炼句等多个方面赏析品味。拓展《沁园春·长沙》，学以致用，比较写法的异同，体会作者博大的胸襟，从而实现举一反三。

【教学实录】

师：同学们，上课！

生：老师好！

师：请坐，今天我们来学一首意境雄浑、画面壮美、气势磅礴的咏雪抒怀之作——毛泽东的《沁园春·雪》。同学们先自主学习五分钟，结合手中的工具书和课文旁批，通读全文，并及时批注你的疑问和思考。

（生自主学习五分钟。）

师：好，我们交流一下，同学们有什么疑问？

生：我希望能够深入探究这首《沁园春·雪》流传千古的原因，怎么写得这么精彩。

215

生：课本批注指导我们注意节奏，读好领起字如"望""惜"并标注了韵脚，除了这些，朗读方面还需要注意些什么。

师：能提出问题说明同学们进行了细致的思考。这些疑问主要集中在诵读和赏析两个方面，这也是我们本节课的学习重点。首先我们来读诗。

（生读。）

师：声音很洪亮，注意这些字音，要读准。一起读。

（屏显。）

读准字音

mǎng　fèn　jù

莽莽　分外　俱往

（生读。）

师："俱"里面有几道横？

生：三道。

师：对，注意书写规范。接下来哪位同学愿意给大家分享一下查阅到的背景资料？

生：我来介绍作者。毛泽东，字润之，伟大的无产阶级革命家、战略家和理论家，中国人民解放军和中华人民共和国的主要缔造者和领导人，诗人，书法家。

生：跟大家分享一下写作背景。《沁园春·雪》创作于1936年2月，当时毛泽东率部准备渡河东征奔赴抗日前线。为了视察地形，毛泽东登上海拔千米、白雪覆盖的塬上，目睹祖国大好河山，豪情满怀，写下这壮丽的诗篇。1945年8月，毛泽东赴重庆与国民党谈判，柳亚子索句，毛泽东手书此词以赠。11月，此词在重庆发表。

生：我给大家补充一个小故事。据说这首词发表后，轰动全国，蒋介石极其恼火，为了把这首词的名气压下去，国民党暗中在内部发出通知，只要会作诗填词的国民党党员都写几首《沁园春》，然后选择一首最好的以蒋介石的名义发表，可最后征得的词作，没有一首能超过毛泽东的，也就不了了之了。

生：这首词颇能代表毛泽东诗词的豪放风格，是中国词坛杰出的咏雪抒怀之作。陈布雷称赞说该词"气势磅礴、气吞山河，可称盖世之精品"。

师：感谢同学们的分享。毛泽东用"平平仄仄的枪声写诗"，将中国革命形势的风起云涌和古典高雅的旧体诗词紧密结合。正因为如此，柳亚子评价这首词："才华信美多娇，看千古词人共折腰。"前无古人，后更无来者。

活动一：反复朗读，感受音乐美

师：除了读出节奏、领字和韵脚，我们还要注意哪些方面呢？我们共同探讨揣摩。刚才同学们的朗读很洪亮，但是一个调子下来的，读诗要读出抑扬，要有高有低，读出韵律美，突出情感的语句要高昂。注意下面四个上扬的句子。

（屏显。）

沁园春　雪

北国风光，千里冰封，万里雪飘。

望长城内外，惟余莽莽；

大河上下，顿失滔滔。

山舞银蛇，原驰蜡象，

欲与天公试比高。↗

须晴日，看红装素裹，分外妖娆。

江山如此多娇，↗

引无数英雄竞折腰。

惜秦皇汉武，

略输文采；

唐宗宋祖，稍逊风骚。

一代天骄，成吉思汗，

只识弯弓射大雕。↗

俱往矣，数风流人物，还看今朝。↗

师：我们一起读一读。

（生读。）

师：对，读出积极向上的精神风貌。比较难读的是"只识弯弓射大雕"。是不是和其他三个句子一样读得高昂慷慨就可以了？

生：不是，虽然句末上扬，但是整个句子是嘲讽的语气。

师：是的，听老师读一读，"只识弯弓／射大—雕↗"同学们试一试。

（生读。）

师：很好，注意这几处语调上扬的地方，我们再来读全诗。

（生读。）

师：有进步了，接下来要注意读出缓急。有的地方读得缓，有的地方读得急，有的地方要读好停顿。

（屏显。）

沁园春　雪

北国风光

千里冰封—，万里—雪—飘—

望　长城内外，惟—余—莽莽

大河上下，顿失滔滔

山舞银蛇，原驰蜡象，

欲与天公试比高↗

须　晴日，看　红装素裹，分外妖—娆—

江山如此多娇 ↗

引无数英雄竞—折—腰—

惜　秦皇汉武，略输文采

唐宗宋祖，稍逊风骚

一代天骄，成吉思汗

只识弯弓射—大—雕— ↗

俱　往矣　数　风流人物

还看今朝↗

师：划"—"的地方要稍微拖音。两个领字，"望""惜"要语调下沉，停顿一下，领起下文，"须""看""俱""数"稍微顿就可以。

（生读。）

师：很好，有缓有急。再注意一点，并不是每一个字都读得很重。需要读出轻重，例如红色的字可以重读，而蓝色的字可以稍微轻一点。我们试试。例如秦皇汉武——

生：略输（轻）文采。

师：唐宗宋祖——

生：稍逊（轻）风骚。

师：轻读为了更好表达惋惜之情。接下来，同学们自己揣摩着读，注意读出抑扬、读出缓急、读出轻重。一会儿找同学来读。

（生各自读。）

（屏显。）

沁园春　雪

北国风光，千里冰封—，万里—雪—飘—

望　长城内外，惟—余—莽莽

大河上下，顿失滔滔

山舞银蛇，原驰蜡象，

欲与天公试比高↗

须　晴日，看　红装素裹，分外妖—娆—

江山如此多娇↗引无数英雄竞—折—腰—

惜　秦皇汉武，略输文采

唐宗宋祖，稍逊风骚

一代天骄，成吉思汗，只识弯弓射—大—雕—↗

俱　往矣　数　风流人物，还看今朝↗

师：好的，谁来试一下。

（一生读。）

师：不错！注意一个字的读音，莽，三声。谁再来试试？

（一生读。）

师：注意高昂的地方要上去。谁再来读？

（一生读。）

师：很有气势！全班都跃跃欲试，我们一起来读。需要一位同学领读，男合是全体男生读，女合是全体女生读，齐合就是全班共同读。老师读题目和作者。

（全班合读。）

（屏显，配乐：《红旗颂》。）

沁园春　雪
毛泽东

领读：北国风光，千里冰封，万里雪飘。

男合：望长城内外，惟余莽莽；

女合：大河上下，顿失滔滔。

齐合：山舞银蛇，原驰蜡象，欲与天公试比高。

领读：须晴日，看红装素裹，分外妖娆，

齐合：江山如此多娇，引无数英雄竞折腰。

男合：惜秦皇汉武，略输文采；

女合：唐宗宋祖，稍逊风骚。

齐合：一代天骄，成吉思汗，只识弯弓射大雕。

领读：俱往矣，数风流人物，

齐合：还看今朝。数风流人物，还看今朝！

师：谢谢同学们，读出了气势磅礴，读出了自信豪迈，读出了伟人风范！

活动二：选点研读，品读写法美

师：有同学想知道这首《沁园春·雪》怎么写得这么精彩。接下来让我们选点研读——欣赏写法的美妙。能否先说说你自学时的发现。

生：这首诗写的雪景很美，而且运用了很多写景手法。

师：是的，可以从景物描写和表现手法的角度探讨。

生：这首词用词上很有特色，比如"山舞银蛇"，好像景色都活了。

师：字词凝练传神。

生：上阕和下阕的表达方式不同，上阕重在描写，下阕重在议论抒情。

师：表达方式的转换，除此之外，篇章结构也可以考虑。接下来请同学们从刚才说的角度中任选一点进行赏析。拿起笔，写下你的思考。

（屏显。）

景物描写之美

表现手法之美

炼字炼句之美

议论抒情之美

篇章结构之美

（生思考赏析4分钟。）

师：好，时间到，我们交流一下。

生：我赏析的是表现手法之美，上阕的"山舞银蛇，原驰蜡象"运用了化静为动的表现手法。

师：怎么个化静为动法呢？

生：本来"山"和"原"是不动的，可是却运用了"驰""舞"，让原本静态的画面变得灵动了。

师：是啊，给山原赋予了生命，这样写有什么好处呢？

生：这样写让山原变得生机勃勃，灵动活现，展现了祖国壮美的大好河山，表达了对山河的热爱。

师：同学们还知道哪些运用化静为动手法的句子呢？能否简要分析一下。

生：鲁迅《社戏》中"淡黑的起伏的连山，仿佛是踊跃的铁的兽脊似的，都远远地向船尾跑去了"，将山化为踊跃的兽脊，写出行船之快，生动形象。

生：王安石《书湖阴先生壁》中"两山排闼送青来"，明明是开门见山，这里却写山推开门将绿色送来，构思巧妙。

生：还有杜甫《绝句》"江碧鸟愈白，山青花欲燃"，花红得仿佛要燃烧起来，把花拟人化了，赋予动态，写出了春天的生机盎然。

师：可见，在诗文中运用化静为动的手法，可以给不动的事物赋予神韵，化腐朽为神奇。我们再来激昂地读诗中的这个句子，体会一下。

（生读。）

生：我赏析景物描写之美，"北国风光，千里冰封，万里雪飘"总写北国雪景，给读者描绘一个冰天雪地、广袤无垠的银色世界。接着一个"望"字引起下文，"长城内外，惟余莽莽；大河上下，顿失滔滔。山舞银蛇，原驰蜡象"描写的景物从静态到动态，动静结合。"须晴日，看红装素裹，分外妖娆"这是联想雪后天晴时的艳丽情景。

师：景物描写，有面有点，有动有静，有实有虚，另外老师补充一点，还有远有近，例如"长城内外"，由南往北，"大河上下"，河是哪条河？

生：黄河。

师：对了，黄河上游下游，由西到东，"山舞银蛇"，绵延开来，视点不断变化，远景和近景相结合。

师：我们可以总结一下上阕景物描写的方法。

生：有动有静。

生：有实有虚。

生：有远有近。

生：有面有点。

师：运用这么多手法写景有什么好处呢？

生：多角度写雪景，展现了北国风光的壮丽，表达对祖国大好河山的赞美，表达爱我中华的豪情。

师：是的，写壮景为了更好地抒豪情，同时引出为之折腰的英雄，为议论抒情做铺垫。

生：我从炼字的角度。"封"写出了雪后的万籁俱寂和宁静肃穆；"飘"字展现了雪花的洋洋洒洒和舒展柔美；"惟"字描绘了大地苍茫，纯然一色；"顿"字突显了寒威之烈，变化之速。

师：仅用一字，意境全出。我们也应跟这位同学一样，读诗时一字一句细细体会，做到叶圣陶先生所说"一字未宜忽，语语悟其神"。

生：我也想补充。"欲与天公试比高"中的"欲"字，不仅写出画面的灵动，更体现了作者的雄心大志和豪迈情怀。

师：是的。毛泽东诗词中，像这句一样敢与天地争锋，体现吞吐山河、雷霆万钧气势的诗句，同学们还能想到哪些？

生：埋骨何须桑梓地，人生无处不青山。

师：好男儿志在四方！这是毛泽东走出乡关、奔向外面世界的宣言书。

生：自信人生二百年，会当水击三千里。

师：中流击水，迎风劈浪，何等畅快淋漓，何等自信豪迈！

生：把酒酹滔滔，心潮逐浪高。

师：就算处在人生的低谷，依旧把酒酹江，壮怀激烈！

生：今日长缨在手，何时缚住苍龙？

师：长征途中，前有封锁，后有追兵，漫漫险途却等闲视之，不改英雄本色。

生：为有牺牲多壮志，敢教日月换新天。

师：新中国成立后诗人重回韶山，回首峥嵘岁月，激情依旧不减当年。孟子曾说："五百年必有王者兴，其间必有名世者。"毛泽东就是这样一位王者和名世之人，他不愿如腐鼠啄虫、燕雀寻粒，而是心怀经天纬地之志，胸怀为国为民之情。正因为有如此的胸襟和气魄，才能写出如此震撼人心的诗句。正如著名学者王国维说："词以境界为最上，有境界则自成高格，自有名句。"接下来我们共同读一读上阕诗句。

（生读。）

生：我赏析的是"篇章结构之美"，上阕描写北方壮美雪景，赞美祖国的大好河山，下阕从古代英雄人物入手，赞美无产阶级革命英雄，表现博大的胸怀和豪情。

师：上阕写景，下阕议论抒情，这两阕是如何联系起来的呢？

生：用承上启下的句子，"江山如此多娇，引无数英雄竞折腰"。

师：在词的下阕开头，像这样起承上启下的句子，叫做过片。请在书中批注一下。

生：我选择"炼字炼句之美"。"惜秦皇汉武，略输文采；唐宗宋祖，稍逊风骚；一代天骄，成吉思汗，只识弯弓射大雕"这句话运用借代，用"文采""风骚"代文治，用"只识弯弓射大雕"代武功，写出了对历代帝王的惋惜和对成吉思汗的嘲讽。

师：分析很准确，这样写有什么作用呢？扫除六合的秦始皇、傲视群雄的汉武帝，竟然"略输文采"；而创下"贞观之治"的唐太宗、结束四分五裂局面的宋太祖，仍然"稍逊风骚"；纵横驰骋的成吉思汗，竟成了一代武夫。仅仅为了表达对英雄人物的嘲讽和蔑视吗？

生：不是，通过层层铺垫，引出风流人物，也通过对比手法，来写"今朝人"的文武双全。

师：评古为论今。所以评论历史人物，为卒章显志做准备。

生：我从"炼字"的角度。一个"惜"字领起下文，可惜，惋惜，叹息，奠定了批评的感情基调。

师：褒中有贬，因此我们再读这七句的时候，也要读出这种感觉。一起读。

（生读。）

生：我从议论抒情的角度，我赏析的是"俱往矣，数风流人物，还看今朝"，这句话是主旨句，表达了毛泽东的雄心壮志，也体现了对推翻旧社会的无产阶级和人民大众的赞美。

师：对，正如方纪在《挥手之间》所写："决定历史命运的不是秦皇汉武，唐宗宋祖，而是人民自己，是当代的'风流人物'"。

生：此句卒章显志，表现了超越历史人物的信心和决心。

师：石破天惊的话语！那一刻诗人豪情万丈、傲视古今，像鲲鹏，"抟扶摇直上九万里"，势不可挡；如巨人，"抽出倚天宝剑"，腰裁"昆仑"，"截断巫山"，气贯长虹。作为今朝学子，我们也应有如此的志向和气魄，一起把这种气势读出来。

（生读。）

师：最后让我们用对称的句子把全词美妙的写法总结一下。

生：上阕咏雪抒怀，画面壮美；下阕评古论今，气势恢宏。

生：上阕壮景显伟志，为下文议论抒情铺垫；下阕评古为论今，为今朝风流人物蓄势。

生：起句，给全词奠定激越豪壮的基调；过片，将上阕下阕衔接得天衣无缝；结尾，用豪情万丈的感慨卒章显志。

生：咏物、评史、颂今一气呵成；写景、议论、抒情融为一体。

师：谢谢同学们！梁衡先生在《文章大家毛泽东》曾这样评价："这种文字不是用笔写出来的，是作者全身心社会实践的结晶。劳其心，履其险，砺其志，成其业，然后发之为文。文章只是他事业的一部分，如冰山之一角，是虎之须、凤之尾。"因此，我们既要懂得怎么写得如此精彩，更重要的要学习作者伟人的精神。接下来我们把这首词背诵下来。

（生背。）

活动三：拓展比读，感悟情怀美

师：我们再来看一首词《沁园春·长沙》。曾经有人这样认为，读屏幕。

（屏显。）

我认为把这两首主题近似的词对照鉴赏，更能突出作者的历史使命感和社会责任感，也更能显示他作为新中国的缔造者的深邃的思想光辉和词作的完美的艺术魅力。

——吴奔星《问苍茫大地 谁主沉浮》

（生读。）

生：我们开展对比阅读，比较这两首词写法上的异同，把你的发现写下来，然后小组分享交流。

（生写赏析3分钟后，小组交流。）

师：好，我们来交流一下。

生：这两首词上下阙都有领起字，《沁园春·雪》是"望"和"惜"，《沁园春·长沙》是"看""忆"。上阕都重在写景，下阙都重在抒情。

师：基本结构相同，都是"写景——怀古——抒情"。

生：这两首词在写景方面不同点：时间、地点不同，一个是北国雪景，一个是湘江秋景。共同点：写景都有动有静，有远有近，有面有点。

师：而且这两首词选景物都很典型，体现时节特点；都采用定点观察，展现大好河山。

生：《沁园春·雪》先总后分，先写"北国风光"再写长城、大河、山原等。《沁园春·长沙》先分后总，先写山、江、船、鹰、鱼等，后写"万类霜天竞自由"。

生：都运用修辞，"山舞银蛇，原驰蜡象"运用的是比喻、拟人的修辞，"欲与天公试比高"运用拟人、夸张。"百舸争流""鹰击长空，鱼翔浅底""万类霜天竞自由"运用了拟人的修辞。

师：运用修辞，景物活灵活现。

生：我发现都运用了色彩词，《沁园春·雪》"惟余莽莽""银蛇""蜡像"一片白色的世界，"红装素裹"红日和白雪相呼应。《沁园春·长沙》"万山红遍""漫江碧透"中"红"和"碧"，写出山林的斑斓和江水的碧绿。

师：色彩词的运用让景物特点更加鲜明。

生：这两首词中的景物都给人大气磅礴之感，可《沁园春·长沙》描绘出萧瑟的秋景，而《沁园春·雪》的雪景生机勃勃。结合着两首词的背景，可以知道《沁园春·长沙》此时诗人心情有些迷茫，而写《沁园春·雪》时则斗志昂扬。

师：你从景和情的角度进行赏析，都运用借景抒情。但不同的景抒发的情是不同。能否结合这两首词的背景具体分析？

生：1925年，中国共产党正处于星星点点的阶段，前景迷茫，毛泽东面对美丽秋景，内心非常惆怅，写下了《沁园春·长沙》，通过对湘江秋景的描绘和往昔革命斗争生活的回忆，表达了改造旧社会英勇无畏的精神和以天下为己任的壮志豪情。1936年已经纠正了党内的"左倾"领导，并确立了毛泽东的领导地位。当率红军准备渡河东征抗日时，毛主席登高远眺，看"千里冰封"的大好河山时，欣然写下《沁园春·雪》，通过对北方雪景的描绘和对往昔帝王的评论，发出超越历史的宣言，表达出创造空前伟大业绩的自信和豪迈。

师：结合背景了解诗歌内容，理解愈发透彻。那么我们可以说一首透着微微的悲意，一首充满着大大的豪情。

生：这两首词一问一答，从"问苍茫大地，谁主沉浮"到"还看今朝"，从在迷茫中上下探寻到得出铿锵有力的回答，无论逆境还是困境，"改造中国和世界"都是毛泽东不改的追求。

师：对！两首《沁园春》虽然相隔11年，可是全都境界宏阔，站在时代的潮头，心系国家和民族的命运，前呼后应，一脉相承，古今豪词，无出其右，难怪与人说"两首《沁园春》，奠基中国魂"。我们来总结，一起读。

（屏显。）

异：

《沁园春·长沙》游故地观秋景 忆同窗思往事

《沁园春·雪》登高塬眺雪景 评帝王看今朝

同：

雄奇伟丽的景色美

豪放旷达的意境美

壮志凌云的情感美

（生读。）

师：同学们，毛泽东在《讲堂录》中曾说："才不胜今人，不足以为才；学不胜古人，不足以为学。"正因为心怀超越古今圣贤的壮志，才成就了一代伟人，才有了我们的新时代。希望同学们能够担负起历史给予的重任，创造更加灿烂辉煌的明天！最后，让我们共同背诵《沁园春·雪》。

（生背。）

（附板书设计。）

沁园春 雪

毛泽东

上阕：写景抒怀

过片：承上启下

下阕：评古论今

【反思评议】

聚焦主问题，给学生撬动文本的"杠杆"

山东省潍坊广文中学　崔丽梅
新疆生产建设兵团十二师头屯河农场学校　雷　丽

诗词是传统文化的精粹，教红色诗词更是传承传统文化，品味革命经典的过程。本课一读二品三比，在逐层深入中引领学生咀嚼、体会、升化理解。

一、反复诵读

"好诗不厌百回读，熟读深思子自知。"语感是在朗读中产生的，熟读才能成诵。本堂课以读贯穿，层层深入。"朗读"初步感知，"品读"体会美点，"比读"总结写法。读中感受磅礴气势，读中体会语言表达，读中明晰作者情感。诗歌的语句与伟人的情怀在朗读中交织，在课堂中激荡。但是这种读不是想怎么读就怎么读，而是在老师的指导下，一次比一次读得到位，读得优美，读得深入，根据学生的诵读指出不足之处，实现逐步提升，最后臻于完美。

二、依托主问题

"学生所要培养的能力则不是教师包办、强加式的课堂灌输，而应是教师在课前备课以及课堂上授课时有意识的巧妙设计，将对某一方面的教学目标以'主问题'的形式呈现出来，甚至形成"问题链"的形式，让课堂教学呈现出一定的画面感，而不是一味枯燥的刻板式的解析。"这篇文章可以赏析的地方很多，一不小心容易致散，本课从学生需要出发，凝练出"读、品、比"三个活动板块，每个板块聚焦主问题，例如"读"围绕"读出豪迈"；"品"重点"欣赏美点"，"比"重点"比出异同"，实现牵一发而动全身，加深对全诗的理解。问题的引出不是强加，而是基于学情。给学生一个撬动文本的主问题"杠杆"，就能打开一个精彩纷呈的世界。

三、顺势引导

落实本单元"活动·探究"的要求，教师充分尊重学生的自主学习。比如让学生说说自己需要加强的地方，再引入活动训练；针对学生第一遍朗读"一个调子下来"，引导学生注意抑扬和读好缓急；引导学生发现本诗的美点；学生说了"化静为动"，为了让学生更深入地消化吸收，引领学生回顾以往所学；学生自己总结写景的方法，回顾毛泽东其他诗词；等等。"导而弗牵，强而弗抑，开而弗达"，教师引导而不是牵制，启发而不是灌输，帮助学生构建知识体系。

本文是红色经典课文，诗如其人，正因为毛主席拥有这一等的胸怀，才成就了这一等"真诗"。含英咀华的过程，就是走近伟人的过程，就是内化精神的过程。

写给土地的生命恋歌
——《我爱这土地》

【执教名师】

梁冬生，高级教师，齐鲁名师，济宁市杏坛名师、济宁市名师工作室主持人，山东省远程研修省级专家工作坊主持人。

致力于"指向思辨的语文课堂教学"的实践与研究，获评山东省语文优质课一等奖、济宁市教学能手等，在省内外执教公开课、示范课达数十场。参与国家、省市级课题五项，获山东省省级教学成果奖一项，主编出版《开启明天的辉煌——"洼地"教育的 321 突围》《教指向思辨的语文课》等作品，多篇论文在省级及以上刊物发表。

【课文述要】

1938 年，日本侵略军连续攻占了华北、华东、华南的广大地区，所到之处疯狂肆虐，践踏了中国的大片土地，并通过烧杀抢掠的方式，妄图摧毁中国人民的抵抗意志。中国人民奋起抵抗，进行了不屈不挠的斗争。1938 年 11 月 17 日，诗人在国土沦丧、民族危亡的关头，满怀对土地的挚爱和对侵略者的仇恨，写下了这首慷慨激昂的诗。

艾青是土地的歌者，"土地"是其诗作中出现最多的两个意象之一（另一是"太阳"）。土地和太阳是支撑他生命和精神的脊梁。其中，"土地"象征着生他养他而又多灾多难的祖国。对"土地"的热爱和赞叹，是艾青作品的主旋律，寄寓了诗人对祖国大地最深沉的爱。

"假如我是一只鸟，我也应该用嘶哑的喉咙歌唱。"国难当头的时局下，诗人开篇以鸟为喻，用"嘶哑的喉咙"歌唱着对土地最赤诚、最深沉的爱，以"土地""河流""风""黎明"四个意象为"歌唱"内容，赋予了"土地"的境况与发展的不同内涵：既暗示了祖国多灾多难的命运，也暗示了人民所进行的不屈的、顽强的抗争，并由此给大地带来的希望。

接下来，诗人笔锋一转，由"歌唱"之后转而表达要与"土地"共命运，并与之融为一体："然后我死了，连羽毛也腐烂在这土地里面。"

最后两句以设问的方式结尾："为什么我的眼里常含泪水？因为我对这土地爱得深沉。"诗句一问一答，既表明了诗人目睹山河破碎这一现实的悲愤痛苦，又深刻表现了诗人对"土地"的挚爱与热恋。

《我爱这土地》选自统编本九年级上册的第一单元，该单元是诗歌单元，并且是活动·探究单元，诗人艾青借"土地"表达了他对多灾多难的祖国的深沉的爱。结合本单元的任务，需着力开展好以下的学习活动：

任务一，学习鉴赏。独立阅读教材提供的诗歌，涵泳品味，把握诗歌意蕴，体会诗歌的艺术魅力。在朗读过程中能谈出自己的学习体会与感受，把握"土地""河流""风""黎明"等意象，并理解意象的内在含义。

任务二，诗歌朗诵。学习朗读技巧，注重朗诵体验。朗诵时，注意重音、停连、节奏等，把握诗歌的感情基调，读出感情，读出韵律。在理解文本的基础上，加强技巧性的朗读，提升体验性朗读的水平。

任务三，尝试创作。选择一个对象，写一首小诗，抒发自己的情感。从仿写的角度入手，训练写作小诗的能力。

诗人说自己"是作为一个悲苦的种族争取解放、摆脱枷锁的歌手而写诗"。诗人艾青是那一时代的"吹号者"。从本诗来看，诗人以简练传神的笔法、精巧的构思，鲜明地塑造了一个土地最忠诚的歌者形象，以告白的方式，表达了强烈而真诚、深沉而忧郁的爱国情感；表达了在当时艰苦年代里，为祖国的独立自由而奋斗献身的中华儿女的共同心声。

【教学实录】

师：土地是我们的生存之本，是我们的生命之根。土地给我们提供了丰饶的物产，给予了温暖的家园。土地，是我们每一个人的母亲。热爱土地，就是热爱我们的祖国，热爱我们的乡土，热爱我们自己。然而，不幸的是，80多年前，我们的土地母亲遭受了日军无情的践踏和蹂躏。听闻至此，相信每一个有良知的中国人都会感到悲愤不已。而当时，诗人艾青的内心感受又是怎样的呢？今天，就让我们一起走进诗歌《我爱这土地》，聆听他用嘶哑的喉咙唱出了怎样的心底声音？

接下来，我们先简单了解一下诗人和本节课的学习目标：

（多媒体出示。）

生：（朗读诗人简介。）

艾青（1910-1996），原名蒋海澄，浙江金华人。现当代诗人。诗集有《大堰河，我的保姆》等。

生：（朗读学习目标。）

1. 通过多种方式的朗读，基本把握本诗的节奏，感受诗歌的内容。

2. 通过讨论交流，析读"土地"等意象，品读疑难词句，领略诗歌的内涵。

3. 感受诗人在民族存亡的关头，为祖国献身的思想和对祖国的无限挚爱之情。

师：这两位同学的声音都很响亮，吐字清晰。接下来，请允许老师按照自己的理解朗读这首诗，同学们在倾听老师声音的同时，听准字音，把握节奏，并用心感受诗人内心深处发出了怎样的声音。

师：（配乐朗读诗歌。）

生：（鼓掌。）

师：谢谢大家的掌声。如果大家觉得老师有读得好的地方，你也试着学一学；如有不足的地方就试着改一改，然后自由地、大声地朗读两三遍，开始。

生：（自由朗读。）

师：我看到大家都读得很投入。那么接下来，结合你的朗读，谈一谈这首诗歌给你带来了怎样的疑问或感受呢？

生：我想问的是"和那来自林间的无比温柔的黎明"中的"黎明"为什么是"温柔"的？

生："无比温柔"表现了温柔程度之深，生动形象地写出了光明的温暖、轻柔，突显出了曙光对人们的重要性。因此，"温柔"更能体现"黎明"的特点。

师：嗯，这位同学对"温柔"做出了解答。请同学们继续来谈。

生：为什么是"用嘶哑的喉咙歌唱"？

师：鸟鸣的声音，我们常常听到的都是清脆的、明亮的，而这里为什么写成了"嘶哑"的。这也是一个非常好的问题。

生：文中出现了两处省略号，都有什么样的作用？

生：开头处，诗人为什么把自己比作了一只鸟？

师：如果和前面的同学提出的问题连在一起考虑，诗人把自己比作了一只鸟，而且是喉咙嘶哑的鸟，这样写的意图何在呢？

生：喉咙嘶哑的鸟让我们看到了一只饱受磨难的鸟，她的歌声是用自己的整个生命换回来的。鸟的不屈和抗争表现了诗人对饱经沧桑的祖国的热爱。

师："饱经沧桑"该怎么理解？

生：受到了非常多的艰难和灾难。

师：什么样的艰难和灾难？

生：是日本帝国主义对中国的残酷侵略和残忍践踏。

师：你是从哪里看出是日本列强的侵略的？

生：写作的时间和相应的写作背景。本诗写于1938年11月17日，这个时期，我国就处于敌人的入侵阶段，结合本诗的内容，应该是对这段历史的描写。

师：这位同学非常注重学习的细节，能够在学习中进行前后勾连，对诗歌有整体和较为深入地理解。是啊，读诗就要格外关注写作的时间，联系了诗歌的写作背景，可有效帮助我们理解诗歌内容。接下来，请大家自由朗读本诗的写作背景知识。

（多媒体出示。）

《我爱这土地》创作于抗日战争爆发的第二年，中国大片土地正遭受日本侵略者的蹂躏，中华民族正处在危急存亡的紧要关头。

师：结合背景，大家理解为什么是"饱经沧桑"了吧，感受到鸟的喉咙为什么是嘶哑的了吧。

生：（点头示意。）

师：那么，诗人又为什么把自己比作一只鸟呢？并且，老师发现诗歌的前两句中，有一个字似乎是可有可无，那就是"我也应该用嘶哑的喉咙歌唱"中的"也"字，这个字能不能删掉？大家可以深入思考一下，可能会对理解这个问题有所帮助。

生：我觉得不能删掉，因为"也"字表示除自己以外还有其他人也在斗争，体现出并不是独自一人，自己也参与其中，共同抵抗侵略。

师：老师很赞成你的想法：不是一个人的战斗。同时，诗人把自己比作了一只鸟，在意图上，大家想：鸟都这样了，何况人呢？鸟犹如此，人何以堪？

生：（纷纷点头赞同。）

师：同学们经过这么简短的朗读和学习，就有了这么深刻的认识与感受，并发现了这么多有价值的问题。接下来，请你带着这些宝贵的感受和疑问，再次走进文章，看一看，并思考一下，文中还有哪些词句可以帮助你解决疑问；对于你的深刻的感受，又到底是哪些词句带给你的呢？请抓住相关内容，细细地读一读、品一品，谈谈你的理解与认识。

（多媒体出示问题。）

诗中哪些词句给你留下的印象最深刻呢？请结合相关内容，谈谈你的理解。

（学生自主学习，教师跟进指导。）

生：我说的是"连羽毛也腐烂在土地里面"这一句。表现出了诗人热爱祖国的程度之深，深到了要与祖国大地融为一体的程度。

师：这种献身的精神，我想能激发我们每一个人的爱国情感。国家兴亡，匹夫有责。我们国家虽然现在太平了、富强了，但这种献身精神，作为新时代的我们，是不是就可以不要了呢？

生：当然不是，我们还要居安思危。我们现在的身份是学生，现在更要好好学习，通过自己的努力，将来好好保卫我们的国家，以免再受列强的欺侮。

师：是啊，我们每一个人都应该有这种与祖国同呼吸、共命运的精神，要有一种勇于奉献、大爱无私的情操，做最好的自己，为国家的发展奉献自己的力量。下面，就请你带着自己的理解把这一节诗歌来读一读。

（生朗读。）

师：老师感觉你朗读时的感情很充沛，只是在技巧方面再提升一些会更好。比如，朗读时，注意不要把句子读破了，努力做到音断气连，也就是停连的技巧，这样可使得你的朗读更有整体感和流畅感。

生："这被暴风雨所打击着的土地，这永远汹涌着我们的悲愤的河流，这无止息地吹刮着的激怒的风"中"悲愤的河流"和"激怒的风"表现了当时反抗的力量与激情，"永远"和"无止息"表现了无产阶级不屈不挠的抗战精神及革命热情。虽然当时的抗争力量弱小，但人们仍将会努力下去，奋斗下去。

师：因何而激怒？因何而悲愤？

生：因为日本侵略者践踏了我们脚下的这片土地，破坏了我们的家园，残害了我们的百姓。所以，人们感到激怒和悲愤。

师：老师支持你的看法。因为帝国主义的侵略，给我们的家园和人民带来了无尽的灾难，从而也使得我们的这片热土生灵涂炭。那么，大家先来试想一下，在敌人入侵之前，我们的家园和脚下的土地该是怎样的样子？

生：我感觉应该是美丽的。也许就像《钱塘湖春行》中"乱花渐欲迷人眼，浅草才能没马蹄"所描述的一样，呈现的是一派生机勃勃的景象。并且，这块土地还应该是富饶的。

师：你都借鉴了古诗的描述，你真是一个联想丰富的同学。

生：我想，在被侵略前，虽然当时的社会经济水平不高，但人们的生活至少是和谐平静的，应该会像《桃花源记》中的"阡陌交通，鸡犬相闻"一样，充满了安宁、和谐，呈现了田园的诗意和自然风光的美丽。

师：嗯，你的描述更具体。我想每一位同学的心中都有着一块自己想象的热土的模样。对于这样的一块土地，作家端木蕻良用自己的视角也曾作过描述。下面，我想和一位同学配合配乐朗读，其他同学在聆听的过程中，闭目联想想象，结合自己的所想，感受土地的生机和富饶。

（多媒体出示。）

生：我想起那参天碧绿的白桦林，标直漂亮的白桦树在原野上呻吟；我看见奔流似的马群，深夜嗥鸣的蒙古狗，我听见皮鞭滚落在山涧里的脆响；我想起红布似的高粱，金黄的豆粒，黑色的土地，红玉的脸庞，黑玉的眼睛，斑斓的山雕，奔驰的鹿群，带着松香气味的煤块，带着赤色的足金。

……

师：土地是我的母亲，我的每一寸皮肤，都有着土粒；我的手掌一接近土地，心就变得平静。我是土地的族系，我不能离开她。

师：我看大家的表情，好像被这片美丽的土地陶醉了。但大家再想，这片土地被日军侵略以后，又变成了什么样子呢？

生：在日军侵略我们之前，我们的家园是富饶的，人民安居乐业。然而，就是这些可恶的侵略者，践踏了我们的土地，损害了我们的人身、财产安全，侵犯了我们的主权与自由，让我们遭受了前所未有的灾难。

生：根据历史课上学到的知识，日本帝国主义奉行的"杀光、抢光、烧光"的"三光"政策，我想我们的人民当时遭受了日本帝国主义的极度欺凌。

生：我们脚下的这片土地可能已变成血流成河、横尸遍野。

师：然而，当时的现实比大家所想的还要惨烈得多，请看大屏幕中的图片。（出示图片。）

（图片1：日军烧杀抢掠后的场面。）

（图片2：尸横遍野的中国人。）

（图片3：日军残害先烈的场景。）

师：这些日军丧尽天良，他们在中国的土地上大肆屠杀。看图片中的场景，他们连年幼的孩童也不放过，烧杀抢掠。对着中国手无寸铁的老百姓，他们有的把其当作枪杀的活靶子，甚至还作为了杀人游戏中的"棋子"，他们就是杀人的魔鬼！他们的罪行，惨绝人寰，造成了大量的中国人尸横遍野。像南京大屠杀，竟杀了我30万同胞！更残忍地是，像图片3，这些日军竟然摁住我们的先烈，活活地剖出心脏当作下酒菜！此刻，你的内心又做何感想呢？

生：我感到格外的愤怒和震惊，对敌人的凶残感到悲愤。我们的同胞受到如此残忍的杀戮，作为一名中国人，我们有责任要好好保护我们的家园。我们应该不忘国耻，不忘历史的屈辱。（带有气愤的样子。）

235

生：我为我们的同胞受到这样的伤害感到非常痛心。这些都是我们普普通通的老百姓，可以说没有任何的抵抗能力，却遭受如此大的不幸，也让我深刻理解了"国家兴亡，匹夫有责"这句话的内在含义。

师：是啊，同学们，看到这样的画面，哪一个有血性的中国人不会为此而感到义愤填膺呢？哪一个爱国的中国人不会为此而感到痛苦呢？所以，诗人在诗歌中有了这样的诗句表达，我们有请一位同学带着自己的感受朗读这些诗句：

（多媒体出示。）

这被暴风雨所打击着的土地，

这永远汹涌着我们的悲愤的河流，

这无止息地吹刮着的激怒的风。

生：（朗读。）

生：（朗读。）

师：对于以上同学的朗读，大家有什么建议吗？

生：我觉得应该带有一种激昂的情感进行朗读，因为这是我们的土地在遭受苦难的语句，应该着重读好"打击""悲愤""吹刮"等词语。上面两位同学的情感还不够饱满。

师：老师觉得你的点评很到位。这些句子不仅从内容上表现出了一种激昂的情感，而且所用的排比句，也是增强了诗句的语势。接下来，你是推荐一位同学再试着读一读，还是自己亲自朗读。

生：我自己来吧（重音、停连都读得很到位，感情饱满）。

生：（掌声。）

师：下面，我们分成女生、男生两组进行朗读比赛，再次感受一下诗人内心情感的律动。

生：（分组朗读。）

师：很好，男生读得激昂、悲壮，女生读得沉稳、深情。诗人用自己独有的文字和视角表达了自己的感受。但如果我们把诗人笔下的文字作如下调整，在表达上又会有何不同呢？

（多媒体出示。）

这被暴风雨所吹淋着的土地，

这时常流淌着我们的悲愤的河流，

这吹刮着的激怒的风。

生：（说话吞吐，其他学生也很沉默。）

师：我看大家似乎遇到了小难题。下面，就以小组为单位，分别交流一下自己的想法。

（学生讨论交流约3分钟。）

生：修改后的语句不妥当，"流淌"是指河流的流速比较慢，而"汹涌"在这里更能表现出人们对日本侵略者无比的愤恨，气势更加强劲。如果换成"流淌"，只能表现出一种缓缓的感情，程度太轻。

师：请你带着自己的理解，读出这种"汹涌"的感觉。

生：朗读（这一次的朗读，在感情上比上一次充沛许多）。

生：我觉得"打击"不能换成"吹淋"，"打击"表现的是日本侵略者对我们的土地践踏和伤害的程度极深，是一种破坏性的行为；而"吹淋"只是从表面上进行的一种侵犯，并无实质上的伤害。

生："打击"可以真实地再现日本侵略者对中国无情的践踏，而"吹淋"不仅程度轻，更主要的是不符合历史事实。通过前面的图片和我们学过的历史，可以知道，日本帝国主义对我们国家的伤害是极度严重的，是不能原谅的。因此"打击"一词更加符合实情。

生：从"打"和"吹"两个字就可以看出明显的差异，"打"是伤害，"吹"是无伤害的。

师：大家无论是从字面意思，还是站在历史的角度，对这两个词都进行了深入地分析，让我们再一次感受到了诗人用词之准确，感受到了诗人用此词所要表现出的自我内心的苦痛。接下来，谁能带着自己的感受来朗读这一段。

生：（学生的朗读渐入佳境。）

生："无止息"是不能去掉的。这个词表现了中国人民的奋起反抗不是一时一刻的，而是持续不断的，前面的"汹涌"表现的是悲愤的程度之深，而这里的"无止息"表现的是持续的时间会很长久。

师：在此，老师也非常希望能听到你的声音中的"悲愤""无止息""激怒"之情来，你也来试着读一读吧。

生：（学生的朗读抑扬顿挫，重音突出，感情激昂。）

生：(掌声。)

师：这位同学又从另一个角度解读了诗人用语的用心，这种愤恨之情不仅在于程度上，还在于持续的时间。这种悲愤的情感像河流一样汹涌澎湃，这种愤怒像怒风狂飙一般无止无息。接下来，让我们一起调动自己的情感共读这一段。

生(齐读。)

师：大家的朗读既响亮又整齐，接下来，试着能不能背下来。

生：(自由背诵并齐背。)

师：日军的侵略和残暴，对我们的国土的践踏是无情的，对我们的人民的伤害是令人发指的。刚才，大家看到的是尸横遍野的场景，相信每一位同学都在怒火中烧。然而，他们对活着的人又是怎样折磨的呢？接下来，让我们从诗人戴望舒笔下的文字再多作一些了解：

(多媒体出示。)

在这阴湿，窒息的窄笼：

做白虱的巢穴，做泔脚缸，

让脚气慢慢延伸到小腹上，

做柔道的呆对手，剑术的靶子，

从口鼻一起喝水，然后给踩肚子，

膝头压在尖钉上，砖头垫在脚踵上，

听鞭子在皮骨上舞，坐飞机在梁上荡……

——戴望舒《等待（二）》

师：当时，这种摧残已遍及了整个中国，自然，我们脚下的这片家乡的土地也不会幸免。

(出示微山岛墓碑的图片和文字简介。)

1942 年 3 月，日军向微山岛发起进攻，日军头目丰田领兵驻扎。他们一边对我们微山人民进行烧杀抢掠，一边玷污、侵占中国文化。微山岛上"殷微子之墓"石碑上就刻有"丰田部队长"的字样。

师：同学们，当你看到这些文字的时候，你的心情如何呢？当你联想到我们的祖辈也在日军的皮鞭下痛苦生存的时候，联想到他们一个个地倒在日军的刺刀、铁蹄下的时候，你又想说些什么呢？

生：我可以真切地联想到，我们的祖辈在敌人的威逼之下痛苦地生活与抗争，而我们今天才能有如此美好的生活。我想，我们的幸福就是他们用自己的生命进行的顽强反抗换来的，我们要珍惜现在的生活，更要努力学习，保卫好我们的家园。

生：落后就要挨打。我们要铭记历史，通过自己的努力，振兴中华。

师：从某种层面上说，屈辱可以宽容，但绝不可以忘却，因为忘记历史就等于背叛。我们要铭记历史，珍惜美好生活的来之不易。任何时候，都要保有热情，坚定信心，胸怀希望。因为只有有希望的民族，才能成为有未来的民族。大家再来看本诗，诗人有没有着意于希望与未来呢？

生："和那来自林间的无比温柔的黎明……"，这句表现了一种对美好未来的渴望。

师：诗句中的希望为什么会是"来自林间的"，且还是"无比温柔的"呢？

生：因为当时的革命形势不是特别明朗，尤其是日军对我国的大肆侵略，整个国家和社会都处于了黑暗之中、恐怖之中。但即使这样，诗人依然坚信：现在只是黎明前的黑暗，胜利的曙光终究会到来，此刻只是有些微弱而已。

师：你说得太好了。即便希望是这般的渺茫，我们也要为之而奋斗，尤其在捍卫国土尊严方面，更应该像诗人一样，为了希望，即使献出自己的生命，也要与土地共存亡。下面，让我们深情地朗诵诗人的决心之句：

（多媒体出示。）

——然后我死了，

连羽毛也腐烂在土地里面。

师：现在，我提议大家带着本诗所传达的复杂情感，分别再来朗读诗歌的第一节。

（男生齐读。）

（女生齐读。）

（师生配合读。）

师：这首诗歌共两节，最后两句虽短，但独立成节。于是，"网友"有了这样的说法：

（多媒体出示。）

畅谈贴吧：关于《我爱这土地》的最后两局。
通晓古今	诗歌的最后两局内容太少了，完全可以和上一节诗歌合并。

举报	|-3-17 　　　14:26 回复
找茬	顶！支持！ 这里是不是诗人写错行了？ 应该合在一起。

师：对于以上说法，你怎么看呢？

生：我认为不可以并在一起，因为这两句是诗歌的主旨句，隔开是起到强调的作用。诗歌通过一问一答的方式，以"我的眼里常含泪水"的情状，突出表现了"我"的深沉的爱国之心，形象地表达了对祖国土地的无限眷恋之情，并且隐含了献身之意。我认为，这也是当时中华儿女的共同心声。

生：这两句应独立成节，中间的分隔，我也认为是重点强调，强调了本诗的主旨，更是升华了诗人的情感——对土地爱得深沉。同时又用了设问的修辞手法，在一问一答中，直抒了胸臆，可引发读者深深的思考。

师：嗯，这两句在结构上还具有总结全文、在情感上具有升华的作用，从而使得这两句更是具有了画龙点睛之妙。下面，我们带着对主题的理解，再齐读这首诗歌。

生：（齐读。）

师：对于本课的学习，大家还有没有没解决的疑问，或产生了新的疑问，提出来，我们一起解决。

生：（纷纷摇头。）

师：课堂小世界，世界大课堂。愿我们大家在学习中继续启动大脑，能够发现更多的问题，发现更多的精彩。就像下面的一个问题：

（多媒体出示。）

仿写诗句：选择几种意象，歌颂我们新时代的祖国。

　　假如我是一只鸟

　　我也要用嘹亮的喉咙歌唱：

这 _____

这 _____

这 _____

和 _____……

——然后，我死了，

连羽毛也腐烂在土地里面。

为什么我的眼里常流露出怀恋？

因为我对这土地爱得热烈……

（学生自主写作，约4分钟。）

师：写完一句的，说一句；写完两句的，说两句。同学们可自主站起来展示。

生1：假如我是一只鸟

我也要用嘹亮的喉咙歌唱：

这被春风沐浴着的充满生机的土地，

这永远奔腾着的勇往直前的河流，

这充满无限激情与挑战的信念

和那来自未来的富强的亲切的召唤……

——然后，我死了，

连羽毛也腐烂在土地里面。

为什么我的眼里常流露出怀恋？

因为我对这土地爱得热烈……

生2：假如我是一只鸟

我也要用嘹亮的喉咙歌唱：

这被鲜花所簇拥着的山原，

这永远奔腾着我们欢乐的海洋，

这润泽万物的甘甜的雨露，

和那来自地平线的无比灿烂的曙光……

——然后，我死了，
连羽毛也腐烂在土地里面。

为什么我的眼里常流露出怀恋？
因为我对这土地爱得热烈……

师：两位同学都用了自己心中的意象来表达对新时代的赞叹。我想每一位同学只要勤于思考，也能写出富有意味的诗篇来。

（结束语。）

师：今天我们跟随诗人走进了《我爱这土地》，一起感受了诗人对土地的深沉的爱。是啊，谁不钟爱自己的土地，谁不爱恋祖国母亲，最后，让我们再次深情吟诵诗人艾青的《我爱这土地》，深切感受他澎湃的灵魂和赤子的情怀。

【反思评议】

勉己期不止　多获由力耘
——《我爱这土地》教学反思

微山县夏镇街道第一中学　梁冬生
新疆生产建设兵团十二师中学　陈　聘

艾青是中国现当代文学史上的著名诗人，20世纪30年代，他的诗歌创作达到了一个高峰，其诗歌多写国家民族的苦难、悲伤与反抗，具有非常凝重、深厚的特点，充满了"土地的忧郁"。这一时期，艾青诗歌中的主要意象是"土地"和"太阳"，比如《雪落在中国的土地上》《北方》《黎明的通知》等，而《我爱这土地》更是这样的一首"土地情诗"。

《我爱这土地》表达的主题是在民族危亡之时，诗人对土地的挚爱之情。根据《义务教育语文课程标准》（2011版）要求："在语文学习过程中，培养爱国主义、集体主义、社会主义思想道德和健康的审美情趣，发展个性，培养创新精神和合作精神，逐步形成积极的人生态度和正确的世界观、价值观。""国家兴亡，匹夫有责"，因此，在本课的教学中，就需要调动学生的反复朗读，在读中丰富自我的情感体验，感知诗歌语言的张力与魅力；激发学生的联想力，将诗中抽象内敛的语言不断内解于心；促进学生学习的合作性与探究性，将诗歌内在的爱国情感不断充盈于自我的生命之中。也就是说，努力砍好诗歌教学的这"三板斧"，课堂就将能达到化学于心、以情促行的教学效果。

一、读书之味，愈久愈深

朗读是语文教学的基本策略。尤其是作为诗歌，语言多凝练含蓄，也只有加强朗读，学生才能深刻感受诗人在字里行间的情感涌动。《义务教育语文课程标准》（2011 版）指出："在通读课文的基础上，理清思路，理解、分析主要内容，体味和推敲重要词句在语言环境中的意义和作用。""要让学生在朗读中通过品味语言，体会作者及作品中的情感态度，学习用恰当的语气语调朗读，表现自己对作者及其作品情感态度的理解。"而作为《我爱这土地》一诗，表达的是诗人对土地的热爱和眷恋。但对初中生来说，这种情感既厚重又内敛，唯有通过开展多种形式的朗读，才能逐渐增强对文字的感受；唯有通过反复的朗读，才能对诗人的情感慢慢悟解于心间。叶圣陶先生也说："熟读名文，就是在不知不觉之中追求语言的完美。朗诵的工夫，无论对语体还是对文言教学都很重要，仅仅讨论，只是知识方面的事情，朗诵却可以形成习惯，使语言不期而近于完美。"基于此，本节课在教学中就开展了多样的朗读教学活动：在朗读形式上，有朗读、默读、品读等；在人数参与的形式上，有个读、小组读、齐读、分角色读等。而在读的过程中，教师又通过指导学生读出节奏与语气、读出层次、读出感情，让学生逐渐学会了读诗的技巧，扎实了朗读的基本功；通过引导学生逐渐"瓦解"词句内涵，在与文本的不断"触碰"中，增强了学习的意识，感受了文字的温度；加强了切身的体验，体悟了文本的厚度，从而读懂了诗人，读出了自我。

叶嘉莹先生也讲："真正好的诗歌会带着诗人的感悟和生命，诗是他整个感情、心思意念的体现。"因此，在学生的深度朗读中，还需要把潜藏在他们内心深处的情感激发出来，让学生带着情感去读，逐步理解文本文字的精髓，与诗人产生情感上的共鸣。比如"——然后，我死了；连羽毛也腐烂在土地里面"一句，要让学生体味并能读出其中的情感，就需要引导他们在把握诗歌基调与节奏的基础上，把技巧方法与情感体验结合起来，在提升学生朗诵水平的同时，促进情感的认同。像"然后我死了"一句的基调应是低沉的，因为死是哀伤的，所以在语气处理上就应该引导学生读得低缓一些、深沉一些；而在读下一句时，就要引导学生读出一种虽悲而不哀的一种语调，因为这表达了诗人与祖国大地融为一体、共命运的悲壮之情，是一种大义大爱之情，这种情感哀而不伤、雄浑而壮美。正是本课中有了这样的情感激发，学生的朗读理解于心、喷薄于情，其效果自然也就会渐入佳境。在教学中，为进一步促进朗读，教师还开展了以音乐伴奏，烘托气氛；紧抓教育契机，进行引读、范读；让学生在比读活动中进行情感朗读模拟，促进学生深度体验等教学活动，让学生在边学边读中，倾听诗人心底的声音，进行了一次朗诵体验之旅；在边读边悟中，感悟诗歌内在的情感意蕴，接受了一次爱国主义的教育。

二、想象是灵魂的眼睛

《义务教育语文课程标准》（2011版）强调，要培养学生"具有独立阅读的能力，学会运用多种阅读方法。有较为丰富的积累和良好的语感，注重情感体验，发展感受和理解的能力"。而要发展这些能力，联想与想象就是一种很好的方法。爱因斯坦说："想象力比知识更重要，因为知识是有限的，而想象力概括世界上的一切，推动着进步，并且是知识进化的源泉。"诗人戴望舒也有言："诗是由真实经过想象而出来的，不单是真实，亦不单是想象。"可见，发挥学生的想象力，对他们的学习具有重要的意义。对诗歌而言，更是如此。

《我爱这土地》一课通过"鸟""土地""河流""风""黎明"等意象，表达了诗人对土地的热爱和眷恋。然而，如果不激发学生的联想想象来开展教学，仅就意象而解读意象的话，学生对意象的认识虽具体但孤立，虽了解但不易被理解。而在实际教学中，教师引导学生进行意象组合、动态画面的联想与想象的学习，让学生对诗歌意象达到了深度感知的目的。像本课的主问题："诗歌中的哪些语句带给你的感受最深呢？请抓住相关语句，谈谈你的理解。"这个问题本身就指向了学生对诗歌意象及意境的理解，也给了学生充足的联想想象空间。在具体教学开展中，教师先引导学生通过朗读把握诗歌意象；然后，将"打击""汹涌""无止息""激怒"等词语连缀起来，组合成动态的画面，激发学生联想想象，进一步感受中国土地遭受灾难的程度；最后，再配以相关图文资料，再一次激发联想与想象，让学生深刻体会诗人愤怒和深沉的情感。这样的教学，循序渐进，让学生的思维从对诗歌的抽象认识达到了具象的认识，从浅层走向了深层。

亚里士多德说："想象力是发明、发现及其他创造活动的源泉。"在本节课中，联想与想象力的激发，不仅让学生理解了诗歌意象所承载的意义，体味了诗歌意象修饰语所传达的情感，还更让学生理解了整个文本所呈现出的意境与主题。并且，立足于联想与想象，激发了学生更大的学习兴趣，促进了他们对文本中的"填空"与"空白"之处的发现，寻求到了新的学习突破口，实现了对文本的个性化解读和生成性认知。

三、合作是成功之母

"语文课程必须根据学生身心发展和语文学习的特点，爱护学生的好奇心、求知欲，鼓励自主阅读、自由表达，充分激发他们的问题意识和进取精神，关注个体差异和不同的学习需求，积极倡导自主、合作、探究的学习方式。"《义务教育语文课程标准》（2011 版）指出：本单元作为一个活动·探究单元，那么，本课自然也就要承担起学生合作、探究学习能力提升的任务。同时，本课中，也正是教师发挥了学生小组的合作，给予了他们探究的机会，课堂又收到了事半功倍的效果。在自主性培养方面，教师引导学生在课前自主收集材料，让他们尽量多地了解诗歌的创作背景等知识，鼓励他们能自主完成的任务就要自主完成；在培养合作探究能力方面，鼓励小组开展合作学习，互通见解，互相启发；在群学过程中，倡导合作精神，提升团队探究能力，达到对知识的共研共解。就像本课中的辨析语言环节："能不能将'打击'换成'吹淋'"等问题的教学开展，就给学生提供了开展合作探究学习的契机，有力地促进了他们能力的提升，提高课堂教学的效率。也就像巴洛赫在《合作课堂让学习充满活力》中所说："在一个小组中确实有帮助，因为有些事实一个人永远也想不出来，但通过合作学习和观点的交流，就可以达到更多的理解。"当然，其间，再加上教师的引导，又进一步推进了学生的合作与探究学习，促进了他们的深度认知，陶冶了情操，净化了心灵，加深了对祖国土地的情感。

　　然而，每堂课都是一次独特的生命旅行，教师教学预设再完美，如果学生学情不同，课堂的生成就会不同，教学效果自然也会不同。虽有此限，但我们还要坚信：只要能遵循语文教学的规律，充分尊重学生语文学习的主体地位，能根据课堂实情，及时调整教学设计，每一堂课依然能绽放出自有的精彩。

中国的脊梁
——《中国人失掉自信力了吗》

【执教名师】

秦涛，教育管理硕士，诸城市教科所所长，兼任诸城市教育专家指导委员会委员、教科院兼职教研员。教育部"国培计划"骨干教师研修班优秀学员，齐鲁名师，山东省教学能手，语文优秀教师，"互联网＋教师专业发展"工程省级指导专家，潍坊市十大杰出青年。

秉奉"引领学生发现语言文字的美好和创造美好的语言文字"的教学理念，曾获中语会赛课一等奖、潍坊市政府教学成果一等奖。历届学生中多人被清华、北大等名校录取。主持或参与"高中写作教学中学生批判思维能力培养的研究与实践"等各项省市级课题研究。

【课文述要】

　　近代中国本就国运积弱屡遭凌侮，"九一八"事变后东北沦陷进一步在国人心中投下失败阴影；但国民党的官僚政客和所谓社会名流却多次举行"法会"，祈祷"解救国难"。1934 年 7 月蒋介石在《对庐山军官训练团精神训话》中说："他（指日本）要发一个号令，真是只要三天之内，就完全可以把我们中国要害之区都占领下来，灭亡我们中国。" 8 月，当时颇有影响的《大公报》也发表社评《孔子诞辰纪念》，称"民族的自尊心与自信力，既已荡然无存，不待外侮之来，国家固早已濒于精神幻灭之域"。悲观论调一时甚嚣尘上。

　　《中国人失掉自信力了吗》作于 1934 年 9 月 25 日，最初发表于 1934 年 10 月 20 日《太白》半月刊第一卷第三期，署名公汗，后收入《且介亭杂文》（《鲁迅全集》第 6 卷），属鲁迅后期杂文。虽然写作本文时鲁迅先生的肺病已相当严重，但凭着对社会现状的洞悉，鲁迅先生在本文中发出了中国人当自信自强的呐喊。先是对悲观论调进行了有力驳斥，后从正面热情讴歌了并没有失掉自信力的中国民众。钱理群认为，本文严密的论证背后蕴含着复杂的情感，却隐而不露。本文至今读来，依然能够唤起人们强烈的民族自尊心、自豪感。

　　本文先后选入人教版语文九年级上册第四单元、苏教版高三语文选修《鲁迅作品选读》、语文版语文九年级上册第三单元、鄂教版语文九年级上册第三单元、鲁教版语文八年级上册第三单元等教材，统编语文教材将其列入九年级上册第五单元第 17 课（教读）。所在单元教学提示如下：

　　法国思想家帕斯卡尔说："人是一根能思考的苇草。"从某种意义上来说，人的价值就在于有思想。本单元所选议论性文章，或针砭时弊，阐释公理正义；或谈论学术，探讨创造的意义，都闪烁着思想的光芒。阅读这些文章，可以锤炼思想，提高思辨能力，增进对社会、人生的理解。

　　学习本单元，要注意联系文章的时代背景，把握作者的观点；还要注意分析议论文所用的材料，理解观点和材料之间的联系，掌握论证的方法。还要联系实际进行质疑探究，养成独立思考的习惯。

【教学实录】

一、联系现实，情境导入

（课前播放经典抗日歌曲《黄河大合唱》第七乐章《保卫黄河》。）

师：上课！同学们好！

生：老师好！

师：同学们，2021 年 7 月 1 日，我们伟大的中国共产党将迎来百年华诞。百年风雨苍黄，百年成就辉煌。新冠肺炎突袭武汉，中国最先控制住疫情；新冠病毒肆虐全球，中国疫苗接种首超 10 亿。这场突如其来的人类灾难让全世界见证了中国人民的万众一心、众志成城，患难与共、风雨同舟，我们也为生为中国人而自信满满，无比自豪。

"谁愿意像猪羊一般任人宰割？我们抱定必死的决心，保卫黄河，保卫华北，保卫全中国！" 1939 年冼星海先生创作的这首《保卫黄河》向我们展示了战争苦难里中华儿女的抗日决心，也让我们瞬间回到那个中华民族任由外来侵略者宰割的年代。在遭受日本侵略者铁蹄践踏之时，当时的中国人到底是一种怎样的精神与面貌呢？鲁迅先生的这篇杂文《中国人失掉自信力了吗》应该能为我们勾勒与解答。

二、预习反馈，整体感知

师：课前给大家布置了几个自学任务，我们一起来看看大家的预习情况，哪一位同学第一个起来展示呢？老师很期待！

（PPT 展示课前自学任务。）

1. 什么是立论和驳论。

2. 文本创作的背景材料。

3. 标画并提交文中不理解的语句。

生：老师好，我想回答第一个问题"什么是立论和驳论"。立论是针对客观事物或问题，直接提出自己的见解和主张，阐明其理由，表明自己的态度。驳论是通过驳斥敌论点，证明它是错误的、荒谬的，从而证明自己观点正确性的一种论证方式。驳论往往破中有立，边破边立，即在反驳对方错误论点的同时，针锋相对地提出自己的正确观点。驳论可分为驳论点、驳论据和驳论证三种。

师：这位同学预习得很充分，理论知识储备丰富。

（PPT 展示驳论、立论的关键要点。）

师：课前预习时我给大家提供了一篇文章《谈骨气》，大家一定阅读了。

（生齐点头示意。）

师：那大家能否结合这位同学和老师提供的理论知识，分析一下吴晗先生的《谈骨气》和鲁迅先生《中国人失掉自信力了吗》这两篇文章是立论，还是驳论？

（一生举手起立。）

生：我认为《谈骨气》是一篇立论的文章。作者首先提出"我们中国人是有骨气的"这一论点，然后对骨气的含义进行阐释，接着通过几个典型事例证明观点，最后得出结论。而鲁迅先生的《中国人失掉自信力了吗》则是一篇重在批驳谬论的驳论文，他先是摆出敌论点"中国人失掉自信力了"，然后进行反驳，之后提出自己的观点"我们有并不失掉自信力的中国人"。

（多数学生点头表示赞同。）

师：这位同学分析得不错，请大家据此梳理这篇文章的结构思路，并概括每一层的意思，时间 3 分钟。

（学生纷纷举手，一生起立回答。）

生：我把这篇文章分为四层，第一层是第 1–2 段，提出敌论点——中国人失掉自信力了。第二层是第 3–5 段，驳斥对方观点：中国人从未有过"自信力"，失掉的是"他信力"，并发展着"自欺力"。第三层是第 6–8 段，其中第 6 段是一个过渡段，这一层主要是亮明自己的观点，运用古代和现实的例子去证明我们有并不失掉自信力的人，并指出他们是"中国的脊梁"。第四层是第 9 段，得出结论——要论中国人自信力的有无，状元、宰相的文章是不足为据的，要自己到地底下。

师：很好，对本文逻辑结构的梳理很清晰准确。大家是否都赞同这种划分呢？

（一生举手起立。）

生：老师，我有不同意见，我把这篇文章分为三层，第一层与最后一层与上一位同学一样，但是我把中间两层合二为一了，我是按照议论文提出问题、分析问题、解决问题的思路进行划分的。

师：嗯，请坐。这位同学的划分是否合理呢？

（学生点头表示同意。）

师：但老师觉得第一种划分方法更加便于我们理解"驳论"这一论证方式。不过第一位同学说第一层即1-2段是提出敌论点，大家认为这两段都是论点吗？

（学生举手起立，各抒己见，教师适当引导。）

生：我认为不都是论点，第2段是敌论点，第1段应该是敌论据，因为这三个"事实"论据，所以才"有人慨叹中国人失掉自信力了"。

师：鲁迅是如何批驳这一错误观点的呢？

生：从敌观点所提出的三个"事实"进行批驳。

生：以子之矛攻子之盾。

师：说得很形象，能说得再具体一些吗？

生：鲁迅指出这三个"事实"的论据也就是理由，与结论也就是观点之间没有必然的客观联系，二者并不相关。从对方的三个"事实"理由，鲁迅推导出的是"中国人曾经有过'他信力'""中国人现在是在发展着'自欺力'"的结论。"他信力"，"自欺力"，它们都不是"自信力"，那么，"中国人失掉了自信力"的结论就无法推导出。

师：换句话说，也就是若想论证有力，论据与论点必须相关。其他同学呢？

生：我认为这里不仅是论据与论点不相关的问题。鲁迅先生也在强调这三个都是"事实"，但是"有人"犯了以偏概全的逻辑错误，正如鲁迅先生所言"说中国人失掉了自信力，用以指一部分人则可，倘若加于全体，那简直是诬蔑"，"一部分人"不能代表"中国人"，理由片面，不够充足，无法得出"全体中国人失掉自信力了"的结论。

师：这两位同学说得很好，实际上这也恰恰是逻辑学上一种非常重要的规律，这种规律叫作充足理由律。（教师黑板板书：充足理由律。）

在思维论证过程中，所有结论都必须有充分的理由，用来论证的理由与结论必须存在支撑关系。充足理由律的正确运用必须满足两个条件——理由真实和能推得出。能推得出又须满足两个要件——理由相关和理由充足。鉴于此，相应的驳论论证，最主要的是通过指出对方违反了充足理由律——"不能推出"的逻辑错误，从而驳倒对方论点。这也是我们在写作驳论文时可以充分利用的一种规律与方法。

生：我还想补充一点，鲁迅认为对方偷换概念，"他信力""自欺力"和"自信力"并非同一概念，所以可以从分析概念的不同来进行批驳。

生：根据上一位同学所言，我认为文章中多次提到的"中国人"这一概念也是不一样的，他们的所指也并不相同。

师：这位同学提醒得很好，大家应该都发现了鲁迅这篇文章中多次出现"中国人"这三个字，同学们可以把文中出现"中国人"的句子标画出来，思考一下这几次"中国人"的所指分别是什么。

（学生独立思考，时间3分钟，然后交流讨论。）

生：通过课前查阅资料，我简单了解了这篇文章的写作背景，鲁迅先生的这篇《中国人失掉自信力了吗》写于1934年9月25日，恰逢"九一八"事变三周年，当时有些人在《大公报》上散布对抗日前途的悲观论调，指责中国人失掉了自信力。所以我认为第二段中的失掉自信力的"中国人"应该指的是那些散布悲观论调的人，这些人应该是指国民党反动派及其御用文人，也就是最后一段中提到的"状元宰相"。

师：这位同学课前预习得很充分，分析很准确。"状元宰相的文章"，正好同在《大公报》上散布悲观论调的人对应起来。这里我们一起来看大屏幕，进一步了解鲁迅当时写作这篇文章的时代背景，大家可以默读。

（PPT展示时代背景，学生默读。）

1931年"九一八"事变以后，由于蒋介石实行"攘外必先安内"的不抵抗政策，日寇加紧侵略我国，国土日益沦丧。9月23日，蒋介石在南京市党员大会上演讲道："此时必须上下一致，先以公理对强权，以和平对野蛮，忍辱含愤，暂取逆来顺受态度，以待国联公理之判决。"与此同时，为了麻痹人民，国民党反动派常在报刊上以我国"地大物博"一类的空洞宣传来自我安慰。

1934年4月，国民党反动派政客戴季陶和下野的北洋军阀头子段祺瑞等，又请第九世班禅喇嘛于4月28日至5月18日在杭州灵隐寺举行"时轮金刚法会"，"求佛菩萨保佑"。

1934年8月27日，当时颇有影响的资产阶级报纸《大公报》在发表的《孔子诞辰纪念》的一文中说"民族的自尊心与自信力，既已荡然无存，不待外侮之来，国家固早已濒于精神文明幻灭之域"。

师：明明是他们自己只知信地信物信国联，就是不相信自己，甚至于只一味地求神拜佛，却大肆扬言所有中国人都失掉了自信力，以偏概全，确实荒谬。

（学生继续发表看法，讨论交流。）

生：鲁迅先生在第六段中提到的"中国人"从古代看应该是那些埋头苦干、为民请命、舍身求法的中国人，从现实的角度看应该是那些有确信、不自欺的，前仆后继战斗的抗日救国、爱国的中国人，鲁迅称他们为"脊梁"。这里的"确信"不太明白什么意思，但我想它一定是一个褒义词。

师：哪一位同学可以解释一下。

生：这里的"确信"应该是"坚定的信心"的意思。课前我在阅读时也不太明白，所以向"度娘"寻求了帮助。

师：嗯，懂得利用互联网查询信息也是一种辅助学习的手段。

生：第九段中的"中国人"应该是泛指，指一切中国人。

师：关于这几处"中国人"的内涵大家分析得很准确，可见我们在批驳对方观点时，不仅要从充足理由律的角度进行思维论证，同时也可以对概念进行辨析，理清概念的内涵和外延，看对方是否犯了偷换概念、以偏概全的逻辑错误。（教师黑板板书：偷换概念，以偏概全。）

三、交流展示，疑点探究

师：课前让大家把阅读过程中不理解的语句提交上来，老师整理了一下，主要集中在文章的第7、8、9段。下面大家把这几段朗读两遍，默读两遍，然后结合刚刚我们对文章逻辑结构、写作方法的分析和创作背景的了解，思考以下几个问题：

（PPT展示。）

1. 埋头苦干、拼命硬干、为民请命、舍身求法分别是什么意思。

2. "虽是等于为帝王将相作家谱的所谓正史，也往往掩不住他们的光耀"的含义。

3. 最后一段中的"脂粉""筋骨和脊梁""状元宰相""地底下"是什么意思。

（学生诵读和默读，结合问题进行思考，时间4分钟。）

师：下面给大家5分钟时间小组内部讨论交流，集思广益，看看能不能解决这几个问题。

（学生按坐区，四人一组，分组讨论。）

师：时间到了，我们的问题不分先后，大家可以随意交流展示。

生：我们小组想挑战一下最后一个问题，因为我们认为这个问题的难度最大，作为本文的结论，它又是很重要的，这样更能显示我们小组的实力。我们认为"脂粉"是粉饰、美化、伪装用以掩盖事实真相的欺骗手段，这里可指部分中国人正在发展的自欺力。"筋骨和脊梁"是气节、操守、人格、品质的意思。"状元宰相"就是上面我们分析到的指国民党反动派及其御用文人。"地底下"我们认为这里应该不是指死去的人，结合当时的社会环境，它应该是指被迫在地下活动的革命者，或者也可以将它拓展到那些爱国、救国的底层广大民众。整段文字的意思应该是：要评论中国人有没有自信力，一定要从人的本质看，不要被美丽的表象哄骗，一定要"自己"到下层劳动人民和被迫进行地下活动的革命者中间去了解。那些统治阶级的达官贵人和他们的御用文人所写的文章是绝对不能作为根据的。

师：分析得真好！对于这个问题哪个小组还要补充。

生：我们小组想谈谈自己的看法，我们认为这里鲁迅使用了借喻的修辞手法，形象地指出看问题的立场和方法，"脂粉"借喻国民党反动派的御用文人，或者是国民党反动报刊上的欺骗宣传，"筋骨和脊梁"借喻中国人民中的中坚力量，那应该就是指有骨气、有民族自信力的中国共产党和人民群众。

师：说得很好！运用比喻的修辞或是使用借喻，是鲁迅杂文非常重要的一个特点，想要准确理解文意就需要我们找出这些喻体背后的本体。这两组同学探究分析得很到位，那剩下的两个问题哪个小组起来交流呢？机会不多，一定要珍惜哦！

生：我们小组准备重点分析第二个问题，鲁迅说"虽是等于为帝王将相作家谱的所谓'正史'，也往往掩不住他们的光耀"这里应该有两层意思。第一层含义是这些人在中国"正史"里常常是被遮蔽、掩盖的；中国正统的、官方书写的所谓"正史"，是"等于为帝王将相作家谱"，主要写的是帝王将相的历史，那里只有大人物，而鲜有甚至没有小人物，没有普通民众和为民请命的人的历史。第二层含义应该是鲁迅坚信，尽管有遮蔽，这些人的光耀是"掩不住"的，这些埋头苦干、拼命硬干、为民请命、舍身求法的人，才是"中国的脊梁"。

师：这组同学在分析这句话的意思时紧紧扣住"掩不住"这个关键词展开，"掩不住"即包含"掩"的事实，又包含"掩不住"的结果，分析全面到位，老师真的很佩服大家分析问题时的缜密和细致。还有最后一个问题了，最后的机会了。

生：我们小组来解决这个问题。这个问题是"埋头苦干、拼命硬干、为民请命、舍身求法是什么意思？"我们先从概念上进行了讨论，达成了较为统一的想法。"埋头苦干"是专心一意地刻苦工作；"拼命硬干"是指人不顾自己生命去干一件自己力量达不到的事情；"为民请命"是替老百姓说话；"请命"指代人请求保全生命或解除痛苦；"舍身求法"指为追求真理而奋不顾身。

师：这一小组对于这四个词语的解释非常准确，鲁迅说"中国自古以来"不缺这样的人，"这样的人们，就是现在也何尝少呢？"大家能否分别举出实例，这样我们可以更直观地认识鲁迅先生笔下所称赞这些"中国的脊梁"。大家可以联系古今不同领域的人想一想。

（学生思考、举例。）

生："埋头苦干的人"应该可以指广大劳动人民，也可指为人类做出贡献的科学家、改革家，为中华文明创造灿烂文化的文学家等，比如为治水三过家门而不入的大禹；为了搜集史料遍走各地、在牢狱之中仍不忘撰写著作、最终写出了旷世史书《史记》的司马迁；批阅十载、增删五次、创作出中华经典《红楼梦》的曹雪芹；抗战时期坚持不懈抗争的、无名的地下革命者；为共和国军事科研做出贡献的钱学森、邓稼先、潘建伟；新时期无数扎根乡村、助力脱贫攻坚的优秀共产党员。

师：这个同学在举例时既有具体事例，也有概括性的事例，有点有面，非常丰富。（板书：举例论证，点面结合。）

生："拼命硬干的人"，如古代为抗击外来侵略者，不惜牺牲自己的民族英雄，如岳飞、文天祥、林则徐、戚继光等；抗战时期不畏牺牲的革命者，如蒋先云、秋瑾、李大钊、刘胡兰等；新时期全心全意为人民服务，舍小家为大家的共产党员、科研工作者，如王进喜、焦裕禄、黄文秀、沈浩，袁隆平等。

师：这位同学对于历史与现实的了解很丰富，人物确实符合"拼命硬干"的特点，这也是我们写作议论文时应该注意的，我们的论据一定要同论点相关且充足，这样才能增强说服力。（板书：论据与论点相关、充足。）

生："为民请命的人"如忧国忧民的大诗人杜甫；铁面无私、公正断案的包拯；天下第一清官海瑞，新冠疫情"吹哨人"李文亮，耄耋之年毅然前往武汉挽救人民生命的钟南山。

生："舍身求法的人"为追求真理而奋不顾身，如西天取经的玄奘，改革变法的商鞅、王安石、谭嗣同，为追求民主自由而无悔牺牲的革命者李大钊、闻一多，亲历核试验现场寻找核试验失败原因而身患癌症的邓稼先。

师：刚刚大家在举例时应该发现了有些人物重复出现，他们的品质是多层面的，我们平时在积累论据的时候便可以对一个人物进行多角度的挖掘，充分了解人物事迹、性格、品质。通过列举我们更加确信鲁迅先生所言"中国自古以来就不乏这样的，现在这一类人也不少见"，所以读到这里我们应该更加明确鲁迅先生创作本文的目的，哪一位同学可以总结一下？

（学生自主思考总结。）

生：鲁迅先生的这篇文章驳斥了国民党反动派及其走狗文人宣称的"中国人失掉自信力"的论调，从正面热情讴歌并没有失掉自信力的中国民众、革命者，肯定并称赞他们是"中国的脊梁"。

生：我觉得鲁迅先生的这篇文章目的还在于强调民族自信力，唤起民族自尊心、自豪感，表达对中国革命前途的信心。

（学生边总结，教师边板书：驳斥、讴歌、唤醒。）

四、激情诵读，理解主题

师：对于这一类人，鲁迅先生斩钉截铁地说："这就是中国的脊梁""那简直就是污蔑"。"这"与"那"的遥相呼应，泾渭分明，不容混淆，鲁迅强烈的爱憎表露无遗。所以我们在读立论的这三段时，应该是一种什么样的语调、语气呢？

生：坚定的，自豪的，自信的。

生：慷慨激昂的，不容置疑的。

师：给大家一点时间，大家再把这三段认真揣摩一下，一会大家展示朗读好不好？

（生齐声答应，自信微笑。）

师：刚刚我看到有一位男同学读得特别投入，我们请他来我们展示一下吧。

（学生齐鼓掌，该男生铿锵有力地读，读完，掌声雷动。）

师：我想这就是鲁迅先生的声音，也是我们全体中国人的声音，身为中国人我们自信、自豪、骄傲！下面我们集体朗读后三段。

（学生齐读，激情昂扬。）

师：事实上这篇文章中还有一个重要问题我们没有解决，我们在初读这篇文章的时候会发现第一段和第四段有些文字下面加了黑点，这是特意留下的最初发表时被国民党反动派政府图书杂志检察官删改原稿的痕迹，也就是说这两处文字在发表时是被删除了。你如何看待国民党反动派的这一行为？

生：此地无银三百两。

生：删除是为了掩盖事实。

师：嗯，这两位同学反应很快，可不可以具体阐释一下呢？

（学生独立思考，交流。）

生：删除"求神拜佛"自欺欺人这一部分，恰恰说明当时的社会风气或者国民党是主张"求神拜佛"，这确实是"事实"。从另一个角度也说明鲁迅的这些文字触及了反动派的痛处，击中了反动派的要害——"发展自欺力"。

生：我觉得从被保留的这两处删除的文字让我认识到了鲁迅先生为何一开篇就说从"公开的文字上看起来"，这里面其实已经隐含着鲁迅对"中国人失掉自信力"这一无耻谰言的看法。"从公开的文字上看起来"是对后面这三个"事实"的修饰限制，这三者确实是事实，但是他们是国民党反动派的身上的东西，应当限制在这里，而不能任意扩大全体中国人身上。

生：我从被删除的这段文字中看到了鲁迅写作这篇杂文时的处境，一定十分凶险，但是鲁迅先生却不畏惧在枪林弹雨中为民众、为革命、为中华民族振臂呐喊、奔走呼号，他是真正的勇士，真正的战士。

生：老师我也有自己的想法，我觉得"公开"一词用得非常巧妙，它暗示国民党反动派还有许多不愿也不敢公开的见不得人的事，而被"公开"的事也是有选择性的，是为了长久的麻醉自己，欺骗民众的。

师：是的，所以鲁迅先生在文章结尾段说"状元宰相的文章是不足为据"的，想来这些文章在"公开的文字"中多的是。所以我们要谈论中国人是否失掉自信力应该怎么做？鲁迅先生有没有告诉我们呢？

（生一起朗读最后一段。）

师：确实如此，"看地底下"才能看到"并不失掉自信力的中国人"。"他们在前仆后继的战斗，不过一面总在被摧残，被抹杀，消灭于黑暗之中"，他们的战斗事迹被抹杀，他们的自信力也就"不能为大家所知道"。但鲁迅先生一针见血地指出"我们有并未失掉自信力的中国人在"，这一句话清醒了多少人的头脑，鼓起了多少爱国志士的勇气。在生死存亡的危急关头，正是这些有自信力的中国人成了中国的脊梁，扭转了乾坤。所以历史最终会做出最公正的评判，英雄的事迹也不会永远尘封，英雄的精神将会永远被铭记传承。希望大家能像鲁迅先生召唤的那样"自己去看地底下"，去寻找与发现身边埋头苦干、拼命硬干、为民请命、舍身求法的"中国的筋骨和脊梁"。（板书：自己去看地底下、中国的脊梁。）

五、课堂总结，课后延伸

师：今天我们通过鲁迅的这篇杂文学习了写作驳论文的方法，领略了鲁迅先生思维的缜密与语言的犀利，这也是本单元非常重要的学习任务，所以课后对于驳论这一论证方式大家可以勇于实践。建议由语文课代表联合几位团委委员一起组织一场辩论赛，如"时势真的造英雄吗"；或者自选一个观点进行驳斥，如"酒香不怕巷子深""酒香也怕巷子深"，写一篇驳论性质的辩论稿。期待大家的精彩表现！下课！

【反思评议】

充分发挥主体性在说理文中的作用

山东省诸城市教科所　秦涛

青岛大学教育集团　赵月辉

钱理群在《如何读＜中国人失掉自信力了吗＞》一文中提出阅读本文，有三点值得注意：一是本文作为一篇论说文，概括力特别强，因此要阅读相应的具体的历史与现实材料；二是本文的情感隐含在严密的论证背后，因此除了体会论述的严密外，还要注意感悟字里行间、遣词造句中的情感，以及在表达时的隐与显；三是课文中有被删除的文字，可开展讨论。

基于对文本的把握和对钱教授观点的认同，秦老师将本文的教学目标设置为：1. 把握文章的逻辑结构，学习写作驳论文的方法。2. 理解文本重要语句的深层含义。3. 理解作者的创作意图，增强民族自信心。相应地，为本课设计了五个教学环节：1. 联系现实，情境导入。2. 预习反馈，整体感知。3. 交流展示，重点探究。4. 激情诵读，理解主题。5. 课堂总结，课后延伸。

教材编者在本课的"预习"栏目中提出了两个建议：1. 九一八事变三周年之际，一些人对抗日前途持悲观论调，为此，鲁迅写了这篇文章。阅读时，搜集相关背景资料，加深对本文内容的理解。2. 文章是一篇驳论文。它与正面立论的文章有什么不同？带着问题读课文。备课时便据此为本文设计了课前预习的三个要求：1. 什么是立论和驳论。2. 文本创作的背景材料。3. 标画并提交文中不理解的语句。并提供了一篇经典的立论文——吴晗的《谈骨气》，以便学生将其与本课作对照阅读，从而深入理解立论与驳论的不同。虽然在布置预习任务没有明确告知学生两篇文本的不同点，但从课堂上学生的回答可以看出他们对此是有留意的，并能结合预习的要求对这一最大的不同点进行了细致的比较和较为深入的思考。

由学生自主搜集背景资料，更可以看到发挥学生主体性的价值意义。就本课而言，不仅帮助学生理解了文章的写作动机，还使得学生明白了课文中"中国人"概念所指对象的不同，也间接地辅助了学生梳理文本的结构思路，更真切地感受了文章的观点主题，甚至对于其现实意义也有所触动和思考。这就像文言词汇教学中与其照本宣科地灌输词语的意义，倒不如让学生自己动手去查词典来得真切和自然——难怪陆游会说"绝知此事要躬行"。

阅读教学中要重视学生的主体地位不仅可以体现为让学生自主搜集资料，还应该体现在对学生阅读中真实感受的尊重。相信生活在新时代下的学生阅读近一个世纪前的鲁迅先生的作品时，不可能不遇到障碍，于是课前秦老师便让科代表汇总了学生们在阅读过程中对于词句理解的困惑，而这些困惑有一些是较为集中的，甚至是与课堂教学中的难点相一致的。这就为课堂上的重点突破提供了更好的途径。通过小组内部的讨论、组际的交流展示以及教师的点拨、补充，学生对"中国的脊梁"这一概念，对本文的写作意图及其现实意义，都有了较为深入而充分的理解。

语文课堂不能没有琅琅的读书声，秦老师把朗读环节设计在了课文最后部分，这是考虑到本文的最后部分的情感力量。但值得反思的是，本文根据表达思想内容的不同需要，在语言运用上富有变化。前半部分多用曲折、讽刺的语言，如不直接指斥"求神拜佛"的无耻，而是说"一到求神拜佛，可就玄虚之至了"；不直说反动统治者和御用文人的文字，而是说"公开的文字"等。后半部分则理直气壮、语言坚定，如"这就是中国的脊梁"，"他们有确信，不自欺"，"说中国人失掉了自信力，用以指一部分人则可，倘若加于全体，那简直是诬蔑"。这样的语言艺术在课堂上未得充分讨论赏析，是一大遗憾。而如果时间充裕，再将本文与鲁迅的其他杂文进行比较阅读、朗读，哪怕只是片断、局部的对比，估计会让学生对驳论的特点、对鲁迅的文字风格有更强烈的感受。

一阙激荡人心的赤子之歌
——《祖国啊，我亲爱的祖国》

【执教名师】

　　张青，正高级教师，齐鲁名师，山东省特级教师，山东省优秀教师，全国优秀语文教师，山东省班主任发展委员会理事，山东师范大学硕士研究生导师，山东省"互联网＋"工作坊主持人。

　　多年来把学生语文素养的提升放在首位，形成"生态"语文教育的独有风格。获评全国语文优质课评比一等奖、"语文报杯"全国微课评比特等奖。主持完成国家级重点课题两项、省级课题两项，目前主持、参与省市级课题多项。在《语文建设》等核心期刊以及《中国教育报》等发表文章近40篇，出版专著《高效作文教学的探究与训练》，主编山东省教科院统编教材《作文指导》、上海教育出版社《主题阅读》等多种书籍。

【课文述要】

《祖国啊，我亲爱的祖国》是一首充满着爱国深情的现代抒情诗，曾入选各类新诗的选本。它是统编教材九年级下册的第一篇课文，又置于诗歌单元第一篇，可见其重要地位。诗人舒婷以独特的视角选取了四个不同的意象群，宛如一阕多声部的交响乐，抒发了对祖国的挚爱与赞美之情。

1. 执着而深切的赤子深情。

舒婷的诗被人誉为"心灵世界的歌"，《祖国啊，我亲爱的祖国》作为舒婷的代表作之一，鲜明地体现着她抒情诗的特色，或是舒缓反复地吟诵，或是在每一诗节结束的直抒胸臆，都在不断冲击着我们的内心，蓬勃着满腔的热爱、祝福与歌颂。为表达赤子情深，诗人在每个章节都是由低沉舒缓渐趋高亢疾速，既有如泣如诉的轻吟低唱，也有明亮高昂的激情咏叹，抒发着对祖国新生与发展的祝愿，也抒发着诗人愿为祖国奉献一切的铮铮誓言，感人至深。

2. 丰富而鲜明的群组意象。

孙绍振老师在《古典诗歌欣赏基础》写道："面对一个诗歌文本个案，应该从'意象'开始，在最简单、平常的意象背后往往有最为深邃奥秘的情意。"《祖国啊，我亲爱的祖国》作为朦胧诗的代表作，调用了大量意蕴丰富而特色鲜明的意象，呈现在四个诗节中，有具体、有抽象，有现实、有憧憬，形成了一道贯通全诗的意脉。诗歌意象的变化，承载了诗人情感的变化；意脉的延展，又推动了诗人情感脉络的延展。也正是这样，舒婷通过凝练饱满的词句，让老水车疲惫的低唱、淤滩上驳船的泥泞、雪被下古莲新芽的涌动、绯红黎明的喷薄而出，沉淀成无数读者可驻足凝望、可侧耳聆听、可伸手触摸、可细细嗅闻的鲜明形象，刻印在记忆中，再也抹不去。

3. 对比、反复手法的贴切运用。

诗歌多处运用了对比和重复的手法。对比手法主要体现在第1、2节和第3节。前后把过去祖国的贫困、落后、衰败、困顿、愚昧和希望渺茫，与祖国现在的朝气蓬勃、蒸蒸日上进行新旧对比，表现诗人对祖国充满了深情和无限憧憬。反复手法主要体现在两处：一是由"我是……"领起的句式；二是体现在每节诗的末尾，前三节最后都以"——祖国啊"结束，最后一节以"——祖国啊，我亲爱的祖国"结束，回环往复，气势贯通，抒发了对祖国炽烈的热爱之情。

本文列入统编教材九年级下册第一单元首篇教读课文，单元教学提示这样进行说明："诗歌，语言凝练，形式精致，讲究韵律和节奏，其内容包罗万象，丰富多彩。无论是博大、深沉的情感，还是幽远、隽永的哲思，无论是对自然、社会的赞颂，还是对理想的追求、对信念的坚守，都可以用诗歌的形式来表达。阅读本单元的诗歌，我们可以领略诗人的情思，触摸时代的脉搏，受到精神的感染和美的熏陶。"

所以，学习本单元，首先要引领学生在反复朗读、感受诗歌韵律的基础上，把握诗歌的意象，深刻体会诗人的情感，理解诗中蕴含的哲理。其次还要尽可能以任务驱动的方式，迁移原来学过的诗歌赏析的方法，让学生尽可能尝试自主诵读、自主赏析。

【教学实录】

一、创设氛围，导入新课

（课前播放《我爱你中国》，营造爱国氛围。）

师：同学们，爱国是一个永恒的主题。中华上下五千年，曾经涌现了多少捍卫国家而勇于献身的仁人志士，也流传下来多少涌动着爱国深情的感人诗作。这些化为永恒的诗作，记录了他们不怕困难、不计得失、勇于奉献、同仇敌忾的爱国情怀。比如《诗经·秦风》中的《无衣》，我们一起读一下：（屏显。）

岂曰无衣，与子同袍。王于兴师，修我戈矛，与子同仇。

岂曰无衣，与子同泽。王于兴师，修我矛戟，与子偕作。

岂曰无衣，与子同裳。王于兴师，修我甲兵，与子偕行。

（生齐读。）

师：同学们，你们还知道哪些表达爱国深情的诗句？

生：杜甫的"国破山河在，城春草木深"！

生：岳飞的《满江红》："怒发冲冠，凭栏处、潇潇雨歇。抬望眼，仰天长啸，壮怀激烈。三十功名尘与土，八千里路云和月。"

生：文天祥"人生自古谁无死，留取丹心照汗青"！

生：艾青"为什么我的眼里常含泪水，因为我对这土地爱得深沉"。

师：非常好！今天，我们就来赏读一首现代诗，感受诗中流淌着的爱国之情。

（老师板书课题。）

师：同学们，你认为题目中应该重读的词有哪些？

生："亲爱的"应该重读，这是个修饰词，最能表现作者情感。

生：第一个"祖国"，应该稍微重读一下，是作者念念不忘的名字。

师：那就请你为大家朗读示范一下吧。

师：读得很有感情，我已经被你感染了！同学们，我们齐读题目，读准重音，读出情感。

（学生动情齐读，再读。）

师：同学们，谁能简单说说你所知道的诗人舒婷？

生：舒婷是朦胧诗派的代表人物之一，她还有一首诗很有名，叫《致橡树》。

师：说得真好。下面我们走近作者，了解一下创作背景。（屏显。）

舒婷，原名龚佩瑜，1952 年出生于福建省漳州市石码镇。祖籍晋江泉州。以后一直生活在厦门。1969 年到闽西山区插队，1972 年回厦门先后做过泥水工、浆纱工、挡车工、统计员、讲解员、焊锡工等。她是朦胧诗派的代表人物之一，著有诗集《双桅船》《会唱歌的鸢尾花》等，是新时期以来最受青年欢迎的诗人。

（屏显，师抓住重点介绍。）

《祖国啊，我亲爱的祖国》一诗发表于 1979 年。从"文化大革命"中过来，有着太多坎坷经历的青年诗人舒婷，面对经历过深重灾难后获得新生的祖国，很自然地生发出一种忧患意识与历史责任感——为个人的不幸而哀伤，为祖国的不幸而忧虑，同时又对个人与祖国的未来充满信心和希望。

（屏显，生读。）

师：对，正是在这种感情的推动下，舒婷写下了这首抒情短诗。朦胧诗产生于 20 世纪 70 年代末、80 年代初，代表人物有"三剑客"：北岛、舒婷、顾城。诗歌往往借助象征、比喻、暗示、通感等手法，内容含蓄隽永。整体来看诗歌仿佛蒙上了一层朦胧的色彩，给人以独特的审美感受。

（屏显，学生了解朦胧诗及其特点。）

朦胧诗产生于 20 世纪 70 年代末、80 年代初，一改新诗"明白如话"的特点，内容含蓄隽永。它强调诗人的自我意识，往往借助象征、比喻、暗示、通感等手法，变诗的单一形象为多层次的意象叠加，给诗歌蒙上一层朦胧的色彩，给人以独特的审美感受。代表诗人有舒婷、北岛、顾城等。

二、听读，感知诗歌思路

师：请同学们听老师诵读这首诗，注意标记字音，整体感知诗歌思路。（师配乐诵读）

师：请同学们读准下列加点字字音，同时注意重点字字形。（屏显。）

隧洞（　　）干瘪（　　）勒进（　　）簇新（　　）绯红（　　）

喷薄（　　）迷惘（　　）肩膀（　　）纤绳（　　）胚芽（　　）

生：大声读完。（"勒"读错为"lè"。）

师：总体不错，预习很好。注意订正字音，应该读"lēi"，在这里是动词，用绳子等捆住和套住，然后用力拉紧。这里写出了拉纤绳的用力，表现了纤夫生活的艰辛。

师：请同学们快速默读课文，看看四个诗节分别描绘了怎样的祖国？

生：第一节写的是祖国的过去，贫困、落后，百姓生活非常努力，但很艰难。

生：第二节祖国过去是痛苦、悲哀的，但是又在不断追逐着梦想。

生：第三节应该写的是今天的中国，充满希望，迎来了变革，朝气勃勃。

师：说得真好。你从哪里看出变革的希望？

生："簇新""新"，一切都是崭新的；"挣脱""喷薄"也是富有力量的，充满希望的。

生：我觉得第四节主要是写了过去祖国对我的养育之恩，现在我要回报祖国，甚至献出生命都在所不惜。

师：同学们特别善于从诗句中概括、总结。通过大家的交流，我们知道了祖国过去的贫瘠、落后，也看到了中华民族历经磨难而努力挣扎、痛苦追求，从未放弃过理想。中国又迎来了改革开放，一派生机勃勃。总之，诗人描写了祖国苦难的历史和蓬勃发展的现实，表现了诗人与祖国荣辱与共、血肉相连，也抒发了面对历史机遇勇挑重担、无私奉献的爱国之情。（屏显。）

第一节：过去：贫困、落后的祖国

第二节：曾经：痛苦、追求的祖国

第三节：现在：新生、希望的祖国

第四节：未来：养育、献身的祖国

三、初读，感受诗歌旋律

师："文似看山不喜平"，这首诗从总体来看先抑后扬，体现出一种由舒缓到急促、由低沉到高亢的语言节奏，恰当而深切地表达了作者的情感。请同学们伴随音乐自由朗读课文，感受诗歌的旋律之美。

师：好，现在同桌进行合作，探究这首诗的语言特色、旋律之美，要试着把相关句子声情并茂地朗读出来。

生：这首诗四个诗节都用"我是"领起，采用了反复的修辞，把自己化身为祖国的一部分，像歌曲一样回环歌唱，让爱国之情萦绕在每个人心头。

生：是啊，四个诗节又都以"祖国啊"结束，直接抒发爱国之情，引发共鸣，给人很强的震撼。

师：这四个"祖国啊"朗读时语气语调是一样的吗？

生：不一样，是有起伏变化的。前三个读的时候，语速稍慢，舒缓一点。最后一节应该高昂一些，更加深沉。

师：分析得好！前三个诗节都以"祖国啊"作为结束，直抒胸臆，语调高亢，语速稍慢，"啊"尽量稍微延长。最后一节更是热情洋溢，难以抑制，感情喷薄而出。朗读时要更加高昂而深情，最后"祖国"要稍慢、稍拖长，从而把爱国之情镌刻进每位读者心里，引发深深的共鸣。好，请这位同学们试着读一下最后一节。（屏显。）

> 你以伤痕累累的乳房
>
> 喂养了
>
> 迷惘的我、深思的我、沸腾的我；
>
> 那就从我的血肉之躯上
>
> 去取得
>
> 你的富饶、你的荣光、你的自由；
>
> ——祖国啊，
>
> 我亲爱的祖国！

师：《乐记》中说："诗，言其志也；歌，咏其声也。"同学们不妨以先第一节为例，通过句式、修辞、重音、语气语调等，感受诗歌的韵律之美。（屏显。）

我是你河边上破旧的老水车，

数百年来纺着疲惫的歌；

我是你额上熏黑的矿灯，

照你在历史的隧洞里蜗行摸索

我是干瘪的稻穗，是失修的路基；

 是淤滩上的驳船

 把纤绳深深

 勒进你的肩膀，

 ——祖国啊！

生：第一节运用了长句，名词前面的修饰词要重读。对了，"勒"字很有力度，也要重读。

师：抓得很准确！第一节仿佛是一首以低音缓慢升起的乐曲，给人一种沉重感、压抑感。这种诗句的音韵效果与诗人对贫困祖国的忧患意识十分契合。好，请你给大家做一下朗读示范吧。

（生范读，同学们齐读。）

生：第二节，短句为主，"贫困""悲哀""痛苦"要重读。

（屏显。）

 我是贫困，

 我是悲哀。

 我是你祖祖辈辈

 痛苦的希望啊，

 是"飞天"袖间

 千百年未落到地面的花朵，

 ——祖国啊！

师：是啊，要读出深深的悲怆与痛苦的挣扎。诗节后半部分应该注意什么呢？

生：应该读出憧憬和满怀期待，语调高昂一些。

师：请你为大家朗读一下吧。

（生范读。）

生：第三节，运用了排比、反复的修辞，所以节奏感很强。要逐渐读快一点，还要用充满喜悦的语气来读。

师：说得好，请你用喜悦的语气读一下吧！

（生范读。）

师：读得特别有情味、有节奏感，很有感染力。尤其是"绯红""喷薄"两个词重读，也为第四节把全诗推向高潮做好了铺垫。

生：第四节长短句结合，还运用了排比的修辞，增强了语言的气势与感染力。

师：哪几个词应该重读呢？

生："迷惘""深思""沸腾"三个修饰词要重读，"富饶""荣光""自由"也要重读。而且，三个词读的时候要逐渐高亢一些、深情一些。

师：说得真好，请你领读，大家齐读这些诗句吧，感受诗人情感的激昂与深沉。

（屏显。）

> 你以伤痕累累的乳房
>
> 喂养了
>
> 迷惘的我、深思的我、沸腾的我；
>
> 那就从我的血肉之躯上
>
> 去取得
>
> 你的富饶、你的荣光、你的自由；
>
> ——祖国啊，
>
> 我亲爱的祖国！

四、品读，探究诗歌意象

师：诗歌是凝练的艺术。全诗无一处议论，皆以意象描绘，以情贯穿。这些意象既质朴又鲜明，既独特又贴切，强有力地表达了诗人凝重的爱国之情。什么是意象呢？我们该怎样理解意象的表达作用呢？（屏显，请一学生读。）

知识链接：

意象：客观物象经过创作主体的情感活动而创造出来的一种艺术形象，是作者情感表达的凭借。

师：同学们能结合原来学过的诗歌说说意象对表情达意的作用吗？

生：《我爱这土地》把自己化身为鸟，通过"土地""河流""风""黎明"等意象倾吐对祖国的热爱和眷恋。

（屏显，该生朗读。）

假如我是一只鸟，

我也应该用嘶哑的喉咙歌唱：

这被暴风雨所打击着的土地，

这永远汹涌着我们的悲愤的河流，

这无止息地吹刮着的激怒的风，

和那来自林间的无比温柔的黎明……

生：《天净沙 秋思》也是借助了景物描写，表达了游子漂泊天涯的孤独和思乡之情。

师：同学们思路开阔，很善于发掘重点。我们现在聚焦这两句诗，给大家说说诗人怎样通过意象来表达情感的。（屏显例句，一名学生读。）

我是你河边上破旧的老水车，

数百年来纺着疲惫的歌。

师：我们有四个追问：什么意象？有什么特点？象征了什么？借此表达了什么感情？一定注意字斟句酌，抓住关键词甚至抓住一个标点进行分析。

生：作者借"老水车"这一意象，它是"破旧的"的、"疲惫"的，可以看出中国以前非常贫困、落后，人们生活非常艰辛。

师：你还发现了什么？

生：这两句分别从视觉、听觉来写，好像一幅色调灰暗的油画，让人感到沉重和压抑。

师：沉重到喘不过气来了吗？是原始、古老、陈旧到没有希望了吗？

生：不，还有希望，有一抹浅浅的亮色。

师：好，你从哪里看出来的？

生："数百年来"，说明我们一直在努力，一直没停息。发展虽慢，但是我们从没有放弃过。

师：很好，善于从细微处寻找依据！"纺"这个动词，能改成"唱"吗？

生：我觉得可以，因为还是有希望在的。

生：不能换。"唱"有一种轻松愉悦感，和这里语境不符。这个词表现动作单调，不断重复，说明祖国发展沉重、缓慢，举步不前。

师：对，这从另一个角度也说明祖国虽然贫穷落后但我们一直"纺"个不停，中华民族历经磨难而生存，坚持不懈地摸索前行，这才是最令人感动的！所以，这两句中应该重读的词有哪几个呢？

生："破旧""疲惫""纺"都要重读。

师："数百年来"，最好也重读，声音稍微拖长，表现出历史的悠远。（屏显，个人读，师生齐读。）

我是你河边上破旧的老水车，

数百年来——纺着疲惫的歌。

师：请同学们四人小组合作，任选一个诗节进行探究，寻找诗歌意象，合作解读表达作用。注意在书上做圈点批注。

请同学们注意这么几点：作者把浓浓的爱国之情和历史责任感寄托在哪些事物上？这些事物又象征了什么呢？在表达上有什么作用呢？

（小组合作探究某一诗节的意象特点及作用，讨论热烈。）

师：好，现在请各小组来分享对文章的发掘与赏析吧。尽量按照诗节顺序进行，一个小组发言结束，其他同学进行点评或者补充。

生：第一节"熏黑的矿灯""干瘪的稻穗""失修的路基""淤滩上的驳船"这些意象象征了祖国落后的经济、落后的文化和多年蒙受的苦难，同时也展现了在灾难中艰难挣扎，缓慢前行的祖国的形象。四个修饰词要重读。我们组还发现，最后一句前面有破折号，也就是说诗人把自己小"我"融进了祖国大"我"里面，"我"与祖国同呼吸共命运。（师生共同鼓掌。）

师：最后一句中，有个破折号，意味着这里要有较长时间的停顿；在这个停顿中凝聚了深情，然后通过"祖国啊"倾吐出来。

生：作者在每一节都是第一人称、第二人称交替出现。第二人称让人感觉到作者在与祖国直接对话，当面倾诉，有一种画面感，感情强烈，更加具有感染力。

师：同学们给了我大大的惊喜。苏轼所说"诗中有画，画中有诗"，在这首诗中也是体现得淋漓尽致了。好，我们齐读第一诗节，读出画面，读好意象，读出情感。

生：第二诗节中"飞天"这个意象用得好。"飞天"是中国传说中在空中飞舞的神，在民间备受推崇。象征着美好、吉祥、幸福，充满着希望。读的时候要用满怀憧憬的语气。

师：好，请你用满怀憧憬的语气为大家朗读。

（生朗读。）

师：好，第二节既写出了人民的痛苦又写出了人民的向往，写出了中国人民屡受挫折却从不泯灭的希望，这是对中华民族生生不息的民族精神的赞扬！我们来读第二诗节。

（师领读前两行，学生齐读中间四行，师生齐读最后一行。）

生：第三节画面变得明亮晴朗起来，感情也由悲哀变得欣喜亢奋起来。诗人用的意象有"簇新的理想""古莲的胚芽""挂着眼泪的笑涡""新刷出的雪白的起跑线""绯红的黎明"等，表现出祖国摆脱束缚、蒸蒸日上，走进了新时代。

（屏显。）

> 我是你簇新的理想
>
> 刚从神话的蛛网里挣脱
>
> 我是你雪被下古莲的胚芽
>
> 我是你挂着眼泪的笑涡
>
> 我是新刷出的雪白的起跑线
>
> 是绯红的黎明
>
> 正在喷薄
>
> —— 祖国啊！

师：善于学以致用，画面、情感、意象分析得很到位！这是一幅"春和景明"图，中国万象更新、百废待兴，蕴藏着无限的生机与希望！

师：这一节和前面两节对照一下，运用了什么表现手法？

生：运用了对比手法！

生：这一节运用了排比、反复的修辞，很有韵律感，很有感染力。

师："喷薄"这个词换成"升起"可以吗？

生：不可以。"喷薄"呈现出喷涌而出的动态，更让人觉得格外温暖，也蕴藏着无限的生命力。

师：这是个有温度、有能量的词语，应该怎样读出来？

生齐说：重读！

师：我们齐读这最后三行，读出温度，读出生命力，读出欣喜！

（屏显，齐读。）

是绯红的黎明

正在喷薄

——祖国啊！

师：请同学们谈谈对第四节的开发吧。

生：第四节应该是"我"的誓言，或者说我的宣言，是用排比句式呈现出来。

生："十亿分之一""九百六十万平方"两个数字的比较，可以看出我对祖国一往情深，虽然渺小，虽然微不足道，但是我愿意为了祖国奉献出我的一切。

师：这正像艾青在《我爱这土地》中所写："然后我死了，连羽毛也腐烂在土地里面。"这两个数字应该怎样读？

生：重读！

师：诗人在诗中塑造了四组意象群，把祖国过去的落后、现在的痛苦、未来的希望、自我的奉献呈现在读者的面前。诗歌借助象征、比喻、暗示等手法，变单一形象为多层次的意象叠加，给诗歌蒙上一层朦胧的色彩，给人以独特的审美感受，这也正是体现了朦胧诗的特色。读完这首诗，让我们看到了一个为祖国献身的舒婷，一个忧国忧民的舒婷，一个内心磅礴着强烈历史责任感的舒婷！

五、美读，融入诗歌情境

（屏显，课后附录"谢冕谈诗歌"。）

为着克服欣赏上的困难，我们要做的一件事，就是要把诗中所提供给我们的东西"泡"开来。就是说，要把诗人由繁复的生活现象加以高度精练的东西，还原到它原先的状态中去。我们要把浓缩了的东西"泡"开，这是诗歌欣赏中必经的一道"工序"（对于别的文体，这不是必需的，因为它通过详尽的文字尽可以把内容讲清楚）。诗的这个特点通常被称为含蓄，即通过高度概括的语言，把众多的内容蕴蓄到最典型而又最精约的形象中来。

——谢冕《通过想象理解诗》

师：请同学们发挥想象，用生动形象的语言描绘第三节所呈现的画面。字数在 150 字左右即可。

（学生进入即兴写作状态。）

（随机选择 2~3 名同学朗读，师生共同点评。）

师：同学们丰富的想象和生动的描写深深打动了我。我们再次朗读这首诗，感受作者情感的流淌与喷薄。

（安排朗读分工：四位同学领读，其他同学齐读。）

师：整首诗语调从低沉舒缓到高昂激越，要读准重音，注意停顿。四个"祖国啊"，反复吟咏，将感情逐层推进，给全诗营造了回肠荡气的气氛。

（学生深情朗读全诗。）

六、延读，实现自我升华

师：诗中有三个词暗示了作者情感历程的变化，同学们能找到并说说你的理解吗？

生：应该是"迷惘""深思""沸腾"。过去对祖国的前途感到迷茫，然后作者在深思该为祖国做些什么，这也是中华民族的思考。"沸腾"是因为诗人看到了希望，找到了方向，决定奉献自己的一份力量来实现祖国腾飞的梦想。

师：说得好！千百年来，多少仁人志士像舒婷一样深情地爱着自己的祖国并为之而奋斗一生，留下了历史上壮丽的华章，让我们一起用铿锵的、饱满的语调读出他们的心声吧！（屏显，齐读。）

> 忧以天下，乐以天下。
> ——孟子
> 人生自古谁无死，留取丹心照汗青。
> ——文天祥
> 天下兴亡，匹夫有责。
> ——顾炎武
> 为什么我的眼里常含泪水？因为我对这土地爱得深沉！
> ——艾青

师：同学们，课下可以读一读这几首诗，进一步感受朦胧诗的特点，也进一步感受流淌的爱国激情。（屏显。）

推荐阅读：

　　　舒婷《致橡树》　　　　　闻一多《我是中国人》

　　　艾青《我爱这土地》　　　戴望舒《我用残损的手掌》

师：同学们，舒婷作为朦胧诗的代表诗人，唱响了爱国主义的最高音。她的诗既有鲜明的时代特色，又充满着执着而深切的热爱之情。热爱祖国并坚定不移地接受它的所有灰暗或明亮、疮痍或壮美，虽有伤痛但仍然无怨无悔。所以她的歌唱源自内心而优美动人，被誉为"心灵世界的歌"。

师：请课下阅读舒婷的《致橡树》或其他诗作，写出你的赏析所得，字数不少于200字。我们准备在"读写留痕"公众号开辟"舒婷——唱响心灵的歌"专栏，推出大家的作品。

附：板书设计

祖国啊，我亲爱的祖国
舒婷

【反思评议】

一"读"激起千层浪

山东师范大学第二附属中学　张青
新疆生产建设兵团十二师三坪农场学校　黎莉

阅读，就是应让学生在主动积极的思维和情感活动中，加深理解和体验，有所感悟和思考，受到情感熏陶，获得思想启迪，享受审美乐趣。那么，我们平时应该怎样指导学生阅读诗歌呢？

一、现代诗怎么教

1. 教什么：现代抒情诗的教学要点

《义务教育语文课程标准》（2011版）这样要求："语文课程的建设应继承我国语文教育的优良传统，注重读书、积累和感悟，注重整体把握和熏陶感染……"

关于诗歌教学，新课标也提出了明确要求："阅读诗歌，大体把握诗意，想象诗歌描述的情境，体会作品的情感。受到优秀作品的感染和激励，向往和追求美好的理想。"《祖国啊，我亲爱的祖国》表达了对祖国母亲的深情挚爱，感情深沉饱满，意象鲜明，音韵和谐，节奏富于变化，是通过朗读来解读诗意、理解意象、感受语言、感悟诗情的极佳作品，也是对学生进行爱国主义教育的典范。

2. 怎么教：基于"这一篇"的教学路径

《祖国啊，我亲爱的祖国》全诗立意新颖，选择以"我"的角度来吟唱祖国母亲，运用了主体与客体交错换用、相互交融的手法。主体为诗人，客体是"祖国"，而在全诗的进展中，让其合二而一——"我"是祖国的一部分，祖国就是"我"赖以生存与生长的倚靠。祖国是"我"的痛苦、"我"的悲哀，祖国也是"我"的希望、"我"的荣光——"我"与祖国一起奔跑，祖国蒸蒸日上，繁荣富强。

诗歌是语言凝练的艺术，意蕴丰富，"用生动的语言来使人感动"。所以学习诗歌就要学会读诗，通过反复吟咏诵读来体味鉴赏，读出旋律之美、画面之美、意境之美、情感之美。

二、这首诗应该怎么教

叶嘉莹先生在《传统诗词到底美在哪里》中说道："'兴发感动'是中国诗歌的生命，且这个生命生生不已……使自己的生命和诗人的生命结合起来，令诗歌的生命延续。这便是中国诗歌的吟诵之妙。"这堂课正是落实了叶嘉莹先生的要求，披文入情，以声传情，使学生在课堂上入情入境，做到了读有韵味，说有理据，悟有情怀。

1. 不枝不蔓，泾渭分明

舒婷的这首抒情诗从整体来看共分为四个诗节，每一诗节都有侧重点，有内容的关联点，也有情感的集中抒发点。在设计教学时，首先就让学生根据老师范读来整体感知诗歌内容，理清行文思路，犹如唱歌先定调一般，让学生做到胸有"丘壑"。在课堂行进过程中，"听读，感知诗歌思路""初读，感受诗歌旋律""品读，探究诗歌意象""美读，融入诗歌情境""延读，实现自我升华"五个板块步步推进而又互有呼应，使对这首诗歌的赏析做到了"不枝不蔓"，前后贯通。

2. 多维朗读，读出情味

"缀文者情动而辞发，观文者披文以入情"，诗歌教学最大的特点还是应该凸显"语文味"。要引领学生通过语言文字去感受诗歌呈现的形象美、画面美、情境美，更要通过多种形式的朗读去感受这首诗的含蓄美、情感美、哲思美。以读代讲、以品促思，品读相生，在这堂课中体现得尤为充分。

注意节奏、把握重音、留意标点、关照句式；范读、配乐读、个人读、领读、齐读、递加式朗读……每一次朗读都让学生离诗歌和作者更进一步，就这样逐渐走进诗歌里面，与诗人对话，感诗心、悟诗情，这也正如孙绍振老师所提倡的"以作者身份与文本对话"，共享作者的匠心。

3. 动静相宜，繁简有度

于漪老师说："教师对文本的解读有多深，学生对文本的理解才会有多深。"鉴赏诗词不能看表面的热闹与繁华，教师要深挖教材，引领学生揣摩语言的妙处，推敲词句的精当，通过"换""删""调""补"等方式培养学生语感，踏踏实实提升学生语文素养，为他们打开诗歌鉴赏的一扇窗。教师要在学生一望而知处巧抓关键，一点而过；在学生一望不知甚至再望仍不知的地方要舍得花时间进行指导、训练。首先，教师在范读课文时从字音字形入手，提醒学生夯实字词基础；在学生无疑处以朋友交谈的方式进行肯定、赞赏，带动更多学生参与到课堂讨论中；在学生有疑之处善于相机引导，结合原来所学指点迷津（比如关于意象的解读）；让学生调动想象去描绘第三诗节所呈现的画面，也落实了闻一多先生提倡的诗歌三美要求（"音乐美""画面美""建筑美"）。

4. 巧用板书，别具匠心

这堂课板书设计新颖别致，直观醒目：汉字形板书以祖国为中心，把诗歌鉴赏的四个方面呈现在四角，以简驭繁、提契全篇；图画形板书紧扣四个诗节梳理内容、抒发情感，很容易激活学生思维，引发共鸣。这也使得课堂在"读中品、品中读、品中悟"中引领他们向诗歌更深处漫溯，习得方法，悟得情怀。

血肉筑长城

——《梅岭三章》

【执教名师】

董丽丽，高级教师，齐鲁名师，山东省教育科学规划学科专家库成员。曾任济南市长清区中学语文教研员，现任教于济南市长清大学城实验学校。多年参加济南市中考语文试题命制工作。

主持《论语》校本课程建设的实践研究，在山东省儒学会"第二届传承与创新大会暨首届中华优秀传统文化创造性转化、创新性发展研讨会"以及教育部国家级骨干教师高级研修项目"指向深度学习的课程教学变革暨第三期齐鲁名校长建设工程线下集中培训"中展评。参编《统编语文教材名师教案》《高分作文牛皮书》《新课程初中同步作文自主突破2+1》等书目。

【课文述要】

《梅岭三章》是陈毅元帅的经典之作，是革命家抱定必死信念的心灵告白，读来感人肺腑，广为流传。

本文鲜明特点集中表现为以下两大方面：

回环递进，结构独特。《梅岭三章》创作于1936年冬，是由三首七言绝句构成的组诗。三首诗形式上可以独立成篇，但内容上却相互关联，构成一个整体。陈毅采用的是古典诗歌中七绝的格律，三首七绝各自从过去、现在、未来着笔，分别书写在南方三年游击战争的生死关头，陈毅面对"虑不得脱"的险绝环境，虽死不渝；回首十年的革命战争，激励后死同志英勇斗争；追溯参加革命的理想信念，坚信革命必将胜利，自由幸福一定会实现。三首诗整体上又各有侧重，分别寓意必战、必胜、必成，以回环递进的形式全面展现了诗人不屈的战斗意志和对革命必胜的信念，具有很强的艺术魅力。

意象丰富，手法多样。诗歌运用丰富的革命意象和多种表现手法抒写情怀，采取旧词新用、借代、比喻、引用典故等手法丰富诗歌语言，赋予诗歌新意，读起来鲜明生动，气势磅礴，壮怀激烈，极富感染力，表现出陈毅元帅"捐躯赴国难，视死忽如归"的革命意志、共产主义理想必将实现的革命信念和豪壮的革命乐观主义精神。

统编语文教材将其列入九年级下册第一单元第2课自读课文。单元人文主题为对自然、社会的赞颂，对理想的追求，对信念的坚守。分析诗歌，体会诗人炽热情感和豪壮情怀，弘扬无产阶级革命英雄主义和革命乐观主义精神是本课教学的重要追求。本单元语文要素维度的训练重点为反复朗读、感受诗歌韵律，进一步把握诗歌意象，体会诗人的情感，理解诗中蕴含的哲理。因此，反复朗读诗歌，关注诗歌意象，理解诗中蕴含的哲理，也是本课学习应有之义。

【教学实录】

师：他是老一辈的无产阶级革命家，一代开国元勋，新中国成立后被授予元帅军衔。他曾先后担任上海市市长、中央政治局委员、国务院副总理兼外交部部长。他的一生极具传奇色彩，不仅身经百战，而且写诗甚多，一生写过诗词700多首，留世的有300多首，郭沫若先生称他"一柱天南百战身，将军本色是诗人"。面对西山红叶，他写下"西山红叶好，霜重色愈浓。革命亦如此，斗争见英雄"；面对雪压青松，他写下"大雪压青松，青松挺且直。要知松高洁，待到雪化时"；被反动派围困于梅山，直面死神的严峻考验，他写下了"取义成仁今日事，人间遍种自由花"的豪壮诗篇！今天，就让我们一起走进陈毅元帅的组诗《梅岭三章》。

一、朗读体验

师：下面请同学们将每首诗有感情地朗读两遍，然后将三首诗连起来再朗读两遍，边读边对自己认为最有感染力的词句作圈点批注。

（学生朗读课文并作圈点批注。）

师：好，请一位同学来朗读。

（学生举手，朗读。）

师：读得不错！"断头今日意如何——"，读出了诗人深沉的思索和探寻；尤其是"旌旗十万"，这四个字的朗读适度停连，我感受到了革命队伍的豪壮。老师有一点建议：面对观众朗诵，可以适当使用身体语言，以增强感染力。你能添加相应的身体语言，再尝试朗读一遍第一章吗？

（学生朗诵第一章。）

师：请一位同学来评价一下这次的朗诵。

生：这一遍朗诵更好了。我看见他在朗诵"斩"字的时候，加上了一个动作，他举起右手猛地向左下方斜劈下去了！即使死了，也要去"泉台"召集旧部，斩杀"阎罗"，他读出了对敌人的无比仇恨和彻底消灭敌人的坚定决心！

师：好！有理有据！一个"斩"字，加上一个自然的身体动作，更让我们感觉到革命家气吞山河的英雄气概。这三首诗，还有没有其他诗句适宜借助身体语言来增强感染力呢？大家试着读一读，然后说说你这样设计的理由。

（学生自由朗读揣摩。）

生：老师，我想分享朗读这一句："后死诸君多努力，捷报飞来当纸钱。"（学生在朗诵"努力"的时候，双手有力地攥成拳，朗诵"飞来"的时候，右手抬向前上方）"多努力"配上身体语言，我认为更能表达诗人对后来者的激励、鼓舞，表现出了诗人对革命的忠贞不渝。

师：请同桌来评价一下吧。

生：我感觉他这样读感情更充沛了。我想起小学读过的革命烈士夏明翰的诗句："砍头不要紧，只要主义真。杀了夏明翰，还有后来人。"革命者就是这样前仆后继，视死如归，义无反顾。（同学们掌声响起。）

师：他在朗诵"捷报飞来"的时候，右手抬向了前上方，你认为效果如何？

生：我好像看到革命胜利的消息像雪片一样飞来，喜讯那么多，一个接着一个……表现出陈毅元帅的革命乐观主义精神。当时他的处境太艰险了！

师：你从哪里读出当时的处境非常艰险呢？

生：诗歌正文前面的小序。

师：真棒！还有其他同学加上身体语言，朗诵自己最感动的诗句吗？

生：老师，我想朗诵一下第三章，"投身革命即为家，血雨腥风应有涯。取义成仁今日事，人间遍种自由花。"（学生在朗诵"家"的时候，右手自然地放在胸口前，朗诵"自由花"的时候，双手抬向前上方。）

师：刚才你朗诵"即为家"的时候，右手放在了胸口上，这个细节感动了我！你为什么这样处理呢？

生："家"给人温暖，给人希望。老师，我这里还有一个问题，"即"是什么意思呢？我不太确定。"自由花"这三个字，让人感觉一片光明，好像自由就要像花一样盛开，诗人坚信革命必将取得胜利。

师：谈得好！"即"是"就"的意思，投身革命就把革命事业、把革命队伍当作自己的家。陈毅早年投身革命队伍，从此就成了共产主义事业的先锋军；在敌人的枪林弹雨中他英勇奋进，义无反顾，"虽九死其犹未悔"。下面，请同学们再次有感情地朗读这首诗，推荐大家跟着朗读感觉，加上自己贴切自然的身体语言。来，体会一下吧。

（学生自由朗读揣摩。）

师：下面，我们有请四位同学来展示朗诵全诗。

（学生合作朗诵。）

二、走入诗境

（一）解读小序

师：组诗前面的小序是诗人后来补加的。诗前小序，往往有非常重要的补充介绍创作背景的作用。大家可能还记得，我们在九年级上册学习过苏轼的《〈水调歌头〉（明月几时有）》，谁来背诵一下小序部分？

生：丙辰中秋，欢饮达旦，大醉，作此篇，兼怀子由。

师：透过小序中的一个"兼"字，我们感受到苏轼中秋佳节复杂的心绪，既有对亲人的思念和美好祝愿，也有仕途失意的旷达和超脱的胸襟。对于陈毅《梅岭三章》的小序，同学们刚才提到，从中感受到诗人当时的处境非常艰险，你能否借鉴《水调歌头》中"兼"字的阅读经验，抓住《梅岭三章》小序中的关键词句，说说你有哪些重要发现呢？

生："1936年冬，梅山被围"，交代了时间、地点和遇险的事件。

生："伤病"可见陈毅身体状况极差。"伏"是藏的意思，可见很危险。"二十余日"表明当时被围困时间之长和环境之险恶。"虑不得脱""留衣底"，表明诗人已经做好了随时牺牲的最坏打算。

生："旋围解"，不久围困解除了，有一种出乎意料、庆幸、释然。

师：可见，这组诗差点成了陈毅元帅的绝笔，绝命诗。请一位同学朗读一下课下注释①。

（学生朗读注释。）

师：1934年10月，红军主力开始长征，当时陈毅在指挥作战时髋骨被敌人子弹击中，骨头都被打碎了，没有手术，没有麻药，也没有其他药品，他就把自己的腿捆在树上，用双手把伤口里的脓血和打碎的骨头一点一点挤出来！然后用水洗好、草草包扎，再次投入战斗。

他和赣南游击队转战到人烟罕见的深山密林，过着极为艰苦的生活。1936年夏，赣粤边地区出现罕见的大雪封山，游击队的粮食断绝。面对红军游击队的困境，赣南地下党的同志组织群众利用每月两次进山砍柴的机会，把大米藏在挑柴的竹杠中，把食盐溶进棉袄里，设法丢在山上，转交游击队。陈毅元帅感慨万千，写下了一首动人的《赣南游击词》（节选）：

（屏幕显示。）

天将晓，队员醒来早。露侵衣被夏犹寒，树间唧唧鸣知了。满身沾野草。

天将午，饥肠响如鼓。粮食封锁已三月，囊中存米清可数。野菜和水煮。

日落西，集会议兵机。交通晨出无消息，屈指归来已误期。立即就迁居。

夜难行，淫雨苦兼旬。野营已自无篷帐，大树遮身待晓明。几番梦不成。

天放晴，对月设野营。拂拂清风催睡意，森森万树若云屯。梦中念敌情。

…………

（屏幕显示。）

● 1936 年冬，陈毅旧部下陈海叛变，妄图诱捕陈毅。计不成，敌军四个营的兵力，围攻梅山 20 多天，全力搜捕、半夜突袭等，最终放火烧山。

● 陈毅：赣南三年游击战"是我在革命斗争中所经历的最艰苦最困难的阶段"。

● 王树增《长征》：这位后来成为新中国外交部部长的红军将领能够生存下来，无论在革命者的意志上，还是在人类生存的极限上，都是一个奇迹。

（二）赏读分析

师：面对死亡的威胁、险绝的境地，是什么支撑陈毅元帅闯过人生的"至暗时刻"，创造了生存的奇迹呢？下面请同学们拿起笔来，标画出自己的发现、感受或疑问。（学生圈点批注。）

师：请你来说一下。

生：我发现，"后死诸君多努力，捷报飞来当纸钱"一句的意思是，希望幸存的同志们用胜利的消息来祭奠和安慰"我"，可以体现出诗人的乐观。

师：好的，乐观。怎样体现乐观的？具体说一下好吗？

生："捷报飞来当纸钱"这一句，让我想起陆游的《示儿》"死去元知万事空，但悲不见九州同。王师北定中原日，家祭无忘告乃翁。"虽然"我"自己可能没法看到革命胜利的景象，但是"我"仍然怀着对革命胜利的信念，勉励后死诸君要继续努力，革命终究有胜利的那一天！

师：好的，"飞来"这个词语，有怎样的表达效果呢？

生：这个词……我认为写出革命胜利指日可待，"飞来"给人很快速、很轻盈的感觉，我仿佛看到胜利的讯息像雪花一样又快又多。

师：这样结合内容阐述，加深了我们对陈毅元帅革命乐观主义精神和坚定信念的理解。

生：老师，第一章最后一句"旌旗十万斩阎罗"的"旌旗"代指军士，"斩"字表现出诗人坚定的革命斗志；第二章最后一句"捷报飞来当纸钱"的"捷报"，写出诗人对未来的憧憬。第三章最后一句"人间遍种自由花"的"遍"字，是到处的意思，人间到处都是自由之花；"花"本来就是非常美好的形象，"自由花"，处处都是非常美好的、自由幸福的景象。我感觉朗读"自由花"三个字，可以一字一顿——"自—由—花"，这样读更有力量。"旌旗""捷报""自由花"这三处词句联系起来，可以看出诗人不屈不挠的斗志和坚定的、必胜的信念。

师：（板书：旌旗、捷报、自由花）这种抓取意象，联系上下文阅读的方法太棒了！诗人选取了这一组典型的意象，抒发了自己面对险绝的处境，内心必胜的信念和乐观主义的豪情！补充一点，请大家记下来，"旌旗"代指军士，不直接把所要说的事物名称说出来，而用跟它有关系的另一种事物的名称来称呼它，这是借代的修辞手法。

生：老师，我还有一个发现，我感觉第一章中的"阎罗"这个词，不仅是指民间传说中掌管阴间的神。我知道陈毅元帅是共产党员，我爷爷、我爸爸也是。共产党员是不相信封建主义思想的，"此去泉台招旧部，旌旗十万斩阎罗"，"阎罗"应该有比喻义，是比喻敌人。

师：这是一个重要发现！我听出你发言中的自豪！老师也为你自豪！"阎罗"，民间传说中黑暗世界的主宰者，诗人借"阎罗"这样一个意象，来比喻黑暗、残暴的敌人。我们从中读出诗人对敌人的憎恨。这种只有喻体，而不出现本体和喻词的方式叫"借喻"，请大家记下来。文中还有没有其他表达同类感情的意象呢？

生（七嘴八舌地说）：泉台、血雨腥风。

师：真好！当情感和物象融为一体，诗人鲜明的爱憎就呈现在读者面前。由此可见，意象是诗歌形象的重要组成部分，是读懂诗情的一把神奇钥匙。（教师板书：泉台、阎罗、血雨腥风。）

生：老师，我有一个疑问。想问一下"须"的含义。我发现"此头须向国门悬"，"须"字让我想起《说和做》中闻一多先生的"长须飘飘"，但是我感觉这里应该是一个动词"必须"，就算"我"死了，也必须要把"我"的头颅挂在国门上，但是如果把"须"改成"要"的话，"此头要向国门悬"，就没有这样强烈的表达效果。对吗？

师：你对"须"这个字，圈点批注出了味道，而且还运用了替换比较的鉴赏法，感受到诗人强烈的语气、炽烈的情感，读出了诗人的赤胆忠心和虽死不渝。

（屏幕显示。）

春秋时期，吴越争雄。吴王欲举兵攻齐，吴将伍子胥认为吴国的敌人是越国，不是齐国，多次提醒吴王夫差要警惕越国。吴王却听信谗言，疑其谋反，逼其自杀。越王勾践卧薪尝胆，立志报仇。伍子胥在临死前说："抉吾眼悬吴东门之上，以观越寇之入灭吴也！"后来，吴国果然被越国所灭。

师：孩子们，这种"据事以类义，援古以证今"的手法，叫做引用典故，简称为"用典"。用典就是以古比今，以古证今，借古抒怀。（板书：用典。）

生：老师，我明白了，诗人借用伍子胥的典故，来表明自己即使牺牲，也要看到敌人被消灭的下场，头悬国门也要迎接胜利的到来！我读出了他对敌人的无比憎恨和对革命事业的忠诚。

师：面对生命的绝境，诗人当然有壮志未酬的遗憾；我们把两句诗连起来理解，"南国烽烟正十年，此头须向国门悬"，革命尚未成功，同志仍需努力！诗歌更表达出对战友们的热切期盼和革命一定会胜利的坚定信念。第三章，大家还有什么发现、感受或疑问吗？

生：大家把我想说的都说了……我想再谈两点：第一点是第二章的"南国烽烟正十年"，"烽烟"代指战火或战争，注释指出这里指 1927 年以后的国内革命战争。"南国"指我国的南方，陈毅在南方开展革命斗争已经十年了。我感受到陈毅元帅抛头颅、洒热血的大无畏的革命精神。第二点是第三章的"投身革命即为家，血雨腥风应有涯"，诗人把革命事业当作自己的家，他在"断头"的时刻，想的依然是我们的革命事业，想的是"人间遍种自由花"，而不是自己的妻子儿女；"血雨腥风"和"应有涯"，可见战乱纷纷，更表现出必胜的革命信念。

师：大家谈得很多了，但是"我"还可以再想，"我"还可以有其他的发现，这就是阅读的快乐、交流分享的快乐！第二章，陈毅从 1927 年参加南昌起义，直到 1936 年冬，正好十年，诗人回忆自己的峥嵘岁月，大家还要关注"正"这些修饰限定词语的表达作用，"正"有什么作用呢？"十年"啊，得有多少血雨腥风，得有多少艰苦卓绝，得有多少次弹尽粮绝！你尝试读一下。

生：（朗读）"正"强化了革命斗争时间之长。

师：你能读出诗人的自豪吗？这个"正"字里，有诗人岁月峥嵘、创业艰难的慨叹，又有自豪的浩然正气在里面。

（学生圈点批注，并小声朗读。）

师："投身革命即为家，血雨腥风应有涯。"这里的"家""涯"，还有结尾的"花"押韵。"家"，带给我们多少温暖和希冀！"涯"，边、尽头。哪怕我的头颅被砍掉，既然已经许身革命，这就是我的事业！"血雨腥风应有涯"，黑暗的时代一定会结束，这就是我的信念！"取义成仁今日事，人间遍种自由花"，诗人收尾字字铿锵，掷地有声！我们齐读一下第三章。

（学生有感情地朗读。）

师：这样充沛激昂的感情，也和本章押 a 韵有关。这是一组"以旧体表现时代内容"的诗作。旧体，是相对于五四运动前后产生的、有别于古典诗词、以白话为基本语言手段的新诗而言的。绝句、律诗、词曲都属于旧体诗。《梅岭三章》是七言绝句，特点是四三停顿，平长仄短，韵脚读音拖长。大家看，第一章押 uo 韵，音调开阔，有深沉思索；第二章押 an 韵，音调高平，铿锵昂扬；第三章押 a 韵，音调沉稳坚定。请同学们朗读感受一下音韵的感染力。

（学生有感情地自主朗读。）

三、熟读精思

师：《梅岭三章》的三首诗相对独立。那么，这三首诗能不能调换一下先后顺序呢？为什么呢？

（学生思考讨论。）

生：不能。我认为三首诗之间有内在的联系。第一章"断头今日意如何"，诗人先写自己的想法；第二章"南国烽烟正十年"，诗人又追忆自己的做法，回忆自己的革命经历；第三章"血雨腥风应有涯""人间遍种自由花"，诗人思考未来。

生：我也认为不能。第一章写"此去泉台"，是写现在；第二章写"正十年"，是写回忆的；第三章写"应有涯"，是写将来。诗人是触景生情，三章之间有一种时间上的逻辑关系。

师：有道理。大家有没有发现，在结构上，有一个句子非常关键呢？

生："断头今日意如何。"

生："取义成仁今日事。"

生：这两个句子中都有"今日"这个词，两句遥相呼应，一问一答，这样看来，第一章首句"断头今日意如何"，统领了全章。

师："两章比秋月，一字偕华星。"（板书：断头今日意如何。）

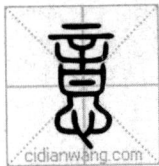

（屏幕显示。）

清代陈昌治刻本《说文解字》意：

【卷十】【心部】

意，志也。从心察言而知意也。从心从音。

师：意，乃心上音。"从心察言而知意也"。读《梅岭三章》，我们听到的是老一辈无产阶级革命家直面生死考验、感人肺腑的心灵告白。"断头"二字，让我想起了刑天。刑天的故事，有谁能讲给大家听呢？

生：刑天，是中国远古神话传说人物，手持一柄巨斧和盾牌，后来他被斩去了头颅，以乳为目，以脐为口，仍然斗争。

（屏幕显示。）

刑天与帝至此争神，帝断其首，葬之常羊之山。乃以乳为目，以脐为口，操干戚以舞。

——《山海经》

精卫衔微木，将以填沧海。

刑天舞干戚，猛志固常在。

同物既无虑，化去不复悔。

徒设在昔心，良辰讵可待。

——陶渊明《读〈山海经〉》

师：刑天身强力壮，体型巨大。据说他是炎帝手下的大将，炎帝被打败后，刑天为复仇和黄帝争位，被斩去头颅。断头的刑天，以双乳为眼，肚脐为口，再战黄帝。陶渊明读《山海经》后感慨："刑天舞干戚，猛志固常在。"刑天挥舞着盾斧，刚毅的斗志始终存在。如果没有这样的意志品格，美好的生活又怎么会到来呢？"断头"二字，让我们听出了诗人的慷慨和悲壮——生命不息，战斗不止！

（板书：取义成仁今日事。）

（屏幕显示。）

子曰："志士仁人，无求生以害仁，有杀身以成仁。"——《论语》

生，亦我所欲也；义，亦我所欲也。二者不可得兼，舍生而取义者也。

——《孟子·鱼我所欲也》

孔曰成仁，孟曰取义，唯其义尽，所以仁至。——《宋史·文天祥传》

（学生齐声朗读。）

师：“取义成仁今日事，人间遍种自由花。”面对生死考验，“捐躯赴国难，视死忽如归。”只要人人都能过上自由幸福的生活，“我”死得其所！

（学生有感情地朗读全诗，然后尝试背诵。）

师：现在我们来小结一下，三首诗的内在联系。

（屏幕显示。）

对三首诗内在联系的分析

序号	角度	分析	结论
（1）	内容	三首诗各有侧重。第一首诗侧重描写今日面临的危难，第二首诗侧重回顾革命的经历，第三首诗侧重瞻望未来，具有一定时间顺序。	
（2）	结构	第一首诗首句设问，总领全篇。第三首诗末句回答第一首诗首句提出的问题，首尾呼应，结构严谨。	不能调换
（3）	情感	诗人的情感境界由面对个人危难层面到国家、人民层面，再到整个人间（全人类）层面，情感越来越博大，层层递进，不断升华。	

好，同学们，我们再来一起朗诵全诗。（学生分列合作朗诵全诗。）

四、拓展阅读

师：民族危亡之际，血肉筑长城！陈毅元帅 1940 年写诗曰："一笑艰难成往事，共盟奋勉记佳期。"梅岭星火已成燎原之势，革命文化在挫折、困苦乃至灾难中孕育而生，至今闪烁着我们不屈不挠的民族精神和革命者高贵的人性光辉。穿越历史的风云，时间已经到了 2021 年，"雄关漫道真如铁，而今迈步从头越"。让我们一起致敬英雄，缅怀先烈，一起加倍努力，奋勇前行！

今天这节课咱们就学习到这里。课后留个作业，请大家借鉴本节课的学习方法，朗读并赏析毛泽东词《忆秦娥·娄山关》。

（屏幕显示。）

忆秦娥·娄山关

毛泽东

西风烈，长空雁叫霜晨月。霜晨月，马蹄声碎，喇叭声咽。雄关漫道真如铁，而今迈步从头越。从头越，苍山如海，残阳如血。

注释：娄山关，位于遵义与桐梓之间，地势险要，历来为兵家必争之地。

1935年1月，为确保主力部队在遵义的休整以及遵义会议安全召开，中央红军首先夺取了娄山关。会议过后，土城一战受挫，毛主席当机立断，放弃与红四方面军会合，由云南扎西转头东进，重新向遵义进军。途中红军再夺娄山关，二进遵义城，共歼敌两个师、八个团，俘敌3000余人，取得长征以来第一次大捷。

附1：学生作业样例一

这首诗写得大气磅礴。一二句用西风、大雁、霜月、马蹄声、喇叭声等意象来描写战争的激烈。第三四句写出了娄山关的难以逾越，然后笔锋一转，虽然土城受挫，我们要重整旗鼓，再做部署，无论多么艰难，都要夺取胜利。

"西风"，一语双关，既写寒风凛冽，又写敌人进攻猛烈。大雁的鸣叫更衬托了战争的壮烈。"雄关""漫道"写出了长征路途的艰难，"而今迈步从头越"，写出了毛主席在娄山关大捷后的喜悦和对革命必胜的信念。"铁"表现了娄山关和长征路的艰难。"霜晨月"交代了战争的时间。结尾反复强调"从头越"，升华了主旨，"苍山如海，残阳如血"，展现了战争结束时场景的壮阔雄浑，运用比喻的手法，写出了红军战士前路漫漫，一往无前的勇气。整首诗以景衬情，情景交融，体现了毛泽东乐观的情怀和坚定的信念。

（2020-2021学年初一学生张琦阁）

附2：学生作业样例二

凛冽的西风咆哮在重岩叠嶂间，深邃高远的万里长空几只归雁仰天啼叫，划破这晓月当空的天地。在霜晨残月映照下，黎明召唤来奔腾的战马。红旗猎猎，强劲有力的马蹄声踏碎寒冬的沉闷。枪声阵阵，火光纷纷，低沉的喇叭声中，他们在黎明的曙光中奋进，像这群峰上翱翔的雄鹰！

看那莽莽群山，是我们大海星辰般的未来征途。残阳如血，霞光四溢，战士们的脸上镌刻着"倘若这国家将倾，深渊在侧，我辈当万死以赴"的信念。雄壮山河尽收眼底，他们眼中燃烧着火，这是他们心中的赤诚。不要说，这地势险要、兵家必争的娄山关，似钢铁般难以逾越，我们现在迈出坚定有力的步伐，再次踏过娄山关，要取得胜利迎来大捷！

（2019-2020学年初三学生刘梓淇）

附3：教师下水样例三

西风撕破黑夜的苍穹，刺入静寂的娄山关，鸿雁鸣叫着划过九天，银色的月光凝在寒霜上。马蹄急踏，踏碎了寒霜，也踏碎了人心，喇叭呜咽着。雄关千里，前路漫长，长路上的坎坷似铁难越。纵然如此，我们依旧无畏艰难。雄关千里，豪情万丈，我们气势如虹，再向前进，道路坎坷何所惧，我们再向前进！一座座险峻的山峰等待我们去征服，一条条奔腾的河流等待我们去跨越。前方的道路未知，也可能危机四伏，然而我们无所畏惧，再向前进。因为山的顶峰有日出，长夜过后是黎明。再向前走吧，同志们！从头迈进，看苍山巍峨，浩荡如海；望残阳似血，气壮山河！

转眼已近百年沧桑，娄山关的西风依旧凛冽，昔日的主席也应是这样意气风发，指点江山。雄关千里，抵不过战士的豪情万丈；山高水长，阻不断中华儿女的血脉贲张。百年后，我们再启航，向前辈学习，奔向前方，永不言退。

【反思评议】

深入文本　浸润心灵

济南市长清区大学城实验初级中学　董丽丽
山东省青岛市滨海学校　刘宇杰

红色经典课文重新回归语文教材，实在是当代青少年精神成长的一大幸事。作为一线教师高度重视红色文本的时代价值，从容切入学生阅读时的共鸣点、重难点，开掘其课堂教学的文化内涵、人性内涵和时代内涵；同时，避免浮于表面的惯性说教，让"红色基因"在语文教学的听说读写思当中，自然浸润学生的心灵。

一、细腻发掘其人性内涵

《梅岭三章》是陈毅元帅的绝命诗，当时情况紧迫，生死难料，面对"断头今日"的险绝处境，三首诗不事雕琢，发自肺腑，呼之即出，表现出革命家取义成仁的悲壮、豁达与坚定，读来令人震撼和动容。那么，如何跨越时代的鸿沟，让"红色基因"自然而然进入孩子们的心灵？

红色经典高扬着革命理想主义的旗帜。也许有人认为，革命文化离新时代生活久远，不一定能契合当代青少年的成长之需，但事实证明，红色经典正能帮助当代青少年补足精神之"钙"，筑牢信仰之基。革命家的人性之美、人格高贵可以跨越时代，带给我们恒久的情感共鸣。这节课董丽丽老师从读开始，每首诗让学生先分别有感情地朗读两遍，然后将三首诗连起来再朗读两遍；添加适宜的肢体动作来加深理解，再读几遍，于是读出了"斩"字里痛杀敌人的坚定决心，读出了"多努力"里的忠贞不渝，读出了"即为家"里的百折不回，读出了"自由花"里的必胜信念。尤其四名同学的合作朗读，更通过充满情感的诵读，使"红色"的语言文字与灵魂深处的家国情怀有机交融。

儿童是天才的学习者。多元的朗读，有助于还原特定的历史情境，增强学生对文本的体验感。学生想起革命烈士夏明翰的诗句"砍头不要紧，只要主义真。杀了夏明翰，还有后来人"，想起南宋爱国诗人陆游的《示儿》中"死去元知万事空，但悲不见九州同。王师北定中原日，家祭无忘告乃翁"；想起"阎罗"这个词，不仅是指民间传说中掌管阴间的神，在这里是比喻残暴的敌人（因为陈毅元帅是共产党员，爷爷、爸爸也是共产党员，是不相信封建主义的思想的，所以"阎罗"应该有比喻义）。董老师让孩子们在经验与文本间进行对照印证，革命者的前仆后继、视死如归，革命终将胜利的信念复苏在眼前、心中，学生沉浸在情境中，获得心灵的震撼和情感的共鸣。

发问是思想的进步，研究的动机。"董老师，我有一个疑问！"这是课堂上最美妙的声音。学生发现"此头须向国门悬"，"须"字让她想起《说和做》中闻一多先生的"长须飘飘"，但是又感觉这里应该是一个动词，就算"我"死了，也必须要把"我"的头颅挂在国门上，能不能把"须"改成"要"？对比后认为，"此头要向国门悬"，没有这样强烈的表达效果。替换比较的鉴赏法，使学生感受到诗人强烈的语气和情感，体味到诗人的赤胆忠心和虽死不渝。

《普通高中语文课程标准》（2017版）强调，语文课程应引导学生在真实的语言运用情境中，通过自主的语言实践活动，积累言语经验，把握祖国语言文字的特点和运用规律，加深对祖国语言文字的理解与热爱，培养运用祖国语言文字的能力。本节课立足红色经典的文学性，通过引导学生对字词句的品味揣摩，细品文章内容，体味丰富情感，把语言的意蕴和鲜明的红色融为一体，促进了文道统一，学生读出革命家的人性美、情怀美，实现了情感的熏陶和思想的浸润，让革命精神根植于学生心中。

二、充分挖掘其文化内涵

红色经典所承载的革命文化，蕴含了理想主义、英雄主义等丰富的文化内涵。关注到历史背景、英雄故事以及引用典故等均与学生现实生活相距甚远，董老师在教学过程中以阅读链接的形式不断推进补充相关知识，拓展学生的阅读视域，拉近学生与文本的距离。比如，导语设计中引用郭沫若先生称赞陈毅元帅"一柱天南百战身，将军本色是诗人"，引用陈毅诗词中"西山红叶好，霜重色愈浓。革命亦如此，斗争见英雄"，引用他的脍炙人口的诗句"大雪压青松，青松挺且直。要知松高洁，待到雪化时"，有效调动了学生的阅读兴趣和课堂期待，为下面的互动对话奠定了诗歌意象和情感的基调。拓展《赣南游击词》梅山被围的原因，再现赣南三年游击战的艰苦卓绝；拓展伍子胥"抉吾眼悬吴东门之上，以观越寇之入灭吴也"的历史典故，"刑天舞干戚"的神话传说和陶渊明《读〈山海经〉》的名句，突出了陈毅对敌人的无比憎恨和对革命事业虽死不渝的赤胆忠心；拓展"取义成仁"的相关名句，加深了学生对诗人"捐躯赴国难，视死忽如归"，死得其所的慷慨悲壮的理解；拓展了清代陈昌治刻本《说文解字》对"意"字的解释："意，志也。从心察言而知意也"，师生更深刻地感受到诗人言为心声、感人肺腑的斗争意志和牺牲精神，加深了学生对革命历史的理解和感悟、对革命英雄的崇敬和向往。

综观本课相关链接，有助于消除学生的知识盲区，而且兼顾了语言表达方式的传授、课堂气氛的烘托渲染和价值观的渗透。有效的阅读链接，往往具有多维指向，例如"指向内容补充，提供背景支撑；指向语言表达，呼应单元要素；指向情感融合，彰显价值观引导"。当然，阅读链接的定位要清晰，不能旁逸斜出，而应"众星拱月"，要避免过度链接，防止为交代时代背景而把阅读链接的展示变成资料交流，防止上成历史课；要避免弱化语言文字，防止上成思政课。总之，红色经典的语文教学，更要注意阅读链接应以"适"为要，既不一读而过，又不喧宾夺主，链接的形式要适切，既关注整体，搭建支架，落实语文要素，又有助于多维融合，引领学生精神成长。

三、深入开掘其时代内涵

传承革命文化是新时代民族复兴的"根"与"魂"。深入解读和开掘其时代精神，"能让学生在更广阔的视野中，重温血与火的革命场景，聆听伟大灵魂的精神赞歌，感受并传承蕴藏在红色经典背后的民族情怀和民族力量"。红色经典回归语文教材，有利于红色基因的代代传承，积极应对信仰缺失、道德弱化、思想观念西化的时代发展挑战。

"统编语文教材中，革命精神的内涵主要体现在革命理想主义、革命英雄主义、革命乐观主义和革命集体主义四个方面"。要深入开掘其时代内涵，就要做好红色经典课堂教学的精准定位和精当取舍，既要高度尊重其历史价值，又要充分挖掘其文学方面的价值，更要从当前时代背景出发，分析其对学生心灵成长的思想价值，"按照时代发展的特点，赋予其新的时代内涵和现代表达形式，激活其生命力，使之适应现实社会发展的需求，继续散发出强大的号召力"。

正如《论语》中孔子所说："今之成人者何必然？见利思义，见危授命，久要不忘平生之言，亦可以为成人矣"。学习陈毅等老一辈无产阶级革命家的情怀、使命和坚定信仰，可以促进学生的人格完备和精神高贵。因此，从革命精神和时代需求的维度对红色经典中蕴含的革命文化进行梳理，挖掘和激活其内蕴的育人资源，对学生理解并传承革命文化精神、将其内化于自我的精神世界和价值观念，"引导学生追求有意义的生存与发展方式、塑造美好生活，具有重要的理论意义与现实意义"。引导学生自主探究并体会文本所传递的文化意蕴，由浅表的知识学习走向深度的文化体悟，进而促进其对文化的理解与认同，是革命文化教学的关键。

永不消逝的追思
——《周总理，你在哪里》

【执教名师】

　　法洪雪，胶州市教育和体育局初中语文教研员，齐鲁名师，山东省特级教师，青岛市拔尖人才，第四期齐鲁名师实践导师，第四期青岛市名师导师，山东师范大学硕士生合作导师，青岛市初中语文名师工作室主持人，青岛市初中语文学科基地主持人。获评山东省优质课比赛一等奖、全国信息化大赛一等奖等多次。

　　致力于"趣味语文"的研究，主持省市级课题5项，获评青岛市教学成果特等奖2项、一等奖1项，发表专业论文30余篇，出版著作1部，多次受邀到江苏、河北、河南、贵州、甘肃以及山东省内各地做报告、出示示范课。

【 课文述要 】

《周总理，你在哪里》曾多次被选入教材，2021 版统编教材再次将其选入，也体现了其作为现代诗的"样本"的独特之处。

这是感悟周总理形象的深情之作。

周恩来总理是我国伟大的无产阶级革命家、政治家、军事家、外交家，党和国家主要领导人之一，中国人民解放军主要创建人之一，中华人民共和国的开国元勋。由于他一贯勤奋工作，严于律己，关心群众，被称为"人民的好总理"。

他 1976 年 1 月 8 日在北京逝世，他的逝世受到极广泛的悼念。当时，悼念周总理的诗词有很多，但是这首《周总理，你在哪里》突破了一般悼诗习用的"痛悼—赞颂—告慰"的常用形式，创造了一种"询问—呼唤—寻找—回答"的新形式。诗人从"找"字上构思，为悼念诗作开拓了一个别开生面的新天地。人们在祖国九百六十万平方公里的土地上，寻"找"好总理，找遍了整个世界。听人民对着"高山""大地""森林""大海""广场"呼喊"周总理，我们的好总理，你在哪里呵，你在哪里。你可知道，我们想念你，——你的人民想念你"，这是何等壮观的情景啊！"高山""大地""森林""大海""广场"的呼喊不仅勾勒了为国为民鞠躬尽瘁、操劳一生的总理形象，更突出了周总理与人民群众亲密无间的关系。作为每个"我们"中的一员，每位读者无不被诗歌中传达出来的情感深深打动。从另一个角度来说，当今的中学生读《周总理，你在哪里》，是有着很重要的意义的。

这是进行诗歌学习的典范之作。

诗歌里有什么？诗歌学习要学些什么？这应该成为我们备课伊始首先要思考的问题。《周总理，你在哪里》一诗，有着典范的现代诗特征。意象的选择精准恰切，各种修辞手法的使用灵活多变，感情的抒发大巧若拙……可以说，学好"这一首"，就可以掌握"这一类"。备课前，在教学内容的选择上，要紧紧围绕"诗歌教学教什么"这个关键点来进行。基于学情和文本特质，教学设计中可以将意象选择和反复手法作为教学重点，即通过"这一篇"的选择，明确诗歌意象、所写内容和所表达的主题密切相关，明确诗歌中反复的修辞对于表情达意、勾勒画面、凸显人物品质等方面的作用。教好了这两个方面，诗歌"这一类"的教学也就会顺利很多。

这是进行"助学系统"应用研究的范本。

《周总理，你在哪里》是九年级上册第一单元"活动·探究"单元中的第二首现代诗。作为一个独立的"活动·探究"单元，教材的"活动任务单"中给出了三个任务：任务一是学习鉴赏，独立阅读教材提供的诗作，涵泳品味，把握诗歌意蕴，体会诗歌的艺术魅力；任务二是诗歌朗诵，学习朗诵技巧，注意重音、停连、节奏等，把握诗歌的感情基调，读出感情和韵律；任务三是尝试创作。在任务一"学习鉴赏"的环节，教材还给出了诸如先独立阅读，然后借助注释、旁批、资料等阅读，再反复诵读、回答提示性问题等学习方法。《周总理，你在哪里》文本中，也给出了5个旁批。

"活动·探究"以及《周总理，你在哪里》文本中给出的上述支架，给教与学都提供了支持。在教学实施的过程中，可以有机地将"活动·探究"中的三个任务以及"学习鉴赏"中的学习指导串联起来，形成具有过程化学习和言语实践等特征的教学设计。

【教学实录】

一、浏览单元提示，梳理阅读方法

师：今天我们学习这个"活动·探究"单元的第二首诗，柯岩的《周总理，你在哪里》。

"活动·探究"单元给了我们三个学习任务，其中的任务一"学习·鉴赏"给出了具体的方法指导。请大家读一读第二页的"学习鉴赏"部分，梳理一下你获得的阅读技巧。

生：首先要自己独立阅读诗歌，写下阅读感受。其次可以借助注释、旁批等，发现更多的理解和感受。

生："学习·鉴赏"中还给出了一些提示性的问题，例如感情基调、意象、思想感情、通过朗读传达情感等，也是可以帮助我们更好地读诗歌的。

师：先自己读，再借助资料读。读诗歌的时候关注感情、意象，并将自己的体验用朗读表现出来，是很好的阅读方法。其中，朗读特别重要，有位作家说"朗读，是为了感受声音传递的意思和意味。你的耳朵不会抗拒你的眼睛所忽略的地方，诗中的节奏或是押韵的地方，能帮助你把该强调的地方凸显出来，增加你对这首诗的理解。"朗读，主要是读给自己听的。

请大家读起来，并且按照我们刚才梳理的阅读诗歌的方法，先独立品味，体验一下自己的阅读感受。

（生自由读诗歌。）

二、尝试独立品味，畅谈初读感受

（屏显。）

独立阅读诗歌，谈初读感受。

生：这首诗是作者对周总理的深情告白，倾诉了作者对周总理的无限怀念。

生：诗歌运用反复的修辞手法，表达出对总理的深切思念。

生：诗歌里出现了高山、大地、大海、森林等意象，代表周总理为人民鞠躬尽瘁的每一项工作，代表周总理"鞠躬尽瘁，死而后已"的精神。

师：我发现同学们读这首诗歌的时候，就比我们上节课朗读《沁园春·雪》的时候声音小了一些，速度慢了一些。能告诉我这是为什么吗？

生：我读来感觉到一种沉痛，是很沉痛的感觉。

师：你反复强调了沉痛这个词汇，你觉得是哪些词汇或者句子让你的沉痛感受这样强烈？

生："你在哪里啊，你在哪里……""好总理"……还有很多吧，我一时说不上来。但是我知道周总理逝世了，诗人想说的是我们再也找不到我们的好总理——周总理了。

师：先让我们了解一下我们的好总理吧。

（屏显。）

周恩来（1898年3月5日–1976年1月8日），字翔宇，原籍浙江绍兴，1898年3月5日生于江苏淮安。1921年加入中国共产党，是伟大的马克思主义者，伟大的无产阶级革命家、政治家、军事家、外交家，党和国家主要领导人之一，中国人民解放军主要创建人之一，中华人民共和国的开国元勋，是以毛泽东同志为核心的党的第一代中央领导集体的重要成员。他为探索中国革命道路、创建人民军队、创建统一战线、创建人民当家做主的新中国立下了不朽功勋。在红军长征中旗帜鲜明支持毛泽东正确主张，新中国成立后，担任了26年国家总理，在政治、经济、外交、国防、统战、科技、文化、教育、新闻、卫生、体育等各领域倾注了大量心血，做出了奠基性的贡献。领导两弹一星科技攻坚。"文革"中忍辱负重，苦撑危局，坚持团结统一，避免了更大损失。1976 年 1 月 8 日在北京逝世。受到极广泛的悼念。他一贯勤奋工作，严于律己，关心群众，被称为"人民的好总理"。

师：世界，这样评价周总理——

（屏显。）

生朗读：

联合国前秘书长哈马舍尔德于 1955 年在北京会见过周总理后说过一句广为流传的话："与周恩来相比，我们简直就是野蛮人。"

苏联总理柯西金在会见日本创价协会会长池田大作时说："请你转告周总理，周总理是绝顶聪明的人，只要他在世一天，我们是不会进攻的，也不可能进攻的。"

印度印中友协会长说："世界上的领导人，能多一些像周总理的，世界和平就有希望了"。

肯尼迪夫人杰奎琳说："全世界我只崇拜一个人，那就是周恩来。"

西哈努克夫人莫尼克公主也说过："周恩来是我唯一的偶像！"

师：在中国，人们这样评价他

（屏显。）

生朗读：

毛泽东主席于 1974 年在长沙对王洪文说："对周恩来的任何攻击，必将遭到人民的坚决反对！""文革"中当红卫兵向毛泽东主席提出批斗周恩来的要求时，他说："好吧，让我也去陪斗吧！"

两弹元勋钱学森说："许多党外人士说，我们是认识周恩来才认识中国共产党的，相信周恩来才相信中国共产党的。"

陈云、彭真、宋庆龄、叶剑英、罗瑞卿、余秋里、谷牧说："没有周总理，'文化大革命'的后果不堪设想。"

更多的人说：周恩来是中国共产党的楷模、中华人民共和国的代表、中国共产党的一面旗帜、是中国人民心中的一座丰碑、是中国共产党的优良作风和传统的化身，密切联系群众的光辉典范、是人民的好总理、是中国人民的骄傲。

师：就是这样一位好总理啊，他走了，再也不会回来了。人们痛彻心扉，所以大家在朗读时感受到的无法排解的沉痛感受，正是作者柯岩的最真实的感

297

受。所以柯岩的诗，开篇就写道：

（屏显。）

周总理，我们的好总理，

你在哪里呵，你在哪里？

你可知道，我们想念你，

——你的人民想念你！

（生读。）

师：我听你读得很动情，请你谈谈你是怎么处理这段诗歌的朗读的？

生：我重读了这个"好"字，正如老师介绍的和大家评价的那样，周总理是偶像，是伟人，是为了中国人民辛劳一生的好总理。要重读，还要读得深情。

师：让我们跟着你深情地读一读吧。

（生齐读"周总理，我们的好总理"一句。）

生："你在哪里啊，你在哪里？"虽然是几乎相同的句子，但是我想把后一句读得比前一句长一些、慢一些、重一些。我感觉第一个"你在哪里"是人们在寻找，而后面的"你在哪里"，其实是明明知道周总理已经不在了，却像是在苦苦哭嚎，想要哭回周总理的感觉，万分痛楚。我仿佛听到诗人哭着说："你可知道，我们想念你——你的人民想念你！"

生：我想特别重读"你的人民"，用这样的重读强调人民和总理密不可分的关系，人民对自己总理的爱和痛失总理的无限悲楚。

师：你的解释，让我忽然感觉这样的呼喊，就像是我们当地人至亲离世时候的送殡队伍，失去了至亲的人们，哭喊着送亲人离开。就连作者柯岩也这样说：

（屏显。）

此时此刻，老家农村哭灵的景象浮现在眼前：一位农村大娘悲痛欲绝，如泣如诉，十分哀婉，好像死者没有离去，就在眼前，诉说着家常。柯岩决定采用农村群众对至亲去世时哭诉心曲的形式来写这首诗，只有如此，才能表现那段历史，才能与人民的感情合拍，为人民大众所接受。柯岩就感觉天地同悲，山河欲哭，她沉痛而低回地泣诉：周总理，我们的好总理，你在哪里呵，你在哪里？你可知道，我们想念你……

——柯岩与她的抒情诗《周总理，你在哪里》

师：同学们将自己浸润在总理逝世的那个时空，仿佛和柯岩的感情通联了起来。我很感动。让我们一起再次读起第一节诗吧。（生齐读第一节。）

师：这就是得知总理去世消息的柯岩的心啊，它碎了。

（屏显。）

1976年1月9日清晨，柯岩习惯性地打开收音机，突然播出的哀乐声使她心里一阵紧张，当听到播音员以低沉悲痛的声音播出周恩来总理逝世的讣告时，她顿觉天旋地转，一边大声痛哭，一边高声大喊："这不是真的，不可能啊！"她站起来就往北京医院跑，警卫拦着不让进；她又往单位跑，可是上边不让单位设灵堂。这时，她看到协和医院有个灵堂，人流一拨拨地进去，就跟着进去，出来再进去，茫然地看着周总理的遗像，一遍又一遍地三鞠躬，一遍又一遍地流泪哭泣。连着几天，她茶饭不思，彻夜难眠，天天往天安门跑，呆呆地站在天安门广场上，注视着人民英雄纪念碑。

柯岩决心要写一首能充分表达自己感情的诗，倾诉人民群众的心声。

师：从这一段介绍的写作背景中，你发现了什么？

生：我发现了难过，难过，就是难过。

师：你的感受很敏锐，能具体说说这种难过吗？

生：摇头。

生：我想说说这种难过。柯岩以及当时的人民，对周总理的逝世万分悲痛。她"一遍遍鞠躬，一遍遍流泪哭泣"，"茶饭不思，彻夜难眠"，也许我们现在还无法真正理解这种"万分悲痛"，但是却明白那时的人们，得知周总理去世的消息，就如同失去了至亲一样。再加上老师刚刚告诉我们的世界和国内对周总理的评价，我们也知道周总理为什么伟大，为什么被称为"人民的好总理"。

生：我还发现了这里竟然有人阻挠人们祭奠周总理。"上边不让单位设灵堂"祭拜周总理。那是为什么呢？

师：你很有慧心，多问几个"为什么"，可以帮助我们更好地理解诗文。文化大革命，是学习这首诗的绕不开的背景，让我们也了解一下吧。

（屏显。）

文化大革命发生于1966年5月至1976年10月，是一场由领导者错误发动，被"四人帮"为首的反革命集团利用的内乱。迫害打击了许多革命领导人和广大的革命群众，甚至把矛头指向周总理。

1972年5月起，周总理就被确诊患膀胱癌，发展到每天便血，但仍继续超负荷工作。每天工作12小时以上。1974年6月总理住进医院，做了大手术。住院期间，他会见外宾65批，在医院召开会议20次，出院开会20次，找人谈工作200次以上。"文革"中，周总理不顾自身安危和病痛，顾全大局，忍辱负重，坚持"抓革命，促生产"，尽量减少"文化大革命"造成的损失，保护大批党内外的干部。在紧要时刻避免了党可能发生的分裂。他说："我不入地狱，谁入地狱。"陈云等同志说："没有周恩来同志，'文化大革命'的后果不堪设想。"

1976年1月8日，周恩来总理突然辞世。然而"四人帮"却不允许公开悼念，倒行逆施，社会秩序极端混乱，各行各业几乎陷于停顿。这种情况下，人民万分悲痛，北京长安街出现了百万人十里长街送总理的感人画面。1976年4月4日清明节这一天，聚集了200多万京内外群众的天安门广场，悼念活动达到高潮。人们在人民英雄纪念碑前，在共和国历史上罕见的"花山诗海"中慷慨陈词，深切怀念周恩来，怒斥"四人帮"迫害周恩来、压制人民声音、阴谋篡党夺权的滔天罪行，出现了一人振臂，万人应和，震天动地的感人场面。

师：了解这个背景，你有什么新的感受？

生："四人帮"太可恨了。他们的心里没有总理，也没有人民，他们只有自己的私欲。在那样的环境中，正义的人们在用自己的方式表达自己对总理的怀念和崇敬。

生：越是这样残忍压制，人民祭奠周总理、怀念周总理的感情就越是强烈。

师：是啊，当失去总理的痛楚无法宣泄，缅怀"我们的好总理"的愿望就更强烈地奔涌而来。

（屏显。）

柯岩一边流着泪，一边在稿纸上写，下笔千言，写了很多很长，可是写着写着她停下来了。她后来回忆说："那时我为我无法写好这首诗曾撕碎了多少稿纸，又是多么痛苦啊！有幸的是我在天安门这场惊心动魄的斗争中是和人民站在一起的，不但心心相印，血脉相通，而且同仇敌忾，步调一致。所以我就从人民中得到了极大的教育和鼓舞。我在更深一步印证了'人民，只有人民，才是推动历史前进的动力'，及更深地懂得了领袖和人民血肉不可分割的关系及感情之后，选择了抛开堆砌总理丰功伟绩的追颂排比，也排遣了个人感情的绝望和悲哀，而着眼于位卑未敢忘忧国的我们最可敬爱人民的冲天悲愤。"有了准确的定位和清晰的思路后，柯岩重新开始了创作。

柯岩的文思瞬间打开闸门，一泻千里，对着高山喊、大地喊、森林喊、大海喊……

——柯岩与她的抒情诗《周总理，你在哪里》

师：于是，我们读到了柯岩的呼喊。

（屏显 2—7 节。）

师生共读。

师：大家读得很深情，虽然是初读感受，但是已经基本把握了诗歌的内容和要传递出来的情感。

我们结合这个诗歌结构图，小结一下这个初读环节的阅读收获。

（屏显诗歌结构图。）

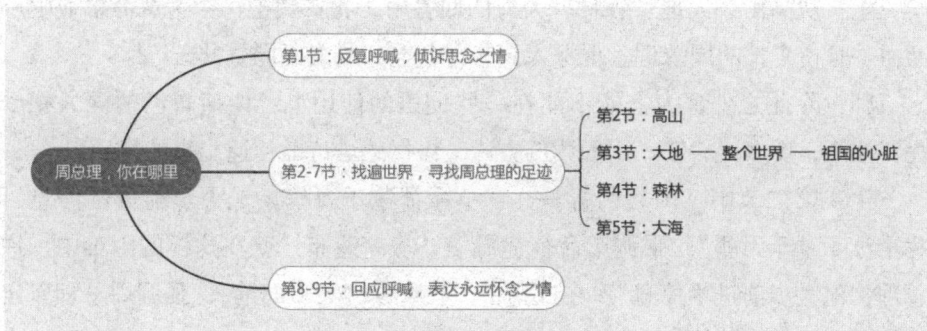

生：整首诗先以呼告的方式表达对周总理的思念之情；以在高山、大地、森林、大海等祖国各地以及在天安门前寻找周总理的方式，突出周总理为国事不停操劳，鞠躬尽瘁的伟大品格；最后表达对周总理的无限怀念。

生：第 6 节"找遍整个世界"，算是对 2—5 小结的总结，第 7 节"回到祖国的心脏"，是对前面的寻找的延展。诗歌想表现总理足迹遍布大地，但总理又是人民的主心骨，是群众信任的好总理，人们相信他永远在"祖国的心脏"，他在，人民的心就安稳了。

师：你们的总结，既有条理，也满怀深情。

三、结合注释旁批，谈谈意象修辞

（一）结合批注，体会情感

师："学习鉴赏"中提醒我们，结合注释、旁批和所给资料，再读诗歌，看看是否有更多的理解、更深的感受。

谈谈你对这两个旁批的理解。

（屏显。）

批注2："我们"走遍了整个世界，找寻总理的身影。边读边想象，体会诗人寄予其中的情感，揣摩构思的巧妙。

批注3：从高山、大地、森林、大海的回答中，你读出了一个怎样的总理形象？

生：天南地北，都有周总理忙碌的身影。总理爱人民，人民爱总理。

生：周总理日理万机、日夜操劳，因此广大人民对周总理也有着无限的崇敬和怀念。周总理永远活在人民心里。

生：从高山、大地、森林、大海的回答中，我看到了一个为革命事业呕心沥血、日夜奔忙的周总理。他深入到各行各业，与人民同甘共苦。

师：除此之外，大家能不能在一些词语的使用上，谈谈自己的深入感受呢？注意，要多读一读，用朗读的方式，慢慢感悟诗歌传递出来的情感。

生：第二节中，山谷回音——"革命征途千万里，他大步前进不停息"，我重读了"千万里"，强调革命征途漫漫，坎坷遍布。就在这样的困难中，周总理"他大步前进不停息"。在这句中，我重读"大步向前"，强调周总理坚定的信念和勇往直前的伟人气质。

师：这样的解读很恰切，这样的以朗读带动理解的方式，很值得我们学习。

生：第三节中，我重读"沉甸甸"，凸显丰收景象与总理辛劳工作的密切联系。

生：我把"篝火红啊"，延长声音朗读，特别把"红"字延长并重读，我想强调一种颜色，红彤彤的颜色，是总理"亲切的笑语"给予伐木工人的温暖颜色。

生：我会强调"亲手"两个字，给海防战士亲手披上大衣，这是对战士的关心，作者同时通过这样的细节表现了周总理对国防事业的高度重视。

（二）对比阅读，赏读"意象"

师：按照你的思考角度，这四节诗好像分别代表了周总理对不同行业的关怀。你能综合起来谈谈吗？

生：大地的这组意象中，代表着周总理对农业的关怀："沉甸甸的谷穗上""还闪着他辛勤的汗滴"，展现的是周总理与农民同甘共苦，以及他为农业建设付出的辛勤汗水。森林的这组意象中，代表着周总理对工业建设的关怀；"还在回忆他亲切的笑语"，展现的是周总理和蔼可亲、平易近人的领袖气质。大海的这组意象里，代表着周总理对国防事业的重视，对战士的关心。高山、大地、森林、大海，代表着周总理一生鞠躬尽瘁、为国为民操劳一生的伟大品格。

师：你这样完整的思考方式，给我们的学习提供了示范。我们从这一点出发，勾连起跟"这一点"相联系的一个整体。

在这个环节中，同学们一边揣摩朗读、一边体悟情感，完成了"批注2"中关于"边读边想象，体会诗人寄予其中的情感"的提示，自己的思维和感受能力也有了提高。请在此基础上思考"学习鉴赏3"中的提示，这些高山、大地、森林、大海的意象有哪些特点？为什么选用了这些意象？

我们来看一首歌颂雷锋叔叔的诗。

（屏显。）

沿着长长的小溪，

寻找雷锋的足迹。

雷锋叔叔，你在哪里，

你在哪里？

小溪说：

昨天，他曾路过这里，

抱着迷路的孩子，

冒着蒙蒙的细雨。

瞧，那泥泞路上的脚窝，

就是他留下的足迹。

顺着弯弯的小路，

寻找雷锋的足迹。

雷锋叔叔，你在哪里，

你在哪里？

小路说：

昨天，他曾路过这里，

背着年迈的大娘，

踏着路上的荆棘。

瞧，那花瓣上晶莹的露珠，

就是他洒下的汗滴。

乘着温暖的春风，

我们四处寻觅。

啊，终于找到了——

哪里需要献出爱心，

雷锋叔叔就出现在哪里。

生：意象的选择，跟作者要勾画的人物密切相关。周总理是一个伟人，所以选取了高山、大地、森林、大海等比较宏大的意象，而雷锋是榜样中的小人物，所以选取了小溪、小路等比较小的意象。

师：是否还有其他的解释角度？

生：周总理一生为国为民无私奉献，功绩很大，所以要选择大的意象。雷锋是万千老百姓中的一员，选择小的意象更能体现雷锋叔叔融于人民的那种亲近、亲密的感觉。

生：《周总理，你在哪里》的主题是歌颂周总理的丰功伟绩，赞美他的伟大品格，所以选择宏大的意象。《雷锋叔叔，你在哪里》的主题是歌颂雷锋在每个细微之处处处奉献的品质，所以选择小的意象。

师：哦，果然如此，诗歌意象的选择取决于诗歌要刻画的人物或者写作的内容，也取决于诗歌的主题。

刚刚这个环节，我们完成了"学习鉴赏"中的关于"意象"的探究问题，也关注到"揣摩构思的巧妙"的批注。

师：在诗人巧妙的构思下，我们读到了动人心魄的力量，读到了沁人肺腑的深情，结合批注想一想，是什么语言形式让我们有了这样的感觉？

生：第二个批注提醒我们，"诗中多次运用反复这一修辞手法，体会其表达效果"，我觉得反复的修辞最能产生这种感觉。

师：你能举例说说吗？

生：在批注旁边就有这样的反复，"他刚离去，他刚离去"。反复出现的"他刚离去"，更让我们读来痛彻心扉，因为我们知道"他刚离去"的意思是"他已经去世了""他再也不会回来了""我们永远失去了周总理"。这些沉痛的感觉，因为这种反复修辞的使用，被强化了，朗读的时候，读者就会沉浸在"他刚离去"的沉痛里。

生：我觉得各个小节之间的"我们对着……喊"，也是反复吧？我拿不准。

师：那我们就来认识一下反复这种修辞。

（屏显。）

反复修辞，是为了强调某种意思、突出某种情感，特意重复使用某些词语、句子或者段落等。

可以这样分类：

一是按照连续性分类：

1. 连续反复

2. 间隔反复

二是按照反复的对象分类：

1. 词语反复：为凸显某种感情或某种行为，连续两次以上使用同一词语，达到强调的目的。

2. 词组或句子反复：为了表达内容或者结构安排的需要，要连续两次以上使用同一个词组或句子。

3. 语段反复：在诗歌和小说中最为常见。

生：那么，"我们对着……喊"，就构成了间隔反复，也是词语或句子的反复。

师：这2-5段的反复，给你怎样的感觉？

生：大量的反复，强调"我们"找遍整个世界的匆匆步履，也强调我们哀思的深重，强调情感的真挚。

师：大家的感受很准确，一位评论家也像你们这样评价诗中的反复。

（屏显。）

一种深沉情感的表达，必须反复咏叹，才能逐渐深入人心。本诗是以人民深情的呼唤作为全诗构思的焦点，就更需要较多的回环反复。呼唤一声接一声，连绵不断，此起彼伏，山河回应，这样就更动人地表现出人民对总理的思念。

——谈《周总理，你在哪里》的艺术性

师：我们来看这两处反复。对比一下，有反复，和没有反复，有什么区别？

（屏显。）

　　　总理啊，我们的好总理！

　　　你就在这里啊，就在这里。

　　　——在这里，在这里，　　　　　　　总理啊，我们的好总理！

　　　　　在这里　　　　　　　　　　……你就在这里。

　　　你永远和我们在一起

　　　　——在一起，在一起，

　　　　　　在一起……　　　　　　　　你永远和我们在一起。

　　生：如果删掉了反复的内容，这种情感的表现就单薄了很多。

　　师：上面的四次反复强化了怎样的情感？说说你的感受。

　　生：这就好像柯岩自己说的，她想到了痛失至亲的人，他们在哭诉。更因为"我们"都知道永远也不会再找到周总理了，我们只好用仿佛安慰自己的话反复说着"他在这里，在这里，在这里"。这样的反复是一种痛苦的外化，是除了念念叨叨之外再也找不到一种方式来表达这种痛苦的外在表现。

　　师：你说的这个"念念叨叨"，很形象地展示出了"我们"无法寄托的痛苦和哀伤。大家试着把这种感觉读出来，并说说自己为什么这样朗读。

　　生：第一个"在这里""在一起"都正常读，就是一种陈述；中间两个要慢一些，而且后一个比前一个轻一些，感觉是喃喃自语，表现出沉重的痛楚；最后一个则要一字一顿地读，是无奈、是悲伤、是坚信……读到这里，我感觉这最后一个，是五味杂陈的。

　　师：就按你的方法，我们齐读这一节。

　　（生读。）

　　师：为什么大家读这种反复的诗句，给我的感觉是声音反复振起又反复减弱呢？

　　生：因为诗人的情感也忽然振奋起来，又忽然低沉下去的。

　　生：我补充一下，振奋是因为有这样一位伟大的总理而骄傲，低沉则是因为总理的去世而无限悲痛。

　　师：让我们读出这种既振奋又低沉的感情吧。

　　（生齐读。）

　　师：这里还有一处反复，结合旁边的批注谈谈你的理解。（屏显课本最后一节诗及旁边的批注。）

生：批注提示我们体会反复朗读，体会"永远居住""你的人民"等词语蕴含的深情。我朗读的时候，就将"永远居住"重读，来表现总理在国家中和在人民心中的地位。（生读。）

生：我朗读的时候，感觉还应该将"太阳"重读一下，但是我说不出原因。

生：我也重读了"太阳升起"这几个字，感觉"太阳"是光明，是希望，而周总理给中国人带来光明，带来希望，让"我们"有力量。

师：大家的以读带悟，已经成为一种方法，一种能力，同为读者，我倍感震撼。我再补充一点，"居住"有永久存在的意蕴，"居住"有家的意味。周总理居住在太阳升起的地方，"太阳升起"既暗示他在守护东方的中国人民，又暗示他在捍卫着祖国的光明和希望，他在抵挡黑暗。不过，这节诗中出现了两个"居住"，这两句话里周总理的形象有什么区别吗？

生：第一个坚定的、光明的、崇高的形象，第二个温暖的、爱人民的也深受人民爱戴的形象。

师：两种形象，也诠释了总理深受爱戴的原因，你能读出这种感觉吗？

生：第一个"永远居住"读得更响亮些，充满力量，满怀自豪；第二个相比较要低缓些，满怀爱戴。

师：我们读起来。

（生齐读。）

师：同学们读得很好，对反复的理解也越来越深刻。有没有同学注意到旁批中提到的"你的人民"。

生：我也读出了深受人民爱戴的总理形象，所以，我在后一句中"你的人民世世代代想念你"这里重读了"你的人民"，特别重读了"你"，就是为了强调"我们"对总理的爱戴。

师：所以，通观整首诗，这句话在全诗中起到什么作用？

生：点明主旨。

师：咱们应该怎样读好点明主旨的句子？

生：应该用响亮而坚定的声音来读。

生：我认为应该坚定，但是不应该响亮。我听过柯岩自己朗读这首诗的录音，满是沉痛，她读得越来越深沉，最后一句读得很低。我也同意这里的坚定，不必用很大的声音读。

师：大家用响亮的和不响亮的声音，分别读读试试。

（生试读。）

生：我同意低沉，坚定，但是不要用响亮的声音来读。而最后的一句"想念你"，作者特别用了三个破折号和一个省略号。作者的情绪到了这一节已经是不可遏制地抒发了出来，用破折号表示强调。而这种情感已经无法用文字表述，只好用省略号了。这是强烈的情感，但是因为满含强烈的悲痛，还是不用响亮的声音读了吧。

（生点头表示同意。）

师：我们带着这些感受，再次用朗读来感受这些丰富的意蕴。

（生齐读最后一节。）

四、聚焦"活动·探究"，梳理学习收获

师：在教材"助学系统"的帮助下，我们收获不少。读起来。

（屏显。）

独立阅读，整体感受诗歌内容和情感。

结合旁批（其他助学系统）、资料阅读，加深理解。

反复朗读，感受诗歌的基调、意象、画面。

反复朗读，通过语气、语调、语速、重音、停连传达情感。

聚焦反复，体会其表达出的深情情思。

师：这节课，我们聚焦"助学系统"，不但学习阅读诗歌，更学习了读现代诗的诸多方法。同时，我们重点赏读了意象和反复，感受到诗歌中的"好总理"的形象，感受到万千人民对总理的崇敬与怀念。

这个"活动·探究"单元的任务三是尝试创作。这个任务就作为今天的作业。请你用反复的修辞手法，借助一二意象，写一首诗，表达你对某个人物的深情。

下课。

【反思评议】

助学系统　助力阅读

山东省胶州市第八中学　吴　凡
山东省青岛市第五十八中学高新学校　姜　琳

统编本初中语文教材主编王本华教授说："助学系统以'学法'为线索，着力形成学生的阅读思维"。统编本的编排方式，为一线教师借助学系统确定教学内容、安排教学环节提供了可能。

怎样借用助学系统教好"活动·探究"课呢？法洪雪老师设计的《周总理，你在哪里》给我们提供了很好的示范。教师充分运用统编本教材中的助学系统串联起整堂课：借助"单元提示"，梳理阅读方法；依据"活动任务单"的两项任务——学习鉴赏和诗歌朗诵，确定学习内容；结合"注释"和"旁批"，谈诗歌意象和修辞；聚焦"活动·探究"提示，梳理学习收获。

一、助学系统，助力朗诵

教学诗歌，离不开朗读。中国汉字是音、形、义的结合体，古代诗歌讲究"平仄""押韵"等，现代诗虽不阈限于格律，但继承了古诗的韵律美和节奏美。本课是"活动·探究"单元的第二首现代诗，教材"活动任务单"中给出了三个任务——学习鉴赏、诗歌朗诵、尝试创作。其中任务一学习鉴赏对学生提出了"独立阅读教材提供的诗作，涵泳品味，把握诗歌意蕴，体会诗歌的艺术魅力"的要求。

独立阅读是指完全自由读？涵泳品味到什么程度？诗歌朗诵如何指导？教师需要拥有综合的教育教学技巧，解决在进行教学设计以及实施教学的过程中常常出现的问题。

法老师的选择是将朗读指导穿插于阅读教学之中，教师充当观察者、倾听者、引导者。在"浏览单元提示，梳理阅读方法"环节，老师是观察者，通过巡视了解学生独立阅读的收获；在"独立品味，谈初读感受"环节，教师化身倾听者，倾听学生对作品情感基调的把握。朗读指导穿插于阅读教学更体现在"以读代讲""以读带讲"的实际操作之中。其中，法老师有这样的两次引导：

"请你谈谈你是怎么处理这段诗歌的朗读的？""大家能不能在一些词语的使用上，谈谈自己的深入感受呢？注意，要多读一读，用朗读的方式，慢慢感悟诗歌传递出来的情感。"在这样的引导下，学生开始分享："我重读了'好'字，周总理是偶像，是伟人，是为了中国人民辛劳一生的好总理。要读重，还要读得深情。""'你可知道，我们想念你——你的人民想念你！'这一句应该特别重读'你的人民'，用这样的重读强调人民和总理密不可分的关系。"学生分析朗读技巧的同时理解了诗句的含义，加深理解后再读出情感，如此往复，师生在人物形象和诗歌情感的感悟中走了几个来回。

朗读指导穿插于阅读环节之中，"以读代讲""以读带讲"成为朗读教学的支点，撬动最重的教学任务。

二、资料助读，拉近距离

孟子的"颂其诗，读其书，不知其人，可乎？是以论其世也"，告诉我们引用背景资料帮助学生知人论世的重要性。然而大量资料往往会喧宾夺主，冲淡课文学习。法老师也说："我是反对大片引述材料的"。那么，在讲授这首现代诗时，为何非要大量引用呢？

首先来看关于周总理的介绍，有"世界，这样评价周总理"和"在中国，人们这样评价他"两处，助读的资料字数在 600 以上。国内外知名人士给周总理的评价极高，如联合国前秘书长哈马舍尔德说，"与周恩来相比，我们简直就是野蛮人"；肯尼迪夫人杰奎琳说，"全世界我只崇拜一个人，那就是周恩来"。这些由衷的赞美让学生产生自豪感，理解了周总理的人格魅力。

这样的铺垫下，老师顺势引导："就是这样一位好总理啊，他走了，再也不会回来了。人们痛彻心扉，所以大家在朗读时感受到的无法排解的沉痛感受，正是作者柯岩的最真实的感受。所以柯岩的诗，开篇就写道……"（屏显第一小节，学生齐读。）

资料信息在学生心头堆积，周总理的形象顿时丰满起来，这拉近了学生与伟人的距离。学生开始理解人民失去总理后那极度痛苦的情绪，理解了作者在开篇使用"呼告"的手法直抒胸臆。此时设计的齐读环节非常适切，齐读也让学生的思念与沉痛之情喷涌而出。

其次是"文革"的介绍和柯岩创作的心路历程等相关资料。引用《柯岩与她的抒情诗〈周总理，你在哪里〉〉节选片段之后，教师这样引导学生：同学们将自己浸润在总理逝世的那个时空，仿佛和柯岩的感情通联了起来。这段精彩的点评说出了引用材料的意义，即引导学生独立思考，感受作者写作时的心情，进一步理解诗歌传达出的深厚情感。

资料的选择很重要，如何使用资料更重要——

生：我还发现了这里竟然有人阻挠人们祭奠周总理。"上边不让单位设灵堂"祭拜周总理。那是为什么呢？

师：你很有慧心，多问几个"为什么"，可以帮助我们更好地理解诗文。文化大革命，是学习这首诗的绕不开的背景，让我们也了解一下吧。

教师抓住学生在课堂上生发的疑问点，展示"四人帮"的倒行逆施行径。进一步理解人民面对总理去世后的惊愕和悲痛，以及被"四人帮"压抑后的愤怒和痛苦。

在大量资料的帮助下，学生站在独立思考的肩膀上，完成了"独立阅读，涵泳品味，把握诗歌意蕴"的学习任务。

三、助学系统，助学意象和修辞

教师通过分析助学系统确定教学内容，精心安排课堂环节，边读诗歌边理解诗歌意蕴，取得了令人欣喜的效果。直接使用会取得怎样的教学效果呢？在"结合注释和旁批，谈谈意象和修辞"环节，法老师做了有益的尝试。

屏显助学系统的两处旁批：

批注2："我们"走遍了整个世界，找寻总理的身影。边读边想象，体会诗人寄予其中的情感，揣摩构思的巧妙。

批注3：从高山、大地、森林、大海的回答中，你读出了一个怎样的总理形象？指导学生谈谈对这两个旁批的理解。

旁批提到"反复"和"意象"，这是教学的重难点，法老师匠心独运设计了两处比较阅读。一处是理解"意象"时，用一首歌颂雷锋叔叔的诗，诗中的"小溪""小路"与本文的"高山""大海"对比，完成了"学习鉴赏"中的关于"意象"的探究问题，也关注到"揣摩构思的巧妙"的批注。另一处比较是理解反复修辞手法的对比，法老师将删掉反复的句子与原文同时呈现，视觉冲击和诵读时的声音变化让学生对反复的作用有了直观的认识。对比后，理解结束了吗？还没有。法老师又抓住学生回答中的"念念叨叨"，再次指出只有"反复"念叨，才能准确地表达"我们"无法寄托的痛苦和哀伤。教与学自然而然，水到渠成。

统编本教材里的助学系统有无尽的宝藏，我们应充分利用，深度挖掘，从助学系统出发，又跳出助学系统，结合多方面因素进行教学设计，引导学生在阅读方法的习得中形成良好的阅读思维品质。

后记

　　党的十八大以来，习近平总书记多次强调要用好红色资源、传承好红色基因，在刚刚结束的中央全面深化改革委员会第22次会议中，习总书记再次强调要深入开展社会主义核心价值观教育，把弘扬革命传统、传承红色基因深刻融入到学校教育中去。

　　红色经典课文在一代又一代青少年乃至广大民众中具有不可替代的重要作用，俨然构成中华民族"不可忘却的记忆"。从语文核心素养角度看，红色经典课文承载的教学价值在中国特色社会主义进入新时代、基础教育愈发强调立德树人的形势之下，重温、审视其丰富内涵，无疑具有很强的现实意义。

　　21世纪之初，曾经有人提出《纪念白求恩》等课文不适合纳入教材应予删除，一度引发争论。2010年，有研究者发现，当时全国各地中小学语文教材鲜见红色经典作品，中学原有一些红色经典课文被陆续删除。当时，这一问题仅仅引起少数人的反思。2011年修订的《义务教育语文课程标准》明确提出要"继承和发扬中华优秀文化传统和革命传统""弘扬以爱国主义为核心的民族精神""培养爱国主义、集体主义、社会主义思想道德和健康的审美情趣"。可见，红色文化理应成为中华民族优秀文化以及语文审美教育的重要组成。

　　2017年统编语文教材编订之后，红色经典课文篇幅较之以往明显增加，在7-9年级学段体现更为明显。但是，从实际教学来说，这一动态尚未引起足够重视，结合统编教材及新的形势对相应课文的教学研究与探讨，总的来说可能还是一个薄弱点。

　　在中国共产党成立100周年之际，教育部又印发了《革命传统进中小学课程教材指南》，首次对革命传统教育进行了系统规划。为此，语文课更要注重引导学生深刻体会革命精神，学习革命英雄的高尚品质。有鉴于此，在中小学领域深入研究红色经典课文教学显得更为迫切。

正是基于上述背景，我们策划编写了《红色经典课堂》一书。本书收入统编教材7—9年级19篇中国红色经典课文，分别由19位齐鲁名师担当主讲，新疆生产建设兵团第十二师教育局部分初中语文骨干教师参与课例观评、研讨与反思。笔者主持的"统编教材中小学语文红色经典课文教学最优化研究"课题组部分成员、教研骨干参与了本书编写工作。我们在坚持红色经典课文主导价值取向的前提和基础之上，依据统编教材教学意图以及红色课文本身赋予和承载的教学价值进行有效教学设计，努力做到"老课翻新""老课深耕"，从而追寻红色经典课文教学的最优化。

在本书即将付梓之际，衷心感谢山东省教育厅、山东援兵团干部管理组、兵团第十二师对本书出版给予的大力支持和帮助，感谢19位齐鲁语文名师以及新疆生产建设兵团第十二师教育局语文骨干教师的主动担当，感谢中国言实出版社帮助本书及早面世。

"泰山天山根连根，鲁兵人民心连心。"我们将以《红色经典课堂》出版为契机，充分发挥山东教育资源优势，以不吃老本、再立新功的精神状态，打造教育援疆新路径，为建设新时代中国特色社会主义新疆贡献更大教育力量。

孙贞锴

2021 年 11 月 10 日